# Geschichte der
# PSYCHOLOGIE

*Die Erforschung der Psyche – vom
Geisterglauben zur modernen Psychotherapie*

**tosa**

# Geschichte der
# PSYCHOLOGIE

Anne Rooney

*Die Erforschung der Psyche – vom*
*Geisterglauben zur modernen Psychotherapie*

Erstveröffentlichung unter dem Titel:
„The Story of Psychology"
© Arcturus Holdings Limited, 2015

Genehmigte Lizenzausgabe
tosa GmbH
Industriestraße 19
64407 Fränkisch-Crumbach 2016
www.tosa-verlag.de

ISBN 978-3-86313-222-4

Übersetzung: Christine Sarrazin

**Bildnachweis**
**The Advertising Archives:** 74
**The Bridgeman Art Library:** 12, 19 (Biblioteca
Estense, Modena, Italy), 20 (British Library Board),
54, 101 (Peter Newark American Pictures), 144
(Fitzwilliam Museum, University of Cambridge,
UK), 192 unten (Archives Charmet), 198 (Archives
Charmet), 199 oben
**Corbis:** 10 (adoc-photos), 27b (Rick Friedman),
32 (Christie's Images), 35 (JACOPIN/BSIP), 40
(Bettmann), 47b (Bettmann), 64b (Bettmann), 65
(Bettmann), 74 (Bettmann), 80 (Bettmann), 81, 86
(Fine Art Photographic Library), 99 (Leemage),
102 (GraphicaArtis), 106 oben (Historical Picture
Archive), 123 (Eric Raptosh Photography/Blend
Images), 128 (ClassicStock), 132 (Graham Dean),
148 (Bettmann), 162 (Franklin McMahon), 166
(Hulton-Deutsch Collection), 175 (Hulton-Deutsch
Collection), 180 (The Gallery Collection), 182
(Sunset Boulevard), 195 (The Gallery Collection),
197, 202 (Bettmann)
**Fred the Oyster:** 173
**Getty:** 14 (CM Dixon/Print Collector), 15 (CM Dixon/
Print Collector), 59 (Fotosearch/Stringer), 118
(Thomas D. McAvoy/The LIFE Images Collection),
146 (Yvonne Hemsey/Getty Images), 155 (Nina
Leen/The LIFE Picture Collection), 172 (Gjon Mili/
The LIFE Picture Collection), 177 (NY Daily News
Archive), 183 (United Artists)
**iStock:** 38, 51
**The Kobal Collection:** 90 (Warner Bros), 169 (TWO
ARTS/CD), 178 (RAT PACK FILMPRODUKTION)
**Mary Evans:** 39 (INTERFOTO/Friedrich), 201 (Peter
Higginbotham Collection)
**Science and Society Picture Library:** 50
**Shutterstock:** 21, 25, 27t, 30, 36, 46, 47t, 48t, 48
unten, 57 oben, 57 unten, 61, 62, 66, 76, 77, 78, 79,
84, 85, 89, 91l, 94, 95, 96, 97, 100, 104, 107, 112, 114,
115, 116, 117, 122, 130, 134, 145, 150, 151, 154, 159,
164, 165, 168, 179 oben, 194, 196, 203 oben
**Topfoto:** 18 (The Granger Collection), 108 oben, 143
oben (The Granger Collection)
**Wellcome Library, London:** 6r, 22, 24, 26r, 34, 37,
41, 42, 43, 44, 49, 52, 75, 92o, 92, 93, 121, 136, 137,
138, 139, 140 oben, 140 unten, 141, 142, 152, 184
unten, 185, 187 oben, 187 unten, 192 oben, 200

# Inhalt

# Die **ERFORSCHUNG** der Menschheit

> „Das wahre Studium der Menschheit ist der Mensch."
>
> Alexander Pope,
> Vom Menschen, 1732–1734

„Psychologie" bedeutet „Lehre von der Seele". Heute spricht man eher vom „Geist", gemeint ist damit jedoch dieses vage, ungreifbare Etwas, das den Körper belebt und Gedanken, Gefühle, Kreativität, Zweifel, innere Kämpfe und unendlich viele andere Aktivitäten verursacht. Die heutige Psychologie definiert sich als „Studium vom Verhalten und Erleben des Menschen". Die Einbeziehung des Verhaltens ist wichtig, weil es offensichtlich existiert, egal, ob wir den „Geist" für wirklich halten oder nicht.

Die Wiedervereinigung von Seele und Körper *von William Blake (1808)*

## Die Wissenschaft von der menschlichen Natur

Im 18. Jahrhundert begann der schottische Philosoph David Hume (1711–1776) eine „Wissenschaft von der menschlichen Natur" zu entwerfen, die ebenso logisch und empirisch sein sollte wie die Arbeit des Astronomen Galileo Galilei (1564–1642) und des Physikers Isaac Newton (1643–1727). Es sollte außerdem eine experimentelle Wissenschaft sein, wenn auch

*Wilhelm Wundt 1898*

nicht in genau derselben Weise wie die Physik. Gegenstand der Experimente sollten Erfahrungen sein, die in Zusammenhang mit dem Verhalten beobachtet werden sollten. Es dauerte jedoch noch ein Jahrhundert, bis Humes Vision sich erfüllte. Die Erforschung der Psychologie im modernen Sinn begann 1879, als der deutsche Arzt und Philosoph Wilhelm Wundt (1832–1920) das erste psychologische Labor in Leipzig einrichtete. Wundt war auch der Erste, der sich selbst „Psychologe" nannte.

Es wäre aber vorschnell, anzunehmen, dass es keine Psychologie gab, bevor sich Menschen Psychologen nannten. Ernsthaftes und wissenschaftliches Interesse an der Natur und Arbeitsweise des Geistes finden wir schon bei den alten Griechen und im alten China. Aristoteles' (384–322 v. Chr.) Schrift *De Anima (Von der Seele)* kann als frühester psychologischer Text bezeichnet werden. Mehr als zweitausend Jahre galt die Psychologie als Teil der Philosophie.

Das vorliegende Buch versucht, den Weg der Psychologie von ihren Ursprüngen in der Philosophie bis zu ihrer heutigen Verschmelzung mit anderen Naturwissenschaften nachzuzeichnen.

**WILLKOMMEN IM GEHIRN**

Die früheste Erwähnung eines Begriffes für „Gehirn" findet man im Papyrus Edwin Smith, dem ältesten bekannten medizinischen Text (um 1500 v. Chr., möglicherweise die Kopie einer älteren Version). Der Papyrus beschreibt 48 Fälle von Traumata und deren Behandlung, zumeist als Folge von Stürzen oder Kriegsverletzungen. Einige der beschriebenen Kopfverletzungen nehmen auf das Gehirn, Gehirnhäute (Bindegewebsschichten, die das Gehirn umgeben) und die zerebrospinale Flüssigkeit Bezug. Die gewundene Oberflächenstruktur des Gehirns wird mit „den Wellen, die sich in geschmolzenem Kupfer bilden", verglichen. Der Text lässt auf eine Kenntnis der Auswirkung von Verletzungen an Gehirn und Rückenmark auf den übrigen Körper schließen.

# Der Gegenstand der Psychologie

Es ist nur die halbe Wahrheit, wenn man Psychologie als Erforschung des Geistes und psychischer Prozesse bezeichnet, in denen Gehirn und Nervensystem eine Rolle spielen. Die Psychologen beschäftigen sich ebenso mit Verhalten und Wahrnehmung, Reflexen, körperlichen Bedürfnissen und dem Zusammenspiel psychischer und körperlicher Zustände.

Auch die Evolution und die psychische Anpassung, die uns helfen, um zu überleben und erfolgreich zu sein, sind von großer Bedeutung. Psychologie kann das Studium von Tieren (in der vergleichenden Psychologie) beinhalten, sie kann im Labor, draußen in der Welt oder im Kopf des Einzelnen stattfinden. In gewisser Weise umfasst die Psychologie das gesamte menschliche Leben: Sie betrachtet die Natur des Menschen und die Bedingungen des Menschseins (*conditio humana*).

## Psychologie, eine (Natur-) Wissenschaft?

Hume strebte eine neue Naturwissenschaft an, doch kann die Psychologie als eine „exakte" Wissenschaft betrachtet werden? Zuerst einmal gibt es keine allgemeine Übereinstimmung darüber, was eine Naturwissenschaft ausmacht und wie ihre Arbeitsweise sein muss. Auch sind manche Bereiche der Psychologie der wissenschaftlichen Erforschung zugänglicher als andere.

*Ein „Paradigmenwechsel": Das kopernikanische Sonnensystem (ca. 1600) stellt die Sonne in den Mittelpunkt des Universums.*

Das traditionelle Modell der Naturwissenschaft sieht darin ein Streben, das mit empirischer Beobachtung (etwas, das wir in der Welt um uns herum bemerken) beginnt und dann durch induktive Beweisführung zu einer Erklärung und vorgeschlagenen Regeln (Konstruktion einer Theorie) führt, die es erlaubten, experimentell überprüfbare Voraussagen zu machen. Wenn sie sich als wahr herausstellen, wird die Theorie bestätigt, ansonsten muss die Theorie verändert oder verworfen werden. Der österreichisch-britische Philosoph Karl Popper (1902–1994) argumentierte jedoch, dass wissenschaftliche Forschung nicht mit einer Beobachtung, sondern einem Problem, das wir lösen wollen, beginnt, und dass dies die empirische Beobachtung bestimmt. Er forderte, eine Theorie müsse „falsifizierbar" sein. Dazu muss jede wissenschaftliche Theorie angeben können, welche Ergebnisse oder Beobachtungen sie als falsch erweisen würden. Die Theorie, dass alle Schwäne weiß sind (wie man früher glaubte), wäre dann falsifiziert, wenn ein Schwan mit einer anderen Farbe auftauchen würde.

Eine weitere Herausforderung des traditionellen Modells stammt von dem amerikanischen Physiker Thomas Kuhn (1922–1996), für den Wissenschaft von „Paradigmen" bestimmt wird. Ein Paradigma ist ein allgemein akzeptiertes Bezugssystem, dessen Erforschung innerhalb der Grenzen dieses Systems stattfindet. Mitunter erweist es sich als unangemessen und muss verworfen werden – man spricht dann von einem „Paradigmenwechsel".

Viele Jahrhunderte lang basierte beispielsweise die Astronomie auf der Grundlage des geozentrischen Weltbilds, bei dem die Erde im Zentrum des Universums stand. Das revolutionäre neue Modell des Kopernikus, das die Sonne in den Mittelpunkt des Universums rückte, stellt einen solchen Paradigmenwechsel dar.

Auch wenn die Psychologie mit diesen Wissenschaftsmodellen zum Teil vereinbar ist, bleibt in ihrem Fall dennoch das Problem der Objektivität und der Beweisbarkeit, sobald Verhalten oder Gedanken der eigentliche Forschungsgegenstand sind. Menschen können lügen oder so handeln, dass experimentelle Ergebnisse verfälscht werden, Experimentatoren müssen sich häufig auf subjektive Urteile verlassen, manche Versuche oder Beobachtungen sind moralisch fragwürdig und deshalb nicht verwertbar. Was auch immer die Psychologie nun ist, sie ist keine objektive Naturwissenschaft.

## Alle Hände voll zu tun

Die Psychologie ist eine im Entstehen begriffene Disziplin. In allen Wissenschaften gibt es immer noch viel zu entdecken,

# DISZIPLINEN DER PSYCHOLOGIE

Die Geschichte der Psychologie von 1879 bis ins späte 20. Jahrhundert war von verschiedenen Herangehensweisen bestimmt.

**Voluntarismus** – die erste Form der Experimentalpsychologie, begründet 1879 von Wilhelm Wundt in Deutschland.

**Strukturalismus** – der britische Psychologe Edward Titchener (1867–1927) führte den strukturalistischen, auf Wundt zurückführbaren Ansatz ein, im Experiment beobachtete mentale Prozesse auf ihre kleinsten Komponenten herunterzubrechen.

**Funktionalismus** – William James (1842–1919, *siehe* ▶ Bild rechts) betrachtete das „Wie?" und „Warum?" der Gehirnfunktion.

**Psychodynamik** – der österreichische Neurologe Sigmund Freud (1856–1939) begründete die psychodynamische Therapie; in seiner Psychoanalyse führte er Neurosen auf verdrängte Erfahrungen zurück und behandelte sie durch „Gesprächstherapie".

**Gestaltpsychologie** – der in Tschechien geborene Psychologe Max Wertheimer (1880–1843) deutete mentale Prozesse „holistisch" (in Bezug auf den ganzen Körper).

**Behaviorismus** – John Broadus Watson (1878–1958) betrachtete mit seinem Behaviorismus nur beobachtbares körperliches Verhalten, er beschäftigte sich nicht mit mentalen Prozessen.

**Humanistische Psychologie** – der amerikanische Psychologe Abraham Maslow (1908–1970) untersuchte die Bedingungen des Menschseins, um sie zu verbessern.

**Kognitive Psychologie** – George A. Miller (1920–2012) und Ulric Neisser (1928–2012) begannen in den 1950er-Jahren, sich mit mentalen Prozessen wie Lernen, Wissen und Informationsverarbeitung zu beschäftigen.

**Sozialpsychologie** – ein Ansatz, der untersucht, wie das Individuum in Beziehung zu anderen und in sozialen Situationen handelt, eingeführt in den 1960er- und 1970er-Jahren durch Stanley Milgram (1933–1984) und Philip Zimbardo (geb. 1933).

Im späten 20. Jahrhundert unterteilte sich die Psychologie in viele Bereiche und schloss sich mit anderen Disziplinen wie Neurophysiologie, Evolutionsbiologie, Computerwissenschaft, Linguistik und Anthropologie zusammen.

doch die Psychologie ist sich im besonderen Maße bewusst, dass noch ein langer Weg vor ihr liegt. Es gibt so vieles in der Arbeitsweise und Natur des Geistes, das wir nicht verstehen und Psychologen entwickeln und testen ständig neue Forschungsmethoden. In den vergangenen Jahrzehnten ist die Psychologie zunehmend interdisziplinär geworden, was einerseits ein Fortschritt war, die Eigenständigkeit der Psychologie als Wissenschaft andererseits jedoch auch untergräbt.

Im ersten Kapitel dieses Buches werden wir sehen, wie der Geist über die Jahrhunderte betrachtet wurde, in Kapitel 2 und 3, wie Beweise für psychologische Theorien gesammelt wurden. Die Kapitel 4 und 5 berichten über die Vorstellungen, wie wir Wissen erwerben. In Kapitel 6 und 7 erfahren wir, was uns aus Sicht der Psychologie als Individuen ausmacht. Das letzte Kapitel handelt von der Entwicklung der klinischen Psychologie und der Psychopathologie.

# KAPITEL 1

# Der **GEIST** in der **MASCHINE:** Wer oder was ist der Geist?

*Denken und Sein ist dasselbe.*
Parmenides (geb. ca. 515/540 – 450 v. Chr.)

Jahrtausendelang haben die Menschen darüber nachgedacht, was dieses Etwas ist, das wir „ich" nennen. Bin „ich" nur der Körper? Wenn ja, was ist der Unterschied zwischen einem lebendigen Menschen und einer Leiche? Was unterscheidet einen Menschen vom anderen? Oft heißt es, dass der Geist oder die Seele uns zu dem macht, was wir sind. Viele Menschen sind jedoch überzeugt, dass wir nur der physische Körper sind: Sind es allein die grundlegenden biochemischen Prozesse, die den Unterschied zwischen Leben und Tod oder zwischen verschiedenen Individuen ausmachen? Diese Frage ist so alt wie die Menschheit und sie steht im Mittelpunkt der Psychologie.

*Wie kann der Geist, die Seele oder was auch immer hinter unserem physischen Körper steckt, wahrgenommen werden?*

## Geist und Materie

Unsere Sprache deutet darauf hin, dass wir den Geist, den Ort des „Ich", nicht als dasselbe wie den physischen Körper betrachten: Sätze wie „Ich fühlte, dass ich dies tun sollte ..." oder „Ich kann mich nicht dazu überwinden ..." deuten auf einen Unterschied zwischen Körper und Geist. Diese „dualistische" Sicht gründet sich auf eine Unterteilung der Person in Materie (Muskeln, Knochen und Gehirn) und eine Art von inspirierendem Geist (Energie, Bewusstsein, Seele oder etwas Ähnliches).

Wenn Geist und Körper nicht das Gleiche sind, wie stehen sie dann zueinander in Beziehung? Diese fundamentale Frage liegt vielen Themen, die in der Psychologie diskutiert werden, zugrunde, ebenso wie therapeutischen Anwendungen in Psychiatrie und Psychotherapie sowie einigen Bereichen der Medizin.

Manche Philosophen vertreten die „monistische" Sicht, dass alle Dinge im Sinne einer einzigen Realität oder Substanz erklärt werden können. Es gibt zwei verbreitete „monistische" Positionen: Die eine ist „materialistisch", d. h. es gibt nur physikalische und chemische Prozesse in unseren Körpern und auch alles Psychische wird durch physikalische Faktoren bestimmt. Es gibt letztlich nichts, das den denkenden Menschen

von einem unbelebten Felsen, einer Zahnbürste oder einem Computer unterscheidet. Radikale behavioristische Psychologen, wie der Amerikaner Burrhus Frederick („B. F.") Skinner (1904–1990) halten den Geist für nicht existent: Wir sind nichts als Körper, und alles, was wir tun, kann mit behavioristischen Begriffen beschrieben werden.

### GESPENSTER GIBT ES NICHT

Der geringschätzige Ausdruck „Gespenst in der Maschine" wurde von dem britischen Philosophen Gilbert Ryle (1900–1976) geprägt und meint die Vorstellung vom Geist (das Gespenst) in einem mechanistischen Körper (der Maschine). Ryle wies Descartes' dualistische Sicht von Geist und Körper als verschiedene „Stoffe" (*siehe* ▸▸ S. 20–23) zurück, er sah in der Unterscheidung zwischen Geist und Körper einen „Kategorienfehler" – was in der Folge zu weiteren Irrtümern führte.

*Die Seele eines Aborigines reist in die andere Welt.*

### DER GEIST LEGT DEN KÖRPER REIN

Placebos und Nocebos zeigen deutlich den Einfluss, den der Geist auf den Körper hat. Der Placeboeffekt kann heilend wirken, obwohl er eine Behandlung ohne Wirkstoffe ist, wie beispielsweise eine Zuckerpille, die der Patient für hochwirksam hält. Das Gegenteil davon ist der Noceboeffekt: eine Krankheit, die durch etwas Unschädliches ausgelöst wird. Ein beeindruckendes Beispiel eines Noceboeffektes ereignete sich 2007: Ein junger Mann nahm im Rahmen einer Studie versehentlich eine Überdosis eines Medikamentes ein. Er glaubte, es handele sich um ein Antidepressivum und litt in der Folge an verschiedenen ernsthaften Beschwerden. Als er erfuhr, dass er nur eine Überdosis eines harmlosen Placebos bekommen hatte, verschwanden seine Symptome. Der Noceboeffekt kann sogar zum Tod führen, wie z. B. bei der *„pointing-bone"*-Methode der australischen Aborigines, die annehmen, dass man stirbt, wenn ein magischer Knochen auf einen zeigt.

Für die idealistische „monistische" Position ist der Geist alles und das Körperliche nichts (möglicherweise nicht einmal existent). Wer diesen Standpunkt einnimmt, erklärt alles in Begriffen von Bewusstsein und mentalen Vorgängen. Im 18. Jahrhundert war der irisch-englische Philosoph Bischof George Berkeley (1685–1735) ein solcher Monist: Er behauptete, dass die äußere Welt nicht existiert, weil wir sie nur durch unser menschliches Bewusstsein wahrnehmen.

Vor Sokrates betrachtete man die Seele in Griechenland als das, was das Leben ausmacht. Sie war der „Lebensgeist", aber nicht verantwortlich für Verhalten, Gedanken oder Gefühle. Anfangs wurde auch nur dem Menschen eine Seele zugebilligt. Sie ging nach dem Tod nirgendwohin und war nicht „übernatürlich", sondern allein der Zustand des Lebens, der einem Toten fehlte. Allmählich veränderte sich jedoch der Begriff der Seele, die bald in jedem lebendigen Ding gesehen wurde.

Im 5. Jahrhundert v. Chr. wurde sie dann mit Eigenschaften wie Mut, dem Streben des Geistes und dem Wissensdurst assoziiert. Der Philosoph Sokrates (ca. 470–399 v. Chr.) ordnete schließlich dem Körper Wünsche, Ängste, Glauben und Vergnügen zu (überliefert im Werk seines Schülers Plato) und sah die Rolle der Seele darin, die Instinkte des Körpers zu kontrollieren: Die Seele war das Denkvermögen.

## Drei in einem

Das Konzept der dreigeteilten Seele stammt von Plato (ca. 425–ca. 348 v. Chr.). Die „begehrende" Seele befriedigt körperliche Begierden wie Hunger, Durst und Sexualität. Die „muthafte" Seele herrscht über Gefühle wie Liebe und Hass, Mut und Furcht und so weiter. Die „vernünftige" Seele schließlich strebt nach Weisheit

und kontrolliert mehr oder weniger erfolgreich die anderen beiden Seelenteile.

Im *Phaidon* benutzt Platon das Bild des Wagenlenkers, um die Beziehung zwischen den drei Aspekten der Seele zu verdeutlichen: Die rationale Seele ist der Wagenlenker und versucht, den Wagen (Körper und Geist) zu lenken. Zwei Pferde ziehen den Wagen, ein schwarzes (die begehrende Seele) und ein weißes (die muthafte Seele). Das schwarze Pferd strebt nach gutem Essen und fleischlicher Lust, das weiße nach tapferen und guten Taten. Die Aufgabe des Wagenlenkers besteht darin, beide ständig in Zaum zu halten, um auf Kurs zu bleiben.

Aristoteles schlug eine andere dreigeteilte Seele vor. Er ordnete jedem Lebewesen, von der Pflanze bis zum Menschen, eine Seele zu, die seiner Funktion angemessen ist und entsprechende Fähigkeiten und Aufgaben besitzt. Das können Eigenschaften wie Wachstum sein (bei einer Pflanze), Bewegung (bei

> *„Was ist es, das im Körper ist und ihn belebt? Die Seele.“*
>
> Platon, *Phaidon* („Über die Seele")

einem Tier) oder Erkenntnisfähigkeit (bei einem Menschen). Dadurch nähert sich Aristoteles modernen Ansätzen, denn das Gehirn regelt bewusste und unbewusste Tätigkeiten wie Atmung und Bewegung, ist aber auch der Ort nicht-körperlicher Aktivitäten wie Besinnung, Wünschen, Denken und Verstehen. Anders als Platon glaubte Aristoteles nicht, dass die Seele den Körper überlebt oder unabhängig von ihm existieren kann. Auch hier ist Aristoteles näher bei der modernen Vorstellung vom Geist als eine halb-mystische Seele.

## HERZ UND SEELE

Für uns scheint es offensichtlich, dass Denken, Fühlen, Glauben, Träumen und andere geistige Tätigkeiten im Gehirn stattfinden. Aber erst neuere Untersuchungsmethoden konnten die Tätigkeiten des Gehirns nachweisen und sichtbar machen, frühere Generationen verlegten diese Aktivitäten auch in andere Körperteile. Für die alten Ägypter war das Herz der Ausgangspunkt von Gefühlen, Vernunft und Denken. Wenn sie ihre Toten mumifizierten, warfen sie das Gehirn weg, andere Organe konservierten sie jedoch sorgfältig in den sogenannten Kanopenkrügen, um sie neben der Mumie zu begraben. Für Platon war das Gehirn der Sitz der Gedanken, sein Schüler Aristoteles entschied sich jedoch wieder für das Herz.

# Zwei Seelen

*Platons Allegorie vom Wagenlenker und seinen zwei Pferden, dem schwarzen und dem weißen, erklärt die dreiteilige Seele.*

In der epikureischen Philosophie, die auf den griechischen Philosophen Epikur (341 – 270 v. Chr.) zurückgeht, hat die Seele zwei Teile: Der rationale Teil (*animus*) produziert Gefühle und Impulse, formt Glaubensvorstellungen, prüft Beweise und interpretiert die Sinneseindrücke. Der nicht-rationale Teil der Seele nimmt die Sinneseindrücke wie Anblicke, Töne und Gerüche präzise auf. Fehler und Missverständnisse entstehen später, wenn der rationale Teil diese Sinneseindrücke interpretiert. Die Impulse, die vom rationalen Teil ausgehen, werden von dem nicht-rationalen Teil weitergegeben. Wir halten unseren Geist nicht verantwortlich dafür, zu sehen oder uns atmen zu lassen; diese langweiligen und praktischen Funktionen werden vom Gehirn übernommen, wie bei den Tieren, denen wir für gewöhnlich weder eine Seele noch bewusstes Denken zubilligen.

Die Stoiker (*siehe* ▸▸ S. 16), Mitglieder einer philosophischen Schule im alten Athen, sprachen von drei Arten von *Pneuma* (die wörtliche Bedeutung ist „Atem"), dem belebenden Geist. Die grundlegendste Art des Pneuma ist selbst in einem Felsen vorhanden und hält die Materie zusammen, heutzutage schreibt man dies den Gesetzen der Physik und dem Verhalten von Atomen und Molekülen zu.

Die nächste Art bestimmt das pflanzliche Leben (Wachstum, Zellatmung usw.). Die (dritte) Seele schließlich bestimmt geistige und psychische Tätigkeiten von Tieren und Menschen, abhängig von den mentalen Fähigkeiten des jeweiligen Lebewesens – beim Menschen sind das Vernunft, Glaube, Intellekt und Begierde ebenso wie grundlegende mentale Prozesse (z. B. Sinneswahrnehmungen).

Die Stoiker glaubten nicht an die Seele als „Lebenshauch", der den Unterschied zwischen Leben und Tod ausmacht. Für sie war die Seele eine Ansammlung mentaler Prozesse, die Erkenntnis, Bewusstsein, Verstehen, Denken und eine sinnvolle Interaktion mit der Welt ermöglichen.

## Seelenjäger

Mit dem Aufkommen der monotheistischen Religionen wurde die Seele in den Dienst Gottes gestellt. Sie wurde zu einem Funken der Göttlichkeit, der in jedem Körper wohnte und das Göttliche widerspiegelte – oder es bekämpfte.

Neuplatoniker wie der jüdische Philosoph Philon von Alexandria (20/25 v. Chr. – 50 n. Chr.) und der römische Denker Plotin (204 – 270) fügten die mystischen Aspekte von Platons Lehre ihrer eigenen Religion hinzu.

Philon ging von dem jüdischen Konzept des Körpers aus, in dem die Seele als Fragment des göttlichen Wesens wohnt, glaubte – anders als Platon – jedoch nicht, dass Selbsterforschung zur Erkenntnis

führt, da dies für ihn nur durch göttliche Eingebung möglich war. Um die Seele für das göttliche Geschenk des Wissens bereit zu machen, hielt Philon Meditation und Askese für notwendig. Er glaubte auch, dass Traum und Trance Inspirationen bereit hielten, weil sie die Seele vom Körper entfernten.

Plotin hingegen sah in der Seele den Widerschein des Geistes, der selbst ein Bild des „Einen" war. Das „Eine" war in dieser Hierarchie das Höchste, unvollkommen wiedergegeben im Geist, und die Seele beinhaltete wiederum den unvollkommenen Geist. Deshalb lehrte Plotin, dass die Seele, wenn sie in den Körper eintrat, sich mit etwas Minderwertigerem verband.

Die platonischen und neuplatonischen Vorstellungen von der Seele, die körperliche Begierden bekämpfte, wurden bald in die neue christliche Theologie aufgenommen. Die Seele strebte nach Gott, während der Körper sie zu unnützen Vergnügungen hinabzuziehen versuchte.

Diese „Anpassung" wurde durch den frühchristlichen Philosophen Augustinus von Hippo (345 – 430) vorgenommen.

### DIE STOA

Die philosophische Schule der Stoiker wurde von dem griechischen Philosophen Zeno von Kitium (334 – 262 v. Chr., *siehe* ▶ Bild) in Athen gegründet. Die Stoiker waren überzeugt, dass nur ein weiser Mann wahrhaft glücklich sein könne und dass zerstörerische Gefühle wie Hass und Neid nur durch falsche Urteile entstehen. Auch Seneca der Jüngere (4 v. Chr. – 65 n. Chr.) und Epiktet (ca. 55 – 135 n. Chr.) waren Stoiker.

Achthundert Jahre später machte der italienische Priester Thomas von Aquin (1225 – 1274) dasselbe mit den Ideen des Aristoteles. Trotzdem war die Zeit nach der Zerstörung des römischen Reiches im Ganzen gesehen für die Entwicklung psychologischen Denkens in Europa fruchtlos. Die Seele war ein Knecht Gottes und alles Nachdenken darüber gehörte der Theologie an. Zu dieser Zeit war es die arabische Welt, die das Feuer des Lernens am Leben hielt.

*Philon von Alexandria unterrichtet seine Studenten.*

# Auf den Spuren des Propheten

Nach dem Tod Mohammeds 632 verbreitete sich der Islam rasant in der arabischen und persischen Welt. Die Denker des Nahen Ostens studierten, übersetzten und kommentierten die Werke der alten Griechen, insbesondere von Aristoteles. Durch die Vermittlung der arabischen und byzantinischen Kultur tauchten die Werke von Aristoteles dann später im Mittelalter in Europa auf. Über hundert Jahre hinweg florierten die Wissenschaften im Nahen Osten, bis der Islam im 12. Jahrhundert eine konservative, den Wissensdurst unterdrückende Richtung einschlug.

Einer der bedeutendsten islamischen Gelehrten war der Perser Ibn Sina (980 – 1037), der im Westen als Avicenna bekannt ist und dessen Werk hauptsächlich auf Aristoteles fußt.

In der Psychologie ist Ibn Sina für sein Gedankenexperiment des „schwebenden Mannes" berühmt: Man stelle sich vor, gerade eben aus dem Nichts erschaffen worden zu sein und über keinerlei Sinneswahrnehmungen zu verfügen. Da die Vorstellung dieses Zustands möglich ist, ohne die eigene Existenz anzuzweifeln, besitzt der Geist eine reale Existenz unabhängig vom Körper.

*„Deshalb ist Nafs* [Selbst/Seele], *deren Existenz die Person bestätigt hat, die charakteristische Persönlichkeit, die weder mit dem Körper noch mit den Knochen identisch ist ... [deshalb] ist die Bestätigung der Existenz ihrer selbst (Seele/al-Nafs) verschieden vom Körper und etwas völlig Unkörperliches."*

Für seine Zwecke gestand Ibn Sina der Seele zu, ausreichend mit dem Körper verbunden zu sein, um individuell zu existieren und nicht nur ein bloßes Fragment der universellen Seele zu sein, aber dennoch ausreichend selbstständig, um den Tod zu überstehen.

Er folgte dabei dem griechischen Arzt und Philosophen Galen von Pergamon

## VON DEN ZWEI GEISTERN

*„Gott schuf den Menschen, um die Welt zu beherrschen, und bestellte für ihn zwei Geister, denen er bis zum Tag des Jüngsten Gerichtes zu folgen hatte: der Geist der Wahrheit und der Geist des Unrechts.*

*Die Wahrheit entspringt an der Quelle des Lichts, das Unrecht an der Quelle der Dunkelheit. Alle, die rechtschaffen sind, unterstehen dem Fürsten des Lichts und gehen die Wege des Lichts, aber alle, die unrecht sind, stehen unter der Herrschaft des Engels der Dunkelheit, auch diejenigen, die zwar rechtschaffen handeln, jedoch dem Irrtum verhaftet sind. All ihre Sünden und all ihre Missetaten, all ihre Schuld und all ihre Übertretungen sind die Folge dieser Herrschaft …*

*Diesen Kräften sind alle Menschen und alle ihre Nachkommen unterworfen.*

*Die Menschen können in diese beiden Richtungen gehen, weil sie beides in sich tragen, und alle Taten der Menschen werden bis in alle Ewigkeit geteilt sein."*

Aus der *Gemeinderegel*, einer Schriftrolle vom Toten Meer

(130 – 200), der die Teile der Seele in verschiedenen Körperteilen verortete.

*„Es gibt vier Arten des Geistes: Einer ist der grausame Geist, der im Herzen lebt und der Ursprung aller anderen ist. Ein anderer ist der sinnliche Geist, der im Gehirn wohnt. Der dritte ist der natürliche Geist, der in der Leber wohnt. Der vierte ist der fruchtbare [oder zeugungsfähige] Geist, der in den Keimdrüsen wohnt. Diese vier Geister vermitteln zwischen der absolut reinen Seele und dem absolut unreinen Körper."*

Ibn Sina, *Kanon der Medizin* (1025)

## Der innere Kampf von Gut und Böse

Während die arabische Welt sich mit den Ideen des Aristoteles beschäftigte, waren seine Theorien im Europa des 12. Jahrhunderts nahezu vergessen. Auch als sie wieder zugänglich waren, machte dies für einen Durchschnittsmenschen keinen Unterschied, denn der innere Kampf zwischen dem Wunsch, gut zu sein, und den Impulsen des natürlichen Körpers blieb eine rein religiöse

Angelegenheit. Auf der einen Seite strebte die Seele nach Gott, auf der anderen Seite suchte der Körper nur sein selbstsüchtiges Vergnügen. Dieser Widerstreit zwischen dem, was wir für gut halten und dem, was der Körper verlangt, beschäftigte schon Aristoteles, wurde aber nun, 1500 Jahre später, in religiöse Sprache gekleidet.

## Den Geist befreien

In der Renaissance im 14. Jahrhundert erlebte das Denken eine neue Blüte und Europa fand zurück auf den Weg des intellektuellen Strebens. Obwohl die Menschen noch nicht frei waren, das zu denken, was sie wollten – Ketzer wurden häufig verbrannt –, bestand dennoch eine größere Freiheit der Forschung, soweit sie von der Kirche nicht als zu provokant empfunden wurde.

Als die Naturwissenschaft sich weiterentwickeln konnte, wurde sie zunehmend objektiver. Neu entdeckte Naturgesetze erklärten den Weg eines Pfeiles oder einer Kanonenkugel ebenso wie die Bewegung der Planeten (jetzt um die Sonne, nicht um die Erde). Die Ansicht, dass hinter allen natürlichen Phänomenen mathematische und wissenschaftliche Gesetze liegen, die durch Beobachtung und den Verstand entdeckt werden können, setzte sich durch. Die Welt und das ganze Universum galten nun als erklärbar – eine revolutionäre Vorstellung. Wenn man nun die Bewegung der Planeten und die Kurve einer Kanonenkugel erforschen und erklären konnte, warum dann nicht auch uns selbst?

### IBN SINA (AVICENNA)
### (980 – 1037)

Ibn Sina war ein Wunderkind: Er kannte mit 10 Jahren den Koran auswendig und war mit 20 Jahren Arzt. Sein Wissen erstreckte sich über viele Gebiete, er schrieb 450 Bücher, von denen 240 überliefert sind. 40 seiner Werke behandeln die Medizin, einschließlich der psychischen Gesundheit und der Natur des Geistes. Sein 14-bändiger *Kanon der Medizin* wurde an einigen europäischen Universitäten bis 1650 verwendet – vergleichbar mit einem Lehrbuch aus der Zeit der Pest, das noch Anfang des 20. Jahrhunderts benutzt worden wäre.

*Eine Seite aus Ibn Sinas* Kanon der Medizin

## Eins oder zwei?

Der französische Mathematiker und Philosoph René Descartes (1596–1650) wurde stark vom mechanistischen Zugang zur Naturwissenschaft beeinflusst, der für die Aufklärung typisch war. Er schuf die kartesianische Geometrie, um die Beziehungen zwischen Objekten im dreidimensionalen Raum aufzuzeigen. 1628 erklärte der englische Arzt William Harvey (1578–1657) den Blutkreislauf und beschrieb den Körper dabei als eine Art von Maschine.

Das Bild vom Körper als Maschine übernahm Descartes, aber obwohl er den materiellen Körper von mechanistischen Gesetzen kontrolliert sah, war der Geist für ihn immateriell. Er schrieb zahlreiche mentale Prozesse dem Körper zu und erklärte Wahrnehmung, Gedächtnis, Vorstellungskraft und Verstand durch die Funktion von Sinnesorganen und

*Allegorische Poesie des Mittelalters zeigt das innere Leben durch Personifikationen von Sünde, Tugend und abstrakten Vorstellungen wie „Welt" oder „Tod". Das Individuum ist nicht für seinen inneren Zustand verantwortlich, der Drang zu sündigen wird als ein Angriff von außen auf die Seele dargestellt, die machtlos ist und zu Schlachtfeld, Trophäe oder Geisel wird.*

Nerven. Was dann noch übrig blieb, waren die besonderen Fähigkeiten des Menschen: Selbstbewusstsein und Sprache – und diese waren für ihn Funktionen des Geistes.

> „Es ist ein und derselbe Mensch, der sich bewusst ist, dass er versteht und fühlt. Aber ohne Körper kann man nichts fühlen und deshalb muss der Körper ein Teil des Menschen sein."
> Thomas von Aquin, *Summa Theologiae*, 1265–1274

## Ich zweifele, also bin ich

Descartes suchte nach einer Grundlage, auf der er seine philosophischen Forschungen aufbauen konnte und die einzige zuverlässige Tatsache war seine eigene Existenz. Diese Erkenntnis gipfelt in seinem berühmten Satz *cogito ergo sum* („Ich denke, also bin ich"). Er erkannte, dass all seine Wahrnehmungen sowohl Realität als auch Traum sein konnten, die Tatsache aber, dass er in der Lage war, zu zweifeln und darüber nachzudenken, bewies die eigene Existenz. Darin besteht eine Parallelität zu Ibn Sinas sechshundert Jahre älterem Experiment des „schwebenden Mannes".

Spätere Kritiker hoben hervor, dass Descartes seine eigene Existenz niemals bewiesen habe, sondern nur, dass das Denken unaufhörlich ist. Für unsere Zwecke ist das ausreichend, weil sein Beweis zwischen der physischen und der spirituellen oder mentalen Identität unterscheidet.

Die Ansicht, dass Denken ohne irgendeine sensorische Beeinflussung stattfinden kann, weist auf eine Trennung zwischen Geist (oder Seele) und Körper hin. Diesen auf Descartes zurückgehenden Dualismus nannte der britische Philosoph Gilbert Ryle (1900–1976) später das „Gespenst in der Maschine" (*siehe* ▸ S. 12). Der Geist musste irgendwo sein und Descartes sah ihn in der Zirbeldrüse im Gehirn verortet. Wenn er jedoch nicht materiell war, wie konnte er dann irgendwo sein? Wie konnte er auf den Körper einwirken?

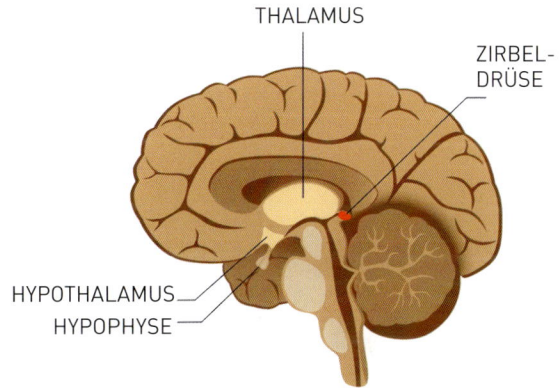

THALAMUS

ZIRBEL-DRÜSE

HYPOTHALAMUS

HYPOPHYSE

### DIE AUFKLÄRUNG

Die Aufklärung war eine Bewegung, die im 17. Jahrhundert in Europa aufkam – besonders in England und Frankreich. Sie förderte rationales Denken und empirische Wissenschaft, prangerte abergläubisches Denken an, stellte traditionelle Überzeugungen in Frage und lehnte diese ab, wenn sie einer genaueren Untersuchung nicht standhielten. Schlüsselfiguren der Aufklärung waren die Wissenschaftler Francis Bacon (1561–1626) und Isaac Newton (1643–1727) sowie die Philosophen René Descartes, Baruch Spinoza und David Hume (von den drei letzten hören wir bald mehr). Die Aufklärung ging Hand in Hand mit der wissenschaftlichen Revolution und läutete die Moderne ein.

*Das Experiment mit dem Vogel in der Luftpumpe (1768)*

*William Harveys Theorie des Blutkreislaufs inspirierte Descartes Vorstellung vom menschlichen Körper als einer Maschine.*

Wie wurde er vom Körper beeinflusst? Für Descartes war klar, dass es eine Wechselwirkung geben musste, weil sich körperliche Verletzungen oder Annehmlichkeiten auf den Geist auswirken und sich auch Stimmungen des Geistes im Körper niederschlagen. Dies kann bis ins Extrem gehen: die körperliche Manifestation seelischen Leidens kann wie eine Krankheit erscheinen, mit Zittern, Übelkeit oder Kopfschmerzen. Descartes Ansicht von der wechselseitigen Beeinflussung war für seine Zeit ungewöhnlich, trotzdem fand er zu keiner befriedigenden Antwort auf die Frage, wie die immaterielle Seele und der materielle Körper sich beeinflussten. Diese Frage ist bis heute unbeantwortet geblieben.

Leibnitz (*siehe* ▶ S. 23) beantwortete die Frage nach der Beeinflussung von Körper und Geist mit der Annahme, dass beide unabhängigen und vorherbestimmten parallelen Wegen folgten. Gott setzte die beiden auf ihre Wege wie zwei Uhren, die genau die gleiche Uhrzeit zeigen, und sie werden immer synchron nebeneinander laufen. Deshalb befinden sich mentale Handlungen und Zustände immer in Übereinstimmung mit körperlichen Empfindungen und Handlungen.

## Die Mechanik des Geistes

Obwohl Descartes den Körper wie eine Maschine betrachtete, war der Geist für ihn aus anderem Stoff gemacht. Der englische Philosoph Thomas Hobbes (1588–1679) und der französische Priester und Mathematiker Pierre Gassendi (1592–1655) gingen beide in der Ausformulierung des mechanistischen Weltbildes noch einen Schritt weiter.

Gassendi sah keinen Grund, warum der Körper physikalischen Gesetzen gehorchte, der Geist jedoch nicht. Er unterschied nicht zwischen Geist und Gehirn und vertrat einen physikalischen oder materiellen Monismus, nach dem es nur nur einen „Stoff", die Materie, gab. Er vermutete, dass auch Descartes dieser Meinung war, sich aber aus Furcht vor der Kirche zurückhielt.

Hobbes war ebenfalls ein kompromissloser Materialist. Im Universum sah

> „Die Erforschung des Erdballs hat Entdeckungen nach sich gezogen, die viel von dem zerstörten, worauf die antike Philosophie basierte, deshalb ist eine neue Auffassung von den Dingen unweigerlich nötig."
> Tommaso Campanella (1568–1639), italienischer Mönch und Philosoph

er nichts als Materie, die von mechanistischen Naturgesetzen beherrscht wurde. Metaphysik war für ihn bloßer Unsinn. Hobbes behauptete, die Handlungen von Menschen seien, ebenso wie die von Tieren, vollständig von Naturgesetzen bestimmt, die genauso auf das Verhalten und das Denken anwendbar waren, wie auf offensichtlich körperliche Aktivitäten wie Gehen und Atmen.

Dieser „materielle Monismus" hatte sich vom Problem der Interaktion von immateriellem Geist und materiellem Körper, das Dualisten wie Descartes beschäftigte, befreit. Besteht alles nur aus Materie und gibt es keinen Unterschied zwischen Körper und Geist, besteht zwischen ihnen auch kein Kommunikationsproblem mehr.

## Alles ist eins

Auch der jüdisch-niederländische Philosoph Baruch Spinoza (1632 – 1677) zweifelte die Existenz einer besonderen spirituellen Substanz an. Er leugnete vieles, unter anderem auch die Vorstellung von Gott als einem besonderen Wesen, weshalb er vom jüdischen Glauben ausgeschlossen und von den Christen verschmäht wurde. Er betrachtete auch den menschlichen Geist nicht als vom Körper losgelöste Einheit, sondern sah Körper und Geist bzw. Seele als Aspekte einer einzigen Substanz.

Er vertrat damit einen „neutralen Monismus", für den das gesamte Universum aus einem Stoff gebildet war, der sich

### MONADEN

Der deutsche Philosoph Gottfried Leibniz (1646 – 1716) betrachtete das Universum als eine Ansammlung kleinster Punkte oder Lebenseinheiten, die er „Monaden" nannte. Sie sind auch in lebloser Materie vorhanden. Jede Monade ist bis zu einem gewissen Punkt lebendig und bewusst. Wenn wir uns die Leiter der lebenden Materie hinaufbewegen, von den Mikroben bis zum Menschen (und weiter bis hin zu Gott) nimmt die Qualität der Monaden zu. Menschen enthalten einige hohe Monaden der menschlichen Seele, aber auch eine Mischung aus niedrigeren Monaden, deshalb ist unser Denken nicht immer klar und präzise.

Träge Materie und Mikroben enthalten niedrige Monaden und sind nicht fähig, zu denken. Selbst unsere erstklassigen Monaden haben nur Ideen in Form von Möglichkeiten, die durch Erfahrung und Sinneseindrücke geformt werden.

jedoch in verschiedenen Arten und Abwandlungen manifestierte. Die gesamte Natur (gleichbedeutend mit Gott), hatte für ihn Teil am Bewusstsein. Diese pantheistische und panpsychische Position bot auch eine klare Lösung, wie Geist und Körper in Verbindung stehen: Obwohl sie verschieden erscheinen, sind sie in Wirklichkeit wie die beiden Seiten einer Münze.

## Noch ein Monismus

Wenn der Körper-Geist-Dualismus zwei Arten von Stoff voraussetzt, der materielle Monismus nur die Materie anerkennt und für den neutralen Monismus beide aus dem gleichen Stoff sind, gibt es noch einen weiteren Monismus, der das Mentale oder Geistige als einzigen „Stoff" betrachtet. Hier ist der Geist alles und

das materielle Universum existiert nicht wirklich, wie manche Philosophen, wie z. B. Bischof George Berkeley, behaupteten. Der Immaterialismus oder subjektive Idealismus argumentiert, dass die materielle Realität durch den Beobachter erschaffen wird und ohne ihn bedeutungslos ist.

Bis zur Mitte des 18. Jahrhunderts waren die verschiedenen Konzepte über das Verhältnis von Körper und Geist bereits ausgebildet: sie sind zwei Arten Stoff; sie sind der gleiche, materielle Stoff; sie sind der gleiche, nicht-materielle Stoff; sie sind verschiedene Aspekte des einen, alles umfassenden Stoffes.

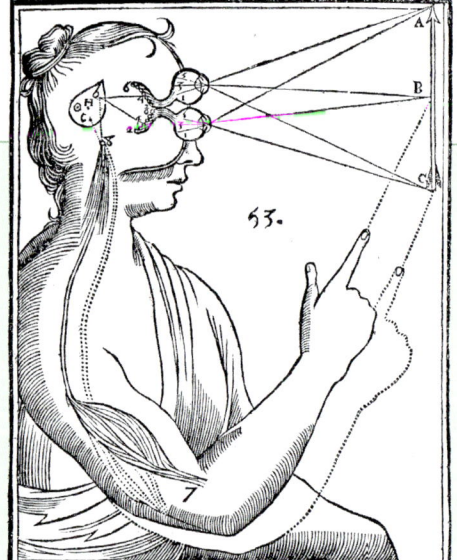

### DIE WOHNUNG DER SEELE

Descartes glaubte aus zwei Gründen, dass die Seele in der Zirbeldrüse zu lokalisieren ist: Zu seiner Zeit wurde sie als eine der wenigen Teile des Gehirns betrachtet, die nicht paarweise auftraten (heute weiß man, dass die Zirbeldrüse zwei Hälften hat). Es gibt nur eine Zirbeldrüse und offensichtlich, so dachte Descartes, haben wir nur eine Seele.

Die Zirbeldrüse liegt zudem in der Nähe der Gehirnventrikel, die die Gehirnflüssigkeit enthalten. Descartes glaubte, dass der Körper durch diese Flüssigkeit kontrolliert wird, indem die Sinneswahrnehmungen der Nerven durch die Gehirnflüssigkeit zur Zirbeldrüse gelangten. Die Zirbeldrüse war daher der perfekte Ort für die Seele, um den Körper zu beherrschen. Interessanterweise spielt die Zirbeldrüse auch in verschiedenen mystischen Traditionen als „drittes" Auge eine Rolle bei spirituellen Erfahrungen.

# Wenn ... dann

Spinoza nahm eine durch und durch deterministische Position ein. Nach seiner Vorstellung ist alles, auch unser Denken und Handeln, den unveränderlichen Gesetzen des Universums unterworfen. Dieser Determinismus kennt keinen freien Willen, auch wenn die Menschen vielleicht glauben, sie könnten frei handeln. Im Gegenteil: „Menschen sind sich ihrer Begierden bewusst, aber nicht der Ursachen, aus denen [diese Begierden] entstehen." Alle mechanistischen Modelle tendieren zum Determinismus, denn wenn Körper und Geist natürlichen Gesetzen folgen, ist alles, was geschieht, in einer fortlaufenden Kette unvermeidbarer Konsequenzen verbunden.

Dieser Determinismus hat schwerwiegende Konsequenzen: Wenn alles vorherbestimmt ist, wie können wir dann jemanden für seine Handlungen verantwortlich machen? Das erkannte auch Spinoza und verwarf Begriffe wie „Schuld" und „Lob", denn jeder tut, was er tun muss. Die einzige Freiheit, die wir haben, ist die Erkenntnis, warum wir so und nicht anders handeln. Er forderte, dass moralische Konzepte wie Gut und Böse in der Psychologie begründet sein müssen.

Viele spätere Psychologen, besonders Materialisten und Behavioristen, sind ebenso der Ansicht, dass wir nicht wirklich einen freien Willen besitzen, wenn auch aus anderen Gründen. Jedes Modell, das unsere Handlungen durch frühere Erfahrungen oder innere Zwänge motiviert sieht, beeinträchtigt den freien Willen und die Verantwortung.

> „[Das Universum] ist körperlich, Körper. ... Auch jeder Teil des Körpers ist Körper und ... deshalb ist jeder Teil des Universums Körper, und das, was nicht Körper ist, ist kein Teil des Universums; und weil das Universum alles ist, ist alles, was kein Teil davon ist, nichts; und deshalb nirgends."
>
> Thomas Hobbes (1651)

## Der mechanische Geist als Computer

Die Fragen von Verantwortung und freiem Willen beschäftigten auch den französischen Mathematiker Blaise Pascal (1623–1662). Er sah eine Parallele zwischen dem Geist und einem „Computer" (er selbst hatte eine frühe Rechenmaschine erfunden), der komplexe Berechnungen ausführen kann, letztlich aber auf Logik und die Gesetze der Informationsverarbeitung begrenzt sei. Als Konsequenz daraus besteht zwischen menschlichem Geist und dem eines Tieres kein wesentlicher Unterschied, eine Schlussfolgerung, mit der Pascal nicht glücklich war.

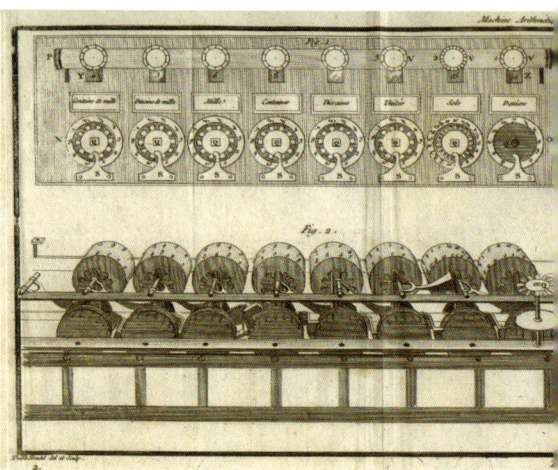

*Pascals mechanische Rechenmaschine*

Um dies zu umgehen, versuchte er, den freien Willen anstelle der Vernunft zum Unterscheidungsmerkmal der Menschheit zu machen. Unglücklicherweise widersprach diese Darstellung des freien Willens seinen Vorstellungen von Gottes Gnade, denn wenn Menschen gerettet oder verdammt werden, weil Gott ihnen das Streben nach dem Guten gab (oder auch nicht), ist dies nicht mit dem freien Willen zu vereinbaren.

## DAS ENTSTEHEN DER NEUROLOGIE

Thomas Willis (1621 – 1675) war ein englischer Anatom und Gründungsmitglied der Royal Society. Seine Sicht des Geist-Körper-Problems gründete in seinem durch Sezieren und neurologische Studien erworbenen Wissen, das ihn zu Schlussfolgerungen führte, die heute in der Neuropsychiatrie und der Philosophie des Geistes allgemein anerkannt sind. In seinem Modell hängt jeder psychologische Aspekt mit einem neurologischen zusammen (*Supervenience*). Jeder psychische Zustand kommt (in heutigen Begriffen) durch Aktivierung oder Verbindung bestimmter Neuronen im Gehirn oder durch eine chemische Reaktion zustande. Der Geist ist keine isolierte Einheit, sondern ein Produkt neurologischer Prozesse des Gehirns. Eine ähnliche Sicht vertritt der amerikanische Philosoph John Searle: Bewusstsein ist eine augenfällige Eigenschaft der Neuronen.

In den 1960er-Jahren, als die Computer ihren Siegeszug antraten, wurde die Vorstellung des Geistes als Computer oder als einer Informationen verarbeitenden Maschine sehr populär. Inwieweit der Geist mit einem Computer zur Deckung zu bringen ist (und anders herum), ist ein wichtiger Themenkomplex der Kognitionswissenschaft. Sie kombiniert Computerwissenschaft (künstliche Intelligenz), Linguistik, Neurologie, Anthropologie und andere Naturwissenschaften, um neue Methoden und Einsichten zu entwickeln und geht dabei weit über die Psychologie hinaus. Sie beschäftigt sich mit der Natur des menschlichen und tierischen Geistes und der Computer und erforscht, wie Informationen im Geist entstehen (Wahrnehmung) und dann verarbeitet (verstehen und speichern) und umgewandelt werden, zum Beispiel durch Erinnerung und Kreativität.

## Nichts Besonderes

Moderne Philosophen des Geistes haben keine Bedenken, den Menschen in seiner Rangordnung herabzustufen. Der Amerikaner Daniel Dennett (geb. 1942), vertritt die Ansicht, dass alle psychischen

„Das Kind glaubt, aus freiem Willen nach der Brust zu verlangen; der wütende Junge glaubt, aus freiem Willen Rache zu suchen; der Feigling glaubt, aus freiem Willen zu fliehen; der Trinker glaubt, aus freiem Willen seines Geistes Dinge zu sagen, die er bereut, wenn er nüchtern ist … Alle glauben, dass sie aus freiem Willen sprechen, während sie in Wahrheit keine Macht darüber haben, den Impulsen zu widerstehen, die sie zum Reden drängen."

Baruch Spinoza, 1677

Funktionen und Aktivitäten das Ergebnis der Physiologie des Gehirns seien, und behauptet sogar, es gebe keinen Unterschied zwischen einem menschlichen und dem hochentwickelten „Geist" eines Computers. Sollten wir einen Computer erschaffen können, der dem Menschen hinsichtlich seiner Intelligenz ebenbürtig ist, so besteht auch kein Unterschied mehr zwischen menschlicher und maschineller Intelligenz. Auch wir sind dann im Wesentlichen eine Maschine, allerdings ohne Gespenst.

*Daniel Dennett, Direktor des Center for Cognitive Studies an der Tufts University, in seinem Büro*

# Den Verstand verlieren

Der schottische Philosoph David Hume (1711–1776) war wie Berkeley der Meinung, dass wir die physische Welt nicht direkt erfahren können, sondern nur durch Vermittlung unserer Sinne. Er leugnete die Existenz der Welt nicht, aber weil wir keine Möglichkeit haben, die Realität zu prüfen, müssen wir darauf vertrauen, dass es sie wirklich gibt. Hume ging sogar so weit, zu erklären, dass wir in Wirklichkeit nur ein Bündel von Wahrnehmungen sind, weil alles, was wir „wissen", auf Wahrnehmung beruht. Es gibt kein solches Ding, das wir „Geist" nennen, nur die Summe all unserer persönlichen Erfahrungen und die Verbindungen, die wir zu ihnen aufbauen:

*„Wir können beobachten, dass das, was wir Geist nennen, nichts als eine Ansammlung verschiedener Wahrnehmungen ist, durch bestimmte Beziehungen miteinander verbunden, und nehmen an – wenn auch fälschlicherweise – dass sie mit vollkommener Einfachheit und Identität ausgestattet ist."*

Es gibt aber nicht nur dieses Bündel Wahrnehmungen, in denen wir aus Gewohnheit den Geist zu erkennen glauben, sondern es gibt auch kein „Selbst", das unabhängig von diesen Wahrnehmungen existiert. In den folgenden Jahrhunderten, als die Wahrnehmung als Verbindung zwischen uns und der Welt erkannt wurde, gewann Hume großen Einfluss, insbesondere als die Behavioristen die Vorstellung eines „mit Identität ausgestatteten" Geistes ablehnten.

Hume stellte fest, dass er selbst sich zu keiner Zeit ohne Wahrnehmung erfassen konnte und dass er während des Schlafens ohne Wahrnehmung und ohne Bewusstsein war, also in gewisser Weise nicht existierte. Wenn mit dem Tod alle Wahrnehmung endet, wird nach Hume auch das Bewusstsein vollkommen ausgelöscht.

# Die Rückkehr des dreigeteilten Geistes

Hundert Jahre, nachdem Hume versucht hatte, den Geist zu demontieren und dabei nur das „Bündel Wahrnehmungen" zurückgeblieben war, brachte der österreichische Neurologe Sigmund Freud (1856–1939) den Geist mit Getöse zurück. Seine Theorie erinnert stark an Platons Bild vom Wagenlenker, der die beiden Pferde im Zaum hält.

### Es, Ich und Über-Ich

Freud teilte die Psyche in drei Bereiche: Das „Es" ist der primitivste und triebgesteuerte Teil und seine Energie, die „Libido", ist die treibende Kraft, die nach Bedürfnisbefreiung strebt. Das „Ich" ist die Stimme des praktischen Realismus. Es erkennt die Triebe des Es und versucht, sie in unsere Welt einzupassen und so weit wie möglich zu befriedigen. Ein hungriges Es würde einem Fremden auf der Straße ein Sandwich aus der Hand reißen, aber das Ich weiß um den dadurch enstehenden Ärger und bringt uns dazu, ein Sandwich zu kaufen.

Das „Über-Ich" bringt die Moral ins Spiel. Wir lernen, dass es falsch ist, jemandem ein Sandwich zu stehlen. Ohne das Über-Ich wäre der Mensch wie ein Tier (vorausgesetzt, Tiere kennen keine Moral). Das Ich muss also drei Dinge berücksichtigen: die Dynamik des Es, die Realität

der Welt und die moralischen Ansprüche des Über-Ich.

Das Es und das Ich sind uns angeboren, das Über-Ich ist potenziell angelegt und wird während der Sozialisation des Kindes mit Werten angefüllt. Wenn das Kind für „gutes" Verhalten gelobt und für „schlechtes" Verhalten bestraft wird, bildet sein Über-Ich eine Reihe von verinnerlichten Werten aus. Erfolgreich sozialisiert ist ein Mensch dann, wenn er sich bei vorschriftsmäßigem Verhalten gut fühlt, und schlecht (schuldig, beschämt), wenn er sich nicht regelkonform verhält.

Eine Spannung zwischen Es, Ich und Über-Ich ist unvermeidbar, weil sie verschiedene Ziele verfolgen. Eine Strategie des Ich ist die Verdrängung: Wenn ein Trieb des Es zur Befriedigung Probleme oder gar Angst verursacht, wird er aus dem bewussten Geist ausgeschlossen, mit anderen Worten ‚verdrängt'. Freud erkannte, dass Neurosen durch die Verdrängung von Trieben oder Erinnerungen entstehen, die nicht bewusst gemacht und anerkannt werden.

## Ich und Selbst

Während Freud seine Ideen in Wien entwickelte, erarbeitete William James (1842–1920), der Pionier der amerikanischen Psychologie, seine Theorie des zweigeteilten Selbst von „Ich" und „Selbst". Das „Selbst" wird in das materielle, das soziale und das spirituelle „Selbst" unterteilt.

Das materielle Selbst umfasst Dinge, die zum Selbst gehören oder zu denen das Selbst gehört, wie Familie, Körper, Kleidung und Besitz. Das soziale Selbst ist die Person in Beziehung zu anderen, in beliebig vielen sozialen Rollen. Wir

### DIE SEELE WIEGEN

1907 beschloss der amerikanische Arzt Duncan MacDougall (1866–1920), die menschliche Seele zu wiegen. Er entwarf ein spezielles Bett, in das eine Waage eingebaut war, um das Gewicht der Patienten anzuzeigen. MacDougall wählte sechs todkranke Patienten aus, die bald sterben würden. Sie verbrachten ihre letzten Tage in den Spezialbetten und wurden regelmäßig gewogen, bis zum Augenblick nach dem Eintreten des Todes. Die Auswertung der Daten ergab, dass das Gewicht der Seele 21 Gramm beträgt – der Gewichtsverlust von vier der Patienten beim Tod. Mittlerweile hat sich herausgestellt, dass es beim Wiegen zu Ungenauigkeiten gekommen sein kann, durch die Ergebnisse verfälscht worden sein könnten, und so wissen wir immer noch nicht, ob die Seele tatsächlich existiert und wenn ja, ob sie ein Gewicht hat (was unwahrscheinlich ist).

*Ist die Seele ein „Ding"?*

alle besitzen verschiedene soziale Persönlichkeiten, weil wir in verschiedenen Umgebungen leben, zu Hause, im Beruf, mit Freunden usw.

Das spirituelle Selbst ist der Kern unserer Persönlichkeit, es besteht aus unseren fundamentalen Werten, Vorstellungen, aus unserem Bewusstsein und unserer Persönlichkeit und verändert sich beim Erwachsenen kaum mehr.

James zählte zum „Selbst" einer Person nicht nur den Körper und die seelischen Kräfte, sondern auch Kleidung und Haus, Familie und Freunde, Ruf und Arbeit, Ländereien und Pferde, Jacht und Bankkonto. Weil er nicht nur äußere Objekte, sondern auch Personen als zum Selbst gehörig betrachtete („meine Mutter", aber auch „mein Feind"), stellt sich James' Begriff des Selbst als unklar und weitläufig dar, ganz anders als das abgegrenzte Selbst bei Descartes.

Das „Ich", oder auch das pure Ego, ist der ununterbrochene Bewusstseinsstrom, der Vergangenheit, Gegenwart und Zukunft miteinander verbindet. Es hat auch ein Gespür für Unterschiede (im Gegensatz zum Selbst) und einen Willen, denn es ist verantwortlich dafür, welche Gedanken angenommen und welche zurückgewiesen

*Nach William James besteht unser „soziales" Selbst aus vielen verschiedenen Komponenten.*

werden. Das „Ich" ist das, was wir für den Geist oder die Seele halten, hat aber laut James keine Substanz und ist deshalb für wissenschaftliche Untersuchungen nicht zugänglich.

## Der erneut verschwundene Geist

Während des 20. Jahrhunderts wurde die Psychologie vom Behaviorismus beherrscht, einer Richtung, die sich auf das beobachtbare Verhalten konzentrierte. Viele Behavioristen waren Materialisten und richteten ihre Aufmerksamkeit auf den Körper. Einige gaben zu, dass der Geist möglicherweise existiere, aber da man weder auf ihn zugreifen noch ihn direkt beobachten konnte, war es denkbar, dass es ihn gar nicht gab. Als er in der 2. Hälfte des 20. Jahrhunderts doch wieder erschien, war es die Neurologie, die ihm sein angestammtes Gebiet streitig machte und es dem Körper zuordnete.

Noch immer können wir das Bewusstsein nicht räumlich bestimmen oder definieren und die Arbeit der Psychologen in den letzten 150 Jahren hat keine Übereinstimmung über die Natur der Verbindung von Geist und Körper zuwege gebracht. Nach der Aufklärung waren verschiedene Modelle entstanden, wie Körper und Geist zusammen hingen (oder auch nicht), und die Erkenntnisse der alten Griechen über die verschiedenen Aspekte des Geistes sehen wir in den Arbeiten von Freud und James widergespiegelt. Im späten 18. Jahrhundert waren die intellektuellen Grundlagen für die Psychologie festgelegt.

### SIGISMUND SCHLOMO FREUD
### (1856 – 1939)

Freud wurde in Příbor, Mähren (in der heutigen Tschechischen Republik) in ärmlichen Verhältnissen von jüdischen Eltern geboren. Er kam mit einer „Glückshaube" zur Welt – bedeckt mit der Fruchtblase. Seine Mutter nahm es als gutes Omen.

Er studierte an der Universität Wien Medizin, dann forschte er am Wiener Allgemeinen Krankenhaus. 1885 wurde er Dozent für Neuropathologie und ging nach Paris, um bei Jean-Martin Charcot (1825–1893) zu studieren, einem Neurologen, der die Hypnose erforschte. Dies war ein Wendepunkt in Freuds Leben und führte dazu, dass auch er sich im folgenden Jahr der hypnotischen Praxis zuwandte, um die traumatischen Erfahrungen seiner Patienten aufzudecken.

Schon bald entwickelte er die Technik der „freien Assoziation" (siehe ▶ S. 203), bei der er den Patienten erlaubte, zu sprechen, worüber auch immer sie wollten. Er begann auch, Träume zu analysieren, was ihm seiner Meinung nach einen Einblick in das Unbewusste seiner Patienten ermöglichte. Für Freud waren Träume Wunscherfüllung, teilweise zensiert und trotzdem die innere Natur und die geheimsten Sehnsüchte offenbarend.

Als Freud seine Theorien und Fallstudien veröffentlichte, bildete sich eine Gruppe von Anhängern um seine Lehre. Die sogenannte „Psychologische Mittwochs-Gesellschaft" traf sich wöchentlich und kann als Anfang der psychoanalytischen Bewegung bezeichnet werden. Der österreichische Musikkritiker Max Graf (1873 – 1958) erinnert sich an die Atmosphäre dieser Treffen, die einer Religionsgründung mit Freud als Propheten ähnelte.

Freud war Jude und lebte in Wien. Trotz seines Ruhmes fühlte er sich nach der Machtübernahme der Nazis in Deutschland 1933 zunehmend bedroht. Die öffentliche Verbrennung seiner Bücher kommentierte er mit den Worten, dass man seit dem Mittelalter große Fortschritte gemacht habe, denn damals hätte man ihn selbst auf den Scheiterhaufen gestellt. Heute sei man damit zufrieden, nur seine Bücher zu verbrennen.

Schließlich verließ er Österreich 1939 und floh nach London, wo er im gleichen Jahr an Krebs starb, oder vielmehr an einer Überdosis Morphium, um die er seinen Freund und Arzt Max Schur gebeten hatte.

# KAPITEL 2

# AUS MANGEL
## an Beweisen:
## den Geist vermessen

„Wie kann man eine Wissenschaft auf Dinge bauen, die per Definitionem persönlich und nicht mitteilbar sind?"

Edward Tolman, amerikanischer Psychologe, 1922

Denken, fühlen, wissen, verstehen, lernen, erinnern, sich etwas vorstellen – all diese Aktivitäten des Geistes finden statt, wo auch immer wir sie verorten. Sie zu untersuchen ist hochinteressant und zugleich problematisch, weil sie individuell und im Inneren ablaufen und weder direkt gemessen noch mitgeteilt werden können. Selbst das Studium des eigenen Geistes ist ein Dilemma. Schon Hume sagte: *„Ich kann mich nicht selbst ohne Wahrnehmung erfassen."* Für das Studium des Geistes durch sich selbst wissenschaftliche Methoden zu finden, ist für Psychologen eine nie endende Herausforderung.

Meditation *von Henri Martin, 1896*

# Psychologie – eine Naturwissenschaft?

Diese Schwierigkeiten haben einige Denker zu der Ansicht geführt, dass die Psychologie nie eine „exakte" Wissenschaft sein kann. Auch der deutsche Philosoph Immanuel Kant (1724–1804) bezweifelte, dass es eine „Wissenschaft des menschlichen Geistes" geben könne, weil ihr Gegenstand subjektiv, innerlich, persönlich und weder äußerlicher Beobachtung noch einer Prüfung oder Befragung zugänglich sei.

Ein Jahrhundert später leugnete der französische Positivist August Comte (1798–1857) jede Erkenntnis außer den allgemein verfügbaren Beobachtungen wissenschaftlicher Forschung. Dadurch wurde jede Form der Selbstbeobachtung ausgeschlossen, weil sie nicht teilbar und verifizierbar war. Dies bedeutete, dass Psychologie unmöglich war: *„Um etwas zu beobachten, muss der Geist innehalten; aber gerade seine Aktivität möchte man beobachten. Wenn man nicht innehält, kann man nicht beobachten, wenn man innehält, gibt es nichts zu beobachten. Die Ergebnisse einer solchen Methode passen zu ihrer Absurdität. Nach zweitausend Jahren psychologischer Forschung gibt es keinen Lehrsatz, der seine Anhänger zufriedenstellt. Sie sind bis heute in eine Vielzahl von Schulen zersplittert und streiten über die Grundlagen ihrer Disziplin ... Wir fragen vergeblich nach einer Entdeckung, klein oder groß, die mit dieser Methode gemacht wurde."*

*Wie können wir etwas diagnostizieren, das subjektiv und nicht greifbar ist?*

— **Poppers Seitenhieb** —

Karl Popper war unzufrieden mit der vorherrschenden Definition von Naturwissenschaft und verglich die Theorien von Einstein mit denen zweier Psychologen, Freud und seinem Zeitgenossen Alfred Adler (1870–1937). Er erkannte, dass der wesentliche Unterschied darin liegt, dass sich Einsteins Relativitätstheorie aufgrund bestimmter Beobachtungen als falsch erweisen könnte, während sowohl Freud als auch Adler jeden neuen Fall passend zu ihren psychodynamischen Theorien deuten konnten.

*Nach Karl Popper muss eine wissenschaftliche Theorie – wie Newtons Planetenbewegungen – durch alternative Beobachtungen zumindest theoretisch widerlegbar sein.*

Um wissenschaftlich zu sein, muss eine Theorie in der Lage sein, die Bedingungen zu nennen, bei denen sie sich als falsch erweist. Newtons Theorie der Planetenbewegungen wäre wieder verworfen worden, wenn ein Planet gefunden worden wäre, der einen vollkommen viereckigen Weg um die Sonne genommen hätte.

Freuds Theorie der Psychoanalyse ist keine wissenschaftliche Theorie, weil sie nicht als falsch bewiesen werden kann. *„Eine Theorie, die nicht durch ein vorstellbares Ereignis widerlegbar ist, ist nicht wissenschaftlich. Unwiderlegbarkeit ist keine Tugend der Theorie (wie man häufig denkt), sondern ein Laster.“*

Durch die Entwicklungen in anderen Naturwissenschaften wurden einige Aspekte psychischer Aktivität sehr wohl messbar und beobachtbar. Die Psychologie trat hervor als „Wissenschaft vom menschlichen Geist“, an der Kant gezweifelt hatte, und suchte nach Antworten auf die Frage nach dem menschlichen Geist und Gehirn.

## Halb-wissenschaftlich

Es scheint so, als seien einige Bereiche der Psychologie wissenschaftlich und andere nicht. Manche Vorstellungen aus früheren Zeiten – Theorien über einzelne Bestandteile des Gehirns und deren Funktionen – können heute mit modernen wissenschaftlichen Methoden wie Gehirnscans überprüft werden. Andere Ideen – dass Traumata in der Kindheit für kriminelles oder neurotisches Verhalten verantwortlich sind – sind auch heute noch schwer zu überprüfen.

In diesem und im nächsten Kapitel werden wir einen Blick auf die experimentellen Methoden der Psychologie werfen. Ein Großteil der Forschungsarbeit konzentrierte sich, besonders in früheren Jahren, zunächst auf den Körper, weil sich der Geist der Beobachtung entzog (woran sich zum Teil bis heute nichts geändert hat).

## Arten des Sehens

Schon seit Jahrtausenden denken die Menschen über die Vorgänge des Geistes nach. Die ersten kritischen Betrachtungen hierzu entstammen der Philosophie, die sich

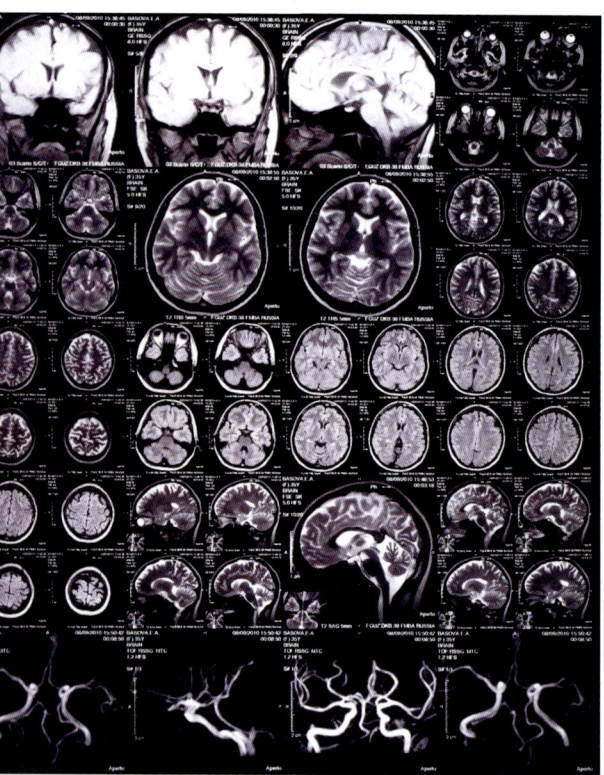

*Ein MRT (Magnetresonanztomographie) kann uns viel über die Arbeit des menschlichen Geistes verraten.*

noch immer damit auseinandersetzt. Die Philosophie ist eine präzise Disziplin, die mittels logischer und strukturierter Argumente Theorien vorschlägt, zurückweist, verändert oder bestätigt. Sie kann sich mit jedem Thema auseinandersetzen und braucht dafür außer dem Gehirn und der Sprache keine weiteren Hilfsmittel – dennoch ist sie keine Naturwissenschaft. Der Gegenstand der Philosophie ist nicht geeignet für empirische Beweise oder, nach Popper noch wichtiger, für die Falsifikation.

Um das 16. Jahrhundert herum, als Anatomen den menschlichen Körper und seine Funktionen erforschten, begannen einige Wissenschaftler, sich mit dem Gehirn und dem Nervensystem zu beschäftigen. Die Physiologie, das Studium der Körpersysteme, bot eine neuartige Annäherung an den Geist und seine Beziehung zum Körper, die ungeahnte Erkenntnisse und Konzepte für die Philosophen bereithielt.

Ein Paradigmenwechsel fand in der Mitte des 19. Jahrhunderts statt, als der englische Naturalist Charles Darwin (1809–1882) die Theorie der „Evolution durch natürliche Selektion" in seinem bahnbrechenden Werk „*Über die Entstehung der Arten*" (1859) entwarf. Sie veränderte die Art, wie wir über die Stellung des Menschen in der Welt, über Wissenschaft und Erkenntnis denken. Die Grenze zwischen Mensch und Tier war nicht länger klar zu erkennen: Man konnte nur noch über Unterschiede sprechen und das war vielen Menschen unangenehm.

Wenn aber Menschen und Tiere nicht so verschieden sind, kann man auch aus der Beobachtung der Tiere nützliche

MONKEYANA.

AM I
A
MAN AND
A
BROTHER?

AM I satyr or man?
Pray tell me who can,
And settle my place in the scale.
A man in ape's shape,
An anthropoid ape,

*„Bin ich ein Mann und Bruder, bin ich Satyr oder Mensch …" Eine satirische Zeichnung von 1861 als Reaktion auf Charles Darwins Evolutionstheorie.*

Rückschlüsse ziehen. Untersuchungen der komparativen Psychologie (Experimente mit Tieren) können ein hilfreiches Werkzeug bei der Erforschung des menschlichen Geistes sein.

Zur selben Zeit ermöglichte der technische Fortschritt die Messung, Beobachtung und Aufzeichnung einiger psychischer Prozesse. So wurde die Psychologie zu einer eigenständigen Disziplin und begann, experimentell zu arbeiten. Zwanzig Jahre nach der Veröffentlichung von Darwins *Über die Entstehung der Arten* wurde das erste Labor für experimentelle Psychologie eröffnet.

# Kinder als Versuchskaninchen

Der griechische Historiker Herodot (ca. 484–425 v. Chr.) berichtet von dem ägyptischen König Psamtik I., der von 663 bis 610 v. Chr. regierte und das erste psychologische Experiment durchführte. In der Hoffnung, die dem Menschen innewohnende Sprache zu entdecken, nahm er zwei Neugeborene, gab sie einem Schäfer zur Pflege und verbot, mit ihnen oder in ihrer Gegenwart zu sprechen. Er hoffte, die Kinder würden irgendwann von sich aus reden. Als eines der Babys den Arm ausstreckte und *„békos"* rief, hielt Psamtik dies für das phrygische Wort für *Brot* und sah den Beweis erbracht, dass Phrygisch die Sprache ist, die wir von Natur aus sprechen.

## — Das verbotene Experiment —

Die Vorstellung, Kinder ohne Sprache oder sogar jeden menschlichen Kontakt aufwachsen zu lassen, ist aus ethischer Sicht höchst verwerflich und wird auch als *verbotenes Experiment* bezeichnet. Es birgt jedoch ein erhebliches Potenzial an wissenschaftlichen Erkenntnissen in sich und es gab auch mehrere Versuche, die belegt sind.

Im 13. Jahrhundert zog der römische Kaiser Friedrich II. einige Kinder ohne Sprache auf. Über das Experiment berichtet der italienische Mönch und Chronist Salimbene di Adam (1221–1290):

*„Den Pflegemüttern und Ammen [wurde befohlen], die Kinder zu füttern, zu baden und zu waschen, aber auf keinen Fall mit ihnen zu sprechen; weil er wissen*

# EXPERIMENTE

Experimentelle Methoden zielen auf die Untersuchung der Beziehung zwischen variablen Gegebenheiten ab. Es gibt zwei Arten von Variablen: Eine unabhängige Variable ist eine Gegebenheit, die vom Forscher verändert wird. Eine abhängige Variable verändert sich in Abhängigkeit von der unabhängigen Variable. Wenn man die Temperatur, bei der Eiscreme schmilzt, herausfinden möchte, wird man verschiedene Temperaturen ausprobieren. Die Temperatur ist die unabhängige Variable, die kontrolliert wird. Der feste oder flüssige Zustand der Eiscreme ist die abhängige Variable, die sich in Abhängigkeit von der Temperatur verändert.

Es gibt drei Arten von Experimenten, die in psychologischen Studien allgemein verwendet werden:

**Labor- oder kontrollierte Experimente:** Der Forscher hat die volle Kontrolle über die Bedingungen und den Ort des Experimentes, das mit Menschen, Tieren oder biologischen Stoffen wie etwa Nervenzellen durchgeführt wird.

**Feldversuche** hingegen finden in der alltäglichen Welt statt. Der Forscher hat die Kontrolle über die wichtigen unabhängigen Variablen, aber es gibt auch andere Variablen, die nicht unter seiner Kontrolle stehen und die es schwierig machen, das Experiment später zu wiederholen.

**Empirische Experimente:** Hier wird beobachtet, was in einer „normalen" Umgebung geschieht. Der Forscher hat keine Kontrolle über die Variablen. Empirische Experimente sind nicht organisiert, sondern der Forscher muss das Potenzial einer Situation erkennen. Ein Beispiel ist die Untersuchung der Entwicklung von Waisenkindern (*siehe* ▸▸ S. 156).

wollte, ob sie die hebräische Sprache (die die erste gewesen war) oder Griechisch, Latein, Arabisch oder vielleicht die Sprache ihrer Eltern sprechen würden. Aber er mühte sich umsonst, denn die Kinder waren ohne Händeklatschen und Gebärden, ohne die Freundlichkeit eines Gesichtes oder Schmeicheleien nicht lebensfähig."

James IV. von Schottland, der von 1488 bis 1513 regierte, sandte zwei Kinder auf die einsame Insel Inchkeith, wo sie von einer stummen Frau aufgezogen wurden. Die Kinder sprachen angeblich Hebräisch, was jedoch selbst von den Zeitgenossen stark bezweifelt wurde.

Der indische Mogulherrscher Akbar der Große, der von 1556 – 1605 regierte, glaubte, dass man Sprache durch Hören erlernt und isolierte Säuglinge, um herauszufinden, ob die Kinder stumm bleiben würden. Es wird berichtet, dass sie ein System entwickelten, das auf Gesten basierte. Akbar der Große scheint der Einzige gewesen zu sein, der diese Experimente aus rein psychologischem Interesse und nicht aus religiösen oder politischen Gründen durchführen ließ.

*Friedrich II. führte das „verbotene Experiment" durch, um herauszufinden, welche Sprache Adam und Eva von Gott gelernt hatten.*

## — Wolfskinder

Das verbotene Experiment ist verwerflich, wenn es absichtlich herbeigeführt wird. Es hat aber auch einige „natürliche Experimente" gegeben, bei denen Kinder beobachtet und untersucht wurden, die außerhalb der menschlichen Gesellschaft aufwuchsen, entweder weil sie von ihren Eltern vernachlässigt und versteckt wurden oder verloren gingen und von Tieren aufgezogen wurden.

Geschichten von Kindern, die bei Tieren aufwuchsen, gibt es schon seit Tausenden von Jahren. Romulus, der Gründer der Stadt Rom, wurde z. B. von einer Wölfin aufgezogen. Die meisten Wolfskinder (angefangen bei Romulus' Bruder Remus) hatten jedoch nicht so viel Glück. Viele der älteren Zeugnisse können nicht mehr überprüft werden, doch auch aus dem 20. und 21. Jahrhundert sind Geschichten von Kindern überliefert, die von Hunden, Wölfen, Affen, Ziegen und sogar Straußenvögeln aufgezogen wurden. Ein 1979 in Indien aufgefundener Junge lebte wie ein Amphibium in der Nähe eines Flusses. Wolfskinder zeigen die Eigenschaften der Tiere, bei denen sie aufwuchsen, sie essen rohe Nahrung, scheuen den Kontakt zu

### GENIE

Genie war das Opfer eines extremen Missbrauchs. Sie wurde im Alter von 20 Monaten alleine in einem Raum eingeschlossen, bis sie 13 Jahre alt war und von Sozialarbeitern der Stadt Los Angeles entdeckt wurde.

Ihr Vater fesselte sie, sodass sie nur ihre Finger und Zehen bewegen konnte, fütterte sie mit flüssiger Nahrung und verhinderte jeglichen sozialen Kontakt. Wenn sie Geräusche machte, wurde sie geschlagen.

Als sie entdeckt wurde, konnte sie nicht gehen, sprechen oder feste Nahrung essen und war inkontinent. Sie erlernte rudimentäre Sprachfähigkeiten und begann zu laufen, wenn auch in einer seltsamen Haltung. Während ihrer Rehabilitation wurde sie eingehend beobachtet und sorgfältig studiert, bis ihre

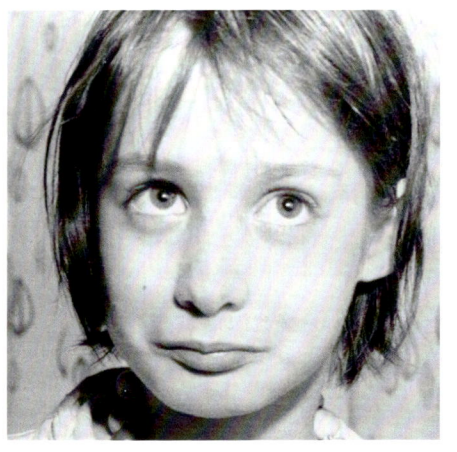

Mutter, die blind und unfähig war, die Betreuung zu übernehmen, 1977 jede weitere wissenschaftliche Beobachtung untersagte. Ihr Vater erschoss sich vor der Anklage wegen Missbrauchs. Genie lebt heute in einem Heim in Kalifornien und hat die sprachliche Kommunikation eingestellt.

In neuerer Zeit wurden solche Kinder bei ihrer Eingliederung in die Gesellschaft genau beobachtet. Ihre schreckliche Lebensgeschichte ermöglicht den Psychologen viele Erkenntnisse.

### Unsägliche Experimente

An Frauen, Kindern oder Sklaven sind teils aus wissenschaftlichem Interesse, teils aber auch aus Langeweile oder lüsterner Neugier viele ethisch fragwürdige oder gar verwerfliche Experimente durchgeführt worden. Auch bei dem französischen Essayist Michel de Montaigne (1533–1592) führte sein Vater Versuche zur Kindererziehung durch. Er stellte einen Hauslehrer ein, der mit dem Kind nur Latein sprach, obwohl die Bediensteten und Bauern, bei denen Michel viel Zeit verbrachte, diese Sprache nicht beherrschten.

Der Großteil der Erforschung des menschlichen Geistes vor dem Beginn des 19. Jahrhunderts erfolgte jedoch mithilfe philosophischer Methoden.

*Montaignes Muttersprache war Latein.*

Menschen, laufen oft auf allen Vieren und zeigen keine Sprachfähigkeiten (womit sie die Berichte über einige verbotene Experimente nebenbei widerlegen).

Kinder, die in Gesellschaft von Tieren aufwachsen, verhalten sich ähnlich. Ein 7-jähriger Junge, der 2008 in Russland gefunden wurde, lebte in einem Raum voller Vögel, und sein einziger menschlicher Kontakt war seine Mutter, die ihn wie einen Vogel behandelte. Er zwitscherte wie ein Vogel und flatterte mit den Armen.

Alle diese Beobachtungen liefern wichtige Informationen über die Frage, welche menschlichen Fähigkeiten (psychisch und körperlich) angeboren bzw. vererbt sind und welche umweltbedingt. (*siehe* ▸▸ S. 134).

# Die Lücke schließen

Die Lücke zwischen Philosophie und wissenschaftlicher Psychologie konnte nur mithilfe von anatomischem Wissen geschlossen werden. Dies begann im 17. Jahrhundert mit der wissenschaftlichen Revolution.

## — Es nervt! —

Die Vorstellung, dass der Informationsaustausch zwischen Gehirn und Körperteilen über Nerven stattfindet, war nicht neu. Darüber schrieb bereits der griechische Philosoph Galen im 2. Jahrhundert. Weder Galen noch seine Nachfolger waren sich allerdings darüber im Klaren, wie das Gehirn mit dem Körper kommunizierte. Es wurde mit einer Art „Geister" erklärt, die entlang der Nerven (die man für hohl hielt) reisten – mehr als 1400 Jahre lang hatte niemand eine bessere Idee.

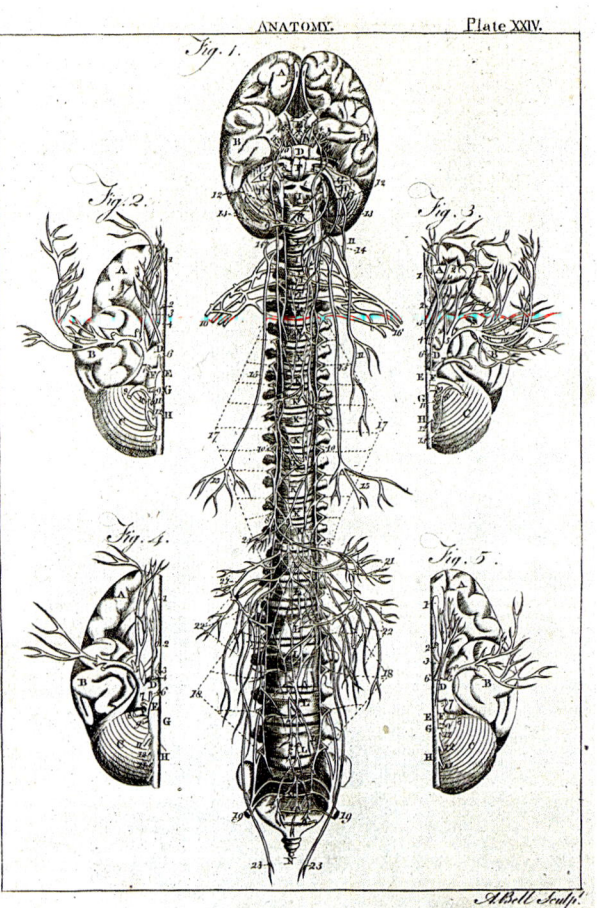

Ein Diagramm des Nervensystems aus dem 18. Jahrhundert.

Um 1630 fand René Descartes (*siehe*  S. 20) eine rein mechanische Erklärung, in welcher die „Geister" durch eine Flüssigkeit ersetzt wurden. Auch er glaubte, die Nerven seien hohl, obwohl zehn Jahre

*„Die Nerven sind nichts anderes als Produkte der markigen und schleimigen Gehirnsubstanz, durch welche die tierischen Geister mehr strahlen als transportiert werden. Diese Substanz ist dazu mehr geeignet als ein Hohlraum, der unsere Gefühle und Empfindungen nur noch mehr aufwühlen würde, während die Glieder besser vom Willen beherrscht und von der Vernunft kontrolliert werden."*
Helkiah Crooke (1576 – 1648), *Microcosmographia, eine Beschreibung des menschlichen Körpers*, 1631

### VITALISMUS GEGEN MATERIALISMUS

Als die Philosophie mit dem Geist-Körper-Problem rang, kämpfte die Physiologie mit der Frage, ob der Körper mehr sei als die Gesamtheit von körperlichen Strukturen und Prozessen. Die Vitalisten sagten, es gebe eine „Lebenskraft", die nicht materiell und vom Körper verschieden und deshalb nicht erforschbar sei. Die Materialisten dagegen glaubten, der Mensch könne wie jeder Organismus in Begriffen von physikalischen und chemischen Prozessen erklärt werden.

zuvor der schottische Medizinstudent John Moir in seinen Vorlesungsnotizen schrieb, dass Nerven anders als Venen und Arterien keine wahrnehmbare Aushöhlung besitzen.

Descartes war der Erste, der genau beschrieb, wie Reflexe funktionieren können. Er behauptete, dass jede Anregung der Sinnesorgane die Nervenfasern stramm zieht und so einen Kanal zu der entsprechenden Gehirnregion öffnet, was den tierischen Geistern erlaubt, ihrerseits zurück zu dem jeweiligen Körperteil zu fließen und eine Reaktion (z. B. eine Bewegung) auszulösen. Obwohl er damit falsch lag, erkannte Descartes das Prinzip als Ganzes: Ein Signal erreicht vermittels der Nerven das zentrale Nervensystem und löst ein anderes Signal aus, das den umgekehrten Weg nimmt und eine Reaktion bewirkt. Von ihm stammt auch der Begriff „Stimulus", womit er einen Impuls bezeichnete, der die Nerven anregt.

Descartes' Arbeit über den Körper wurde erst 1662, also 12 Jahre nach seinem Tod, veröffentlicht und ist als erster wahrer Fortschritt in der Erkenntnis über die Funktionsweise der Nerven nach 1500 Jahren zu betrachten. Nur drei Jahre später wurde seine Erklärung wieder umgeworfen, doch nicht auf der Grundlage von theoretischen Überlegungen, sondern durch praktische Experimente.

## Zuerst die Frösche

Im 17. Jahrhundert machte ein niederländischer Psychologe, Jan Swammerdam (1637–1680), Versuche mit Fröschen, die offenbarten, dass das Gehirn (und nicht das Herz) Bewegungen steuert

### STATUEN IM GARTEN

Descartes wurde durch eine Reihe von Automaten inspiriert, die in den Gärten von St. German in Frankreich, aufgestellt wurden. Ihre Bewegung wurde durch in Röhren fließendes Wasser ausgelöst, das durch einen Mechanismus von Platten in Gang gebracht wurde. Dieser Mechanismus wurde durch Menschen ausgelöst. Durch dieses Funktionsprinzip wurde Descartes zu seiner Erklärung des menschlichen Bewegungsapparates inspiriert.

und dass man sogar Bewegungen ohne das Gehirn auslösen kann. Er entfernte das Herz und demonstrierte, dass der Frosch immer noch schwimmen konnte, danach entfernte er das Gehirn, und der Frosch konnte nicht mehr schwimmen.

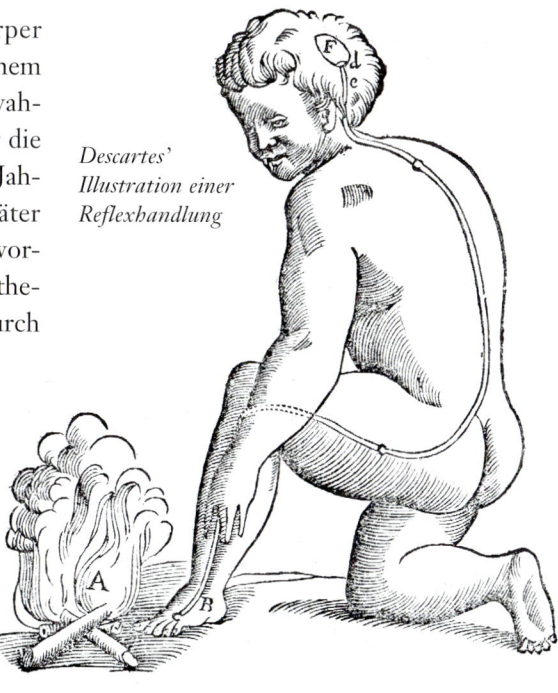

*Descartes' Illustration einer Reflexhandlung*

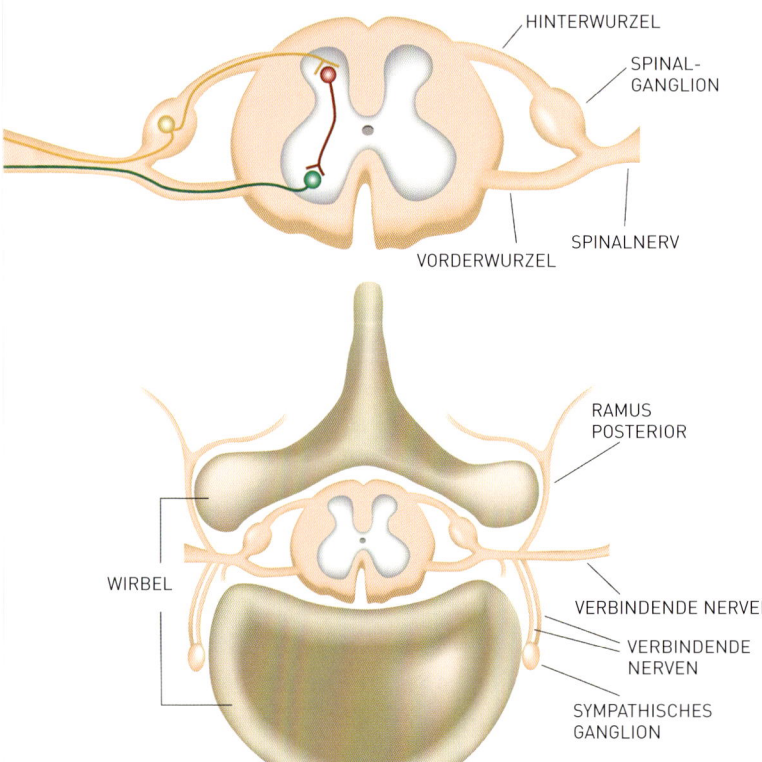

HINTERWURZEL

SPINAL-
GANGLION

SPINALNERV

VORDERWURZEL

RAMUS
POSTERIOR

WIRBEL

VERBINDENDE NERVEN

VERBINDENDE
NERVEN

SYMPATHISCHES
GANGLION

*Ein Querschnitt der sensorischen und
motorischen Nerven an der Wirbelsäule*

an der hinteren Seite (dorsal) in die Wirbelsäule ein. Die motorischen Nerven sind an der vorderen Seite (ventral) mit der Wirbelsäule verbunden und leiten Informationen zu den Muskeln weiter. Dadurch ist sichergestellt, dass der Verkehr von und zum Gehirn auf verschiedenen Wegen stattfindet. Außer den zusammengefassten Notizen, die seine Freunde erhielten, verzichtete Bell auf die Veröffentlichung seiner Erkenntnisse und als der französische Physiologe François Magendie (1783–1855) elf Jahre später dieselbe Entdeckung machte und sie bekannt gab, kam es zum Streit um die Urheberschaft.

Bell beschrieb fünf Arten von Nerven, die mit den fünf Sinnen korrespondieren, der Beweis ihrer Existenz blieb jedoch dem deutschen Physiologen Johannes Müller (1801–1858) vorbehalten. Er fand 1835 heraus, dass sensorische Nerven auf verschiedene Reize ansprechen (z. B. die Augen auf Licht), jedoch ebenso auf andere Weise angeregt werden können (visuelle Halluzinationen durch einen Schlag auf den Kopf). Er dachte, die Besonderheit läge in der Natur der Nervenübertragung und nicht in der Quelle des Reizes oder der Gehirnregion, die das Signal verarbeitet. (Hier lag er falsch: Lord Edgar Adrian zeigte 1912, dass die Energie, die von Nervenzellen übertragen wird, immer gleich ist. Entscheidend ist jedoch der Ursprung des Signals und seine Verarbeitungsweise im Gehirn.) Müller erkannte außerdem, dass unsere Sinneswahrnehmung ein im Inneren des Körpers stattfindender Vorgang ist, auf den die äußere Umgebung keinen wesentlichen Einfluss hat.

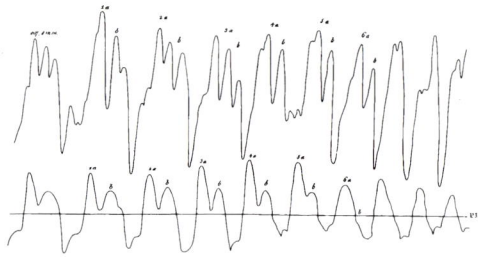

*Johannes Müllers Messungen der sensorischen
Reaktion*

zuvor der schottische Medizinstudent John Moir in seinen Vorlesungsnotizen schrieb, dass Nerven anders als Venen und Arterien keine wahrnehmbare Aushöhlung besitzen.

Descartes war der Erste, der genau beschrieb, wie Reflexe funktionieren können. Er behauptete, dass jede Anregung der Sinnesorgane die Nervenfasern stramm zieht und so einen Kanal zu der entsprechenden Gehirnregion öffnet, was den tierischen Geistern erlaubt, ihrerseits zurück zu dem jeweiligen Körperteil zu fließen und eine Reaktion (z. B. eine Bewegung) auszulösen. Obwohl er damit falsch lag, erkannte Descartes das Prinzip als Ganzes: Ein Signal erreicht vermittels der Nerven das zentrale Nervensystem und löst ein anderes Signal aus, das den umgekehrten Weg nimmt und eine Reaktion bewirkt. Von ihm stammt auch der Begriff „Stimulus", womit er einen Impuls bezeichnete, der die Nerven anregt.

Descartes' Arbeit über den Körper wurde erst 1662, also 12 Jahre nach seinem Tod, veröffentlicht und ist als erster wahrer Fortschritt in der Erkenntnis über die Funktionsweise der Nerven nach 1500 Jahren zu betrachten. Nur drei Jahre später wurde seine Erklärung wieder umgeworfen, doch nicht auf der Grundlage von theoretischen Überlegungen, sondern durch praktische Experimente.

## Zuerst die Frösche

Im 17. Jahrhundert machte ein niederländischer Psychologe, Jan Swammerdam (1637–1680), Versuche mit Fröschen, die offenbarten, dass das Gehirn (und nicht das Herz) Bewegungen steuert

### STATUEN IM GARTEN

Descartes wurde durch eine Reihe von Automaten inspiriert, die in den Gärten von St. German in Frankreich, aufgestellt wurden. Ihre Bewegung wurde durch in Röhren fließendes Wasser ausgelöst, das durch einen Mechanismus von Platten in Gang gebracht wurde. Dieser Mechanismus wurde durch Menschen ausgelöst. Durch dieses Funktionsprinzip wurde Descartes zu seiner Erklärung des menschlichen Bewegungsapparates inspiriert.

und dass man sogar Bewegungen ohne das Gehirn auslösen kann. Er entfernte das Herz und demonstrierte, dass der Frosch immer noch schwimmen konnte, danach entfernte er das Gehirn, und der Frosch konnte nicht mehr schwimmen.

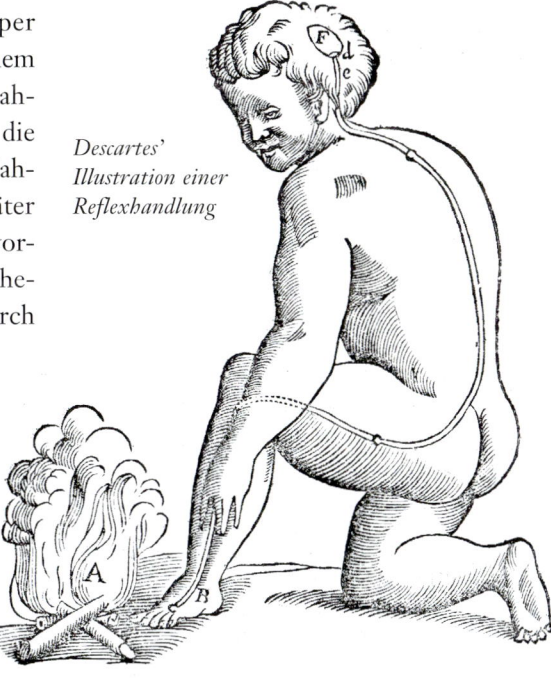

*Descartes'*
*Illustration einer*
*Reflexhandlung*

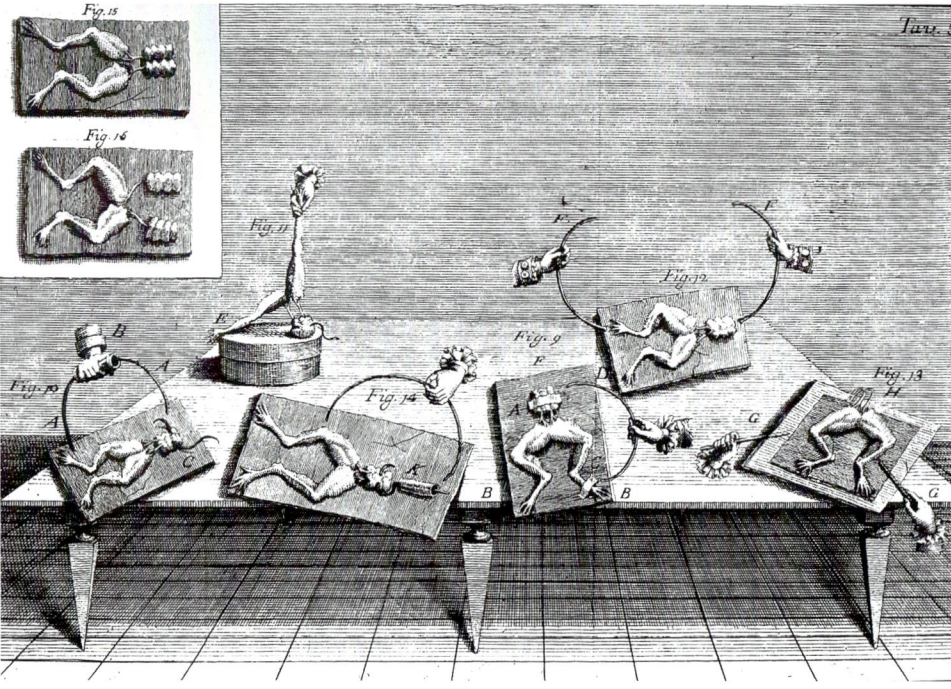

*Luigi Galvanis elektrophysiologische Experimente*

Wenn er jedoch einen Nerv mit dem Skalpell stimulierte, zuckten bestimmte Muskeln. Dasselbe war bei Hunden zu beobachten. Selbst wenn er dem Hund das Bein abnahm, konnte er die Muskeln zucken lassen. So wurde die Theorie von Descartes (der Geist bewegt sich vom Gehirn zum Muskel, um ihn mechanisch in Bewegung zu setzen) widerlegt, denn das Gehirn musste sich nicht einmal im selben Raum befinden.

> „Aus diesen Experimenten kann, so denke ich, mit Recht geschlossen werden, dass allein eine einfache und natürliche Bewegung oder Reizung der Nerven nötig ist, um eine Reaktion der Muskeln hervorzurufen, ob sie ihren Ursprung im Gehirn, im Mark oder anderswo hat."
>
> Jan Swammerdam, 1678

Swammerdams Experiment war eines der wichtigsten in der Geschichte der Neurophysiologie und der Psychologie. Die Verbindung zwischen Reiz und Reaktion durch die Vermittlung der Nerven ist die Grundlage der behavioristischen Psychologie. Diese Erkenntnis führte zu der Überzeugung, dass das Verhalten eines Organismus, ob Mensch oder Tier, lediglich und in Gänze das Ergebnis aller empfangenen Reize ist.

## Tierische Elektrizität

Swammerdam hatte bewiesen, dass tierische Geister nicht existierten, aber wie genau Nerven Informationen weitergeben, blieb noch offen. Er verglich das Phänomen mit Vibrationen, die, ausgelöst durch einen Schlag, durch einen festen Körper wandern.

## NICHT-TIERISCHE ELEKTRIZITÄT

Der italienische Physiker Alessandro Volta (1745–1827) wiederholte Galvanis Experimente und erkannte, dass das Metallkabel, das Galvani bei seinen Versuchen verwendet hatte, um die Muskeln und Nerven zu verbinden, den Strom zwischen beiden leitete. Diesen Effekt wollte er außerhalb des Körpers nachbilden und entwickelte so die erste Batterie. Die elektrischen Versuche an Fröschen hatten die Formation von zwei Wissenschaften in Gang gesetzt: Neurologie und Elektrotechnik.

Den nächsten Schritt wagte der italienische Forscher Luigi Galvani (1737–1798). Zu seinen elektrophysiologischen Experimenten ist es angeblich gekommen, als er einen toten Frosch auf einem Labortisch enthäutete, auf dem er zuvor elektrostatische Versuche durchgeführt hatte. Als ein Assistent den Frosch mit einem metallenen Skalpell berührte, hüpfte der Frosch, als ob er lebendig sei. Daraufhin leitete Galvani weitere elektrische Impulse durch die Muskeln des Frosches und beobachtete ihre Bewegungen. Er schloss daraus, dass „tierische Elektrizität" hinter den Muskelbewegungen steckte und dass sie durch die Ionisation der Körperflüssigkeiten übertragen wurde. Diese erstaunliche erste Entdeckung auf dem Gebiet der Neurologie war der Ausgangspunkt für weitere Forschungen.

## — Die Teile zusammenfügen —

Nun musste nur noch erklärt werden, wie die „tierische Elektrizität" in den sensorischen und motorischen Nerven und dem Gehirn arbeitet.

1811 brachte der britische Physiologe Charles Bell (1774–1842) eine Streitschrift heraus, die seine Erkenntnisse aus anatomischen Experimenten mit Hasen darlegte. Bell musste seine Versuche jedoch unterbrechen, weil er das Leid der Versuchstiere nicht mehr ertragen konnte. Schließlich experimentierte er mit einem bewusstlosen Kaninchen.

Bell beschrieb unterschiedliche Nerven für sensorische und motorische Systeme, die an verschiedenen Stellen mit dem Rückenmark verbunden sind. Die sensorischen Nerven leiten Informationen von den Sinnesorganen weiter und treten

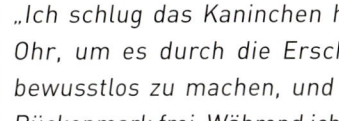

*„Ich schlug das Kaninchen hinter das Ohr, um es durch die Erschütterung bewusstlos zu machen, und legte das Rückenmark frei. Während ich die hinteren Wurzeln des Nervs reizte, konnte ich keine Bewegung der Muskulatur feststellen, aber bei der Reizung der vorderen Wurzeln des Nervs verursachte jede Berührung mit der Pinzette eine entsprechende Bewegung der Muskeln, die dem Nerv zugeteilt waren. Diese Experimente zeigten mir, dass die verschiedenen Wurzeln und Spalten, aus denen diese Wurzeln herauskommen, verschiedene Aufgaben haben, und dass die Erkenntnisse der Anatomie korrekt sind."*

Charles Bell, 1811

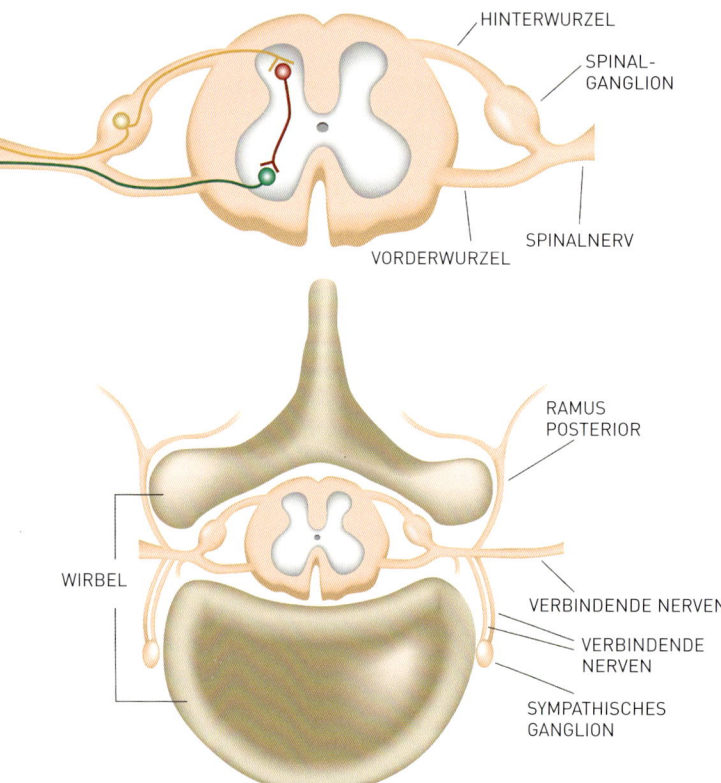

HINTERWURZEL

SPINAL-
GANGLION

SPINALNERV

VORDERWURZEL

RAMUS
POSTERIOR

WIRBEL

VERBINDENDE NERVEN

VERBINDENDE
NERVEN

SYMPATHISCHES
GANGLION

*Ein Querschnitt der sensorischen und
motorischen Nerven an der Wirbelsäule*

Bell beschrieb fünf Arten von Nerven, die mit den fünf Sinnen korrespondieren, der Beweis ihrer Existenz blieb jedoch dem deutschen Physiologen Johannes Müller (1801 – 1858) vorbehalten. Er fand 1835 heraus, dass sensorische Nerven auf verschiedene Reize ansprechen (z. B. die Augen auf Licht), jedoch ebenso auf andere Weise angeregt werden können (visuelle Halluzinationen durch einen Schlag auf den Kopf). Er dachte, die Besonderheit läge in der Natur der Nervenübertragung und nicht in der Quelle des Reizes oder der Gehirnregion, die das Signal verarbeitet. (Hier lag er falsch: Lord Edgar Adrian zeigte 1912, dass die Energie, die von Nervenzellen übertragen wird, immer gleich ist. Entscheidend ist jedoch der Ursprung des Signals und seine Verarbeitungsweise im Gehirn.) Müller erkannte außerdem, dass unsere Sinneswahrnehmung ein im Inneren des Körpers stattfindender Vorgang ist, auf den die äußere Umgebung keinen wesentlichen Einfluss hat.

an der hinteren Seite (dorsal) in die Wirbelsäule ein. Die motorischen Nerven sind an der vorderen Seite (ventral) mit der Wirbelsäule verbunden und leiten Informationen zu den Muskeln weiter. Dadurch ist sichergestellt, dass der Verkehr von und zum Gehirn auf verschiedenen Wegen stattfindet. Außer den zusammengefassten Notizen, die seine Freunde erhielten, verzichtete Bell auf die Veröffentlichung seiner Erkenntnisse und als der französische Physiologe François Magendie (1783 – 1855) elf Jahre später dieselbe Entdeckung machte und sie bekannt gab, kam es zum Streit um die Urheberschaft.

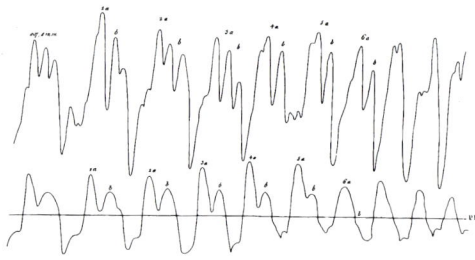

*Johannes Müllers Messungen der sensorischen
Reaktion*

*Haie verfügen über eine elektrische Wahrnehmung, um ihre Beute zu orten – einen Sinn, den wir Menschen nicht haben.*

# Hin zu einer Wissenschaft des Geistes

In der Mitte des 19. Jahrhunderts war die Entdeckung der Grundlagen der Neurowissenschaften abgeschlossen. In der Philosophie hatte sich das Vertrauen in die menschliche Leistung und in die Wissenschaft durchgesetzt und man war überzeugt, dass die Welt durch menschlichen Einfallsreichtum und Wissen verbessert werden könnte. Aber wir greifen voraus ...

Es war erstaunlicherweise die Astronomie, die den Ausschlag für die ersten Experimente in der Humanpsychologie gab.

### Schlamperei oder neue Erkenntnisse?

1795 führten der Astronom Royal Nevil Maskelyne (1732 – 1811) und sein Assistent David Kinnebrooke astronomische Berechnungen durch, indem sie den Punkt, an dem ein Stern seine Beobachtungsposition im Teleskop überschritt, zeitlich festhielten. Maskelyne war unzufrieden mit Kinnebrooke, weil seine Zeitangaben stets um eine halbe Sekunde abwichen von denen Maskelynes. Kinnebrook war unfähig, eine bessere Leistung zu zeigen, und Maskelyne entließ ihn.

Zwanzig Jahre später studierte ein deutscher Astronom, Friedrich Bessel (1784– 1864), die Ergebnisse und fragte sich, was der Grund für diese Abweichung war.

*Der deutsche Astronom Friedrich Bessel*

Er führte dabei die erste Studie über Reaktionszeit durch und seine „persönliche Gleichung" ermöglichte die Bestimmung der Reaktionszeit eines Beobachters. Bessels Studie offenbarte, dass der Beobachter die Beobachtung beeinflusste und man dieses Phänomen in wissenschaftliche Betrachtungen berücksichtigen muss. Seine Versuche waren gleichzeitig die ersten psychologischen Experimente über persönliche Unterschiede. Auch wenn diese Erkenntnis zunächst keine große Beachtung fand, so wurde sie später ein äußerst bedeutender Bereich der psychologischen Forschung.

## Psychophysik: Psychologie trifft Physik

Die Messung der Reaktionszeit war ein erster Schritt zu einem neuen, quantitativen Ansatz in der Psychologie. Die sogenannte Psychophysik betrachtet die physikalischen Eigenschaften von Reizen und untersucht ihre Verbindung mit der Wahrnehmung. Ihre Erkenntnisse sind bedeutsam für die moderne Technologie:

*Wann hören wir den Hubschrauber?*

Wenn wir beispielsweise messen, wie viele Farben wir unterscheiden können, kann das Ergebnis zur Erstellung eines Algorithmus dienen, mit dessen Hilfe z. B. Bilder verkleinert werden können.

### ── Erkenne den Unterschied ──

Entsteht ein Laut unterhalb der menschlichen Hörschwelle und wird dann gleichmäßig lauter, kommt irgendwann der Punkt, an dem wir ihn hören. Davor kann der Ton einen unbewussten Einfluss haben, den wir aber nicht bemerken. Oder man konzentriert sich auf zwei nur leicht verschiedene Reize und erkennt sie irgendwann als unterschiedlich. Der Erste, der sich mit den Grenzen der Wahrnehmung beschäftigte, war der deutsche Arzt und Begründer der experimentellen Psychologie, Ernst Heinrich Weber (1795–1878), der in den 1830er-Jahren in Leipzig arbeitete.

Weber erforschte den Grad der Abweichung, den Menschen in einem Reiz erkennen können. Er begann mit dem Gewicht und ließ Menschen verschiedene Gewichte vergleichen und herausfinden, welches das schwerste war. Es stellte sich heraus, dass eine Abweichung von mindestens 3 Prozent nötig war, um den Unterschied zu bemerken – die „differenzielle Wahrnehmungsschwelle" (engl. „*Just Noticeable Difference*", JND). Wog

*Ernst Heinrich Weber*

ein Gewicht beispielsweise 100 Gramm, musste ein anderes 3 Gramm leichter oder schwerer sein, um als unterschiedlich schwer erkannt zu werden.

Weber entdeckte, dass die Wahrnehmungsschwellen für die einzelnen Sinneswahrnehmungen unterschiedlich sind. Geht es um die Einschätzung von Längen, liegt sie bei 1 Prozent, beim Vergleich musikalischer Frequenzen bei 0,6 Prozent usw. Das von ihm im Anschluss an diese Erkenntnis formulierte Gesetz lautet:

$$\Delta R/R = k$$

wobei

$\Delta R =$ die differentielle Wahrnehmungsschwelle,
$R =$ der Reiz und
$k =$ eine Konstante (bei jedem Sinn verschieden)
ist.

Er studierte auch andere Grenzen der Wahrnehmung, wie z. B. die notwendige Entfernung zweier Punkte auf der Haut,

um bei einer Berührung als getrennt erkannt zu werden kann, und ab welchem Abstand zwei Berührungspunkte nicht mehr als voneinander getrennt wahrgenommen werden.

Seine Versuchsreihen und Erkenntnisse legten einen Meilenstein in der Geschichte der Psychologie, insofern als sie verdeutlichten, dass zumindest in einigen ihrer Teilgebiete eine wissenschaftliche Quantifizierung möglich war – eine wichtige Grundlage, damit die experimentelle Psychologie als Forschungsgebiet anerkannt werden konnte.

## Grenzüberschreitung

Webers Werk wurde von Gustav Fechner (1801–1887) weitergeführt. Er war eigentlich Physiker, musste aber seine Professur aufgrund einer Augenverletzung, die er sich bei Forschungen über Farbe und Sehkraft zugezogen hatte, aufgeben und verlagerte sein Interesse auf den psychologischen Prozess der Wahrnehmung. Als neutraler Monist betrachtete er Körper und Geist als Aspekte einer einzigen Realität und suchte eine mathematische

**PSEUDONYM DR. MISES**

Fechner veröffentlichte etliche Artikel, die seine panpsychische Sicht schilderten und sich über die vorherrschende Lehrmeinung lustig machten. Um seine seriösen Arbeiten zu schützen, schrieb er solche Artikel wie *Die vergleichende Anatomie der Engel* (1825) oder *Ein kleines Buch über das Leben nach dem Tode* (1836) unter dem Namen Dr. Mises.

*Gustav Fechner, ca. 1879*

Verbindung zwischen ihnen. So wollte er das Körper-Geist-Problem auf eine Weise lösen, die die Materialisten zufriedenstellte und gleichzeitig auch seine eigene Sicht unterstützte, nach der Bewusstsein überall im Universum gegenwärtig sei.

Der Punkt, ab dem ein Reiz bewusst wahrnehmbar wird, bezeichnete Fechner als „absolute Grenze". Unterhalb dieser Grenze hat der Reiz höchstens einen unbewussten Effekt, aber da dieser nicht messbar ist, begann Fechner bei der absoluten Grenze. Seine Arbeit führte zum Weber-Fechner-Gesetz, einer verbesserten Version von Webers Schlussfolgerung, dass die Reizstärke exponentiell steigt, wohingegen die entsprechende Sinneswahrnehmung nur linear anwächst.

Daraus ergibt sich eine logarithmische Beziehung zwischen der Stärke des Reizes und der Stärke der Wahrnehmung. (Logarithmische Skalen werden für viele Messungen benutzt, zum Beispiel die Richter-Skala für Erdbeben oder die Dezibel zur Feststellung der Lautstärke.)

Wenn S der Sinneseindruck und R der Reiz ist, dann ist

$$S = k \log R$$

Angenommen, die Verdreifachung der Reizstärke verdoppelt die Empfindung des Sinneseindrucks, dann verdreifacht sich die Reizstärke noch einmal, wenn sich die Empfindung des Sinneseindruckes noch einmal verdoppelt und so fort.

Fechner hatte sein Ziel erreicht: eine messbare Verbindung zwischen physikalischen Reizen und einer Reaktion der Psyche (moderne Erkenntnisse untermauern Fechners Gesetz allerdings nicht vollständig).

Sein 1860 veröffentlichtes Werk *Elemente der Psychophysik* war ein früher Versuch, quantitative Methoden in der Psychologie einzusetzen und wird von einigen als Anfang der wissenschaftlichen Psychologie betrachtet. Für andere beginnt diese Disziplin jedoch bei Wilhelm Wundt und dem ersten Labor für experimentelle Psychologie (*siehe* ▶▶ S. 56 [Kapitel 3: *Wundts wunderbare Erfindung*]).

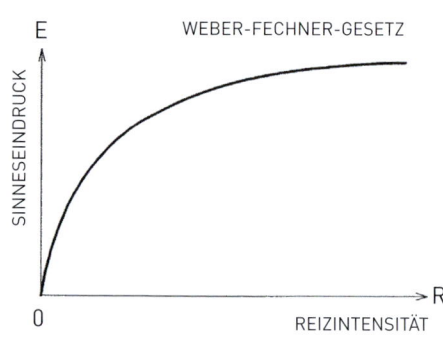

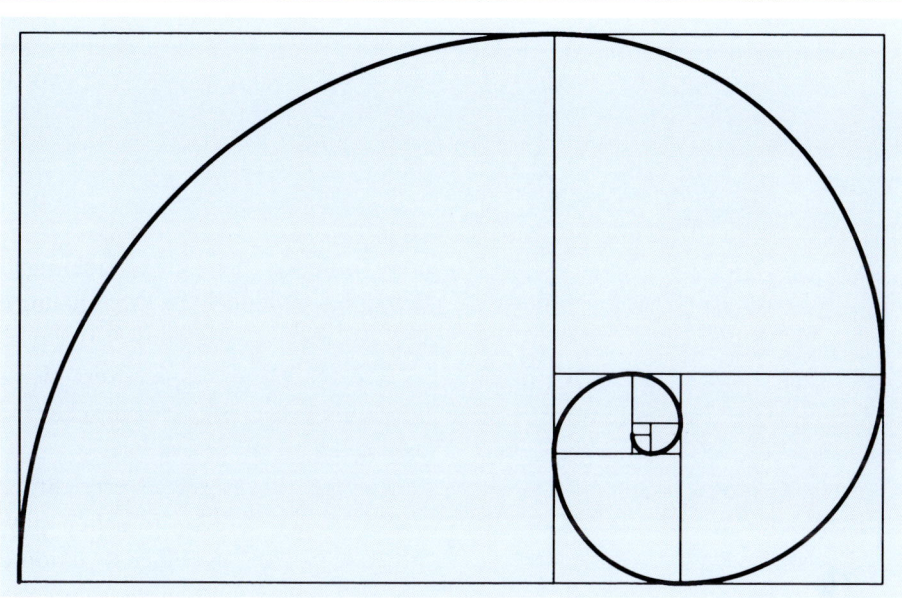

*Die „goldene Spirale" entsteht durch rekursive Teilung eines Quadrates in ein weiteres.*

### GOLDENE RECHTECKE UND GESPALTENES BEWUSSTSEIN

Fechner studierte auch ästhetisch ansprechende Formen und entdeckte, dass ein Rechteck mit einem Seitenverhältnis von 0,62 als am schönsten empfunden wurde. Dies entspricht dem goldenen Schnitt wie auch der Fibonacci-Reihe, die überall in der Natur zu finden ist – angefangen beim Muster der Sonnenblumensamen bis zu hin den Proportionen einer Perlbootmuschel. Fechner mutmaßte außerdem, dass nach einer Durchtrennung des *Corpus Callosum* (die Verbindung zwischen den Gehirnhälften) zwei voneinander unabhängige Bewusstseinsströme vorlägen. Er selbst hielt ein solches Experiment noch nicht für möglich. Erst in den 1960er-Jahren kam es zu Experimenten dieser Art, die an Epilepsie-Patienten durchgeführt wurden, deren *Corpus Callosum* zur Linderung ihrer Beschwerden durchtrennt worden war. Dabei gelangten der Neuropsychologe Roger Sperry (1913–1994) und der Psychologe Michael Gazzaniga zu Erkenntnissen, die Fechners Vermutung bestätigten.

## —Wie schnell sind Gedanken?—

Der deutsche Arzt und Physiker Hermann von Helmholtz (1821–1894) versuchte als Erster, die Geschwindigkeit von Nervenimpulsen zu messen, zuerst an Fröschen, dann beim Menschen. Er fand heraus, dass die Reaktionszeit davon abhängt, welche Strecke der Impuls zurücklegen muss: 1849 führte er eine Versuchsreihe durch, bei der er am Bein einer Versuchsperson einen Reizimpuls anlegte. Der Proband musste einen Knopf drücken, sobald er den Reiz wahrnehmen konnte. Wurde der Reizimpuls am Zeh angelegt, war die Reaktionszeit länger. Helmholtz gelangte zu dem Ergebnis, dass die Nervenreizleitungsgeschwindigkeit beim Menschen 27 Meter pro Sekunde beträgt. Tatsächlich beträgt die schnellste Nervenreizleitungsgeschwindigkeit beim Menschen 430 km/h (110 Meter/Sekunde, schneller als ein Rennwagen), aber es gibt auch langsamere Nervenbahnen, bei denen lediglich ungefähr 50 Meter pro Sekunde gemessen werden.

Wichtiger als die genauen Zahlen war jedoch die Tatsache, dass es sich um eine messbare Geschwindigkeit handelte, denn viele glaubten, dass sich die Übermittlung unmittelbar ereignen würde, besonders jene, die dieses Phänomen der Wirkung Gottes zuschrieben.

*Helmholtzpendel, um die Geschwindigkeit eines Nervenimpulses zu messen. Das Schwingen des Pendels stimuliert einen Muskelnerv.*

Helmholtz war auch an Müllers Entdeckung, dass die Sinnesorgane nur eine spezifische Art der Wahrnehmung erzeugen, interessiert: Zum Beispiel lässt uns ein Blasen in die Augen Sterne „sehen". Die Verbindung vom Auge zum Gehirn ist auf visuelle Informationen festgelegt, auch wenn dadurch nicht immer eine angemessene Rückmeldung erzielt wird. Helmholtz wollte wissen, warum und wie es dazu kommt und startete den ehrgeizigen Versuch, alle physiologischen Prozesse vom Moment der Nervenreizung bis zum Erkennen des Reizes aufzuzeichnen. Dieses Ziel ist bis heute nicht erreicht worden.

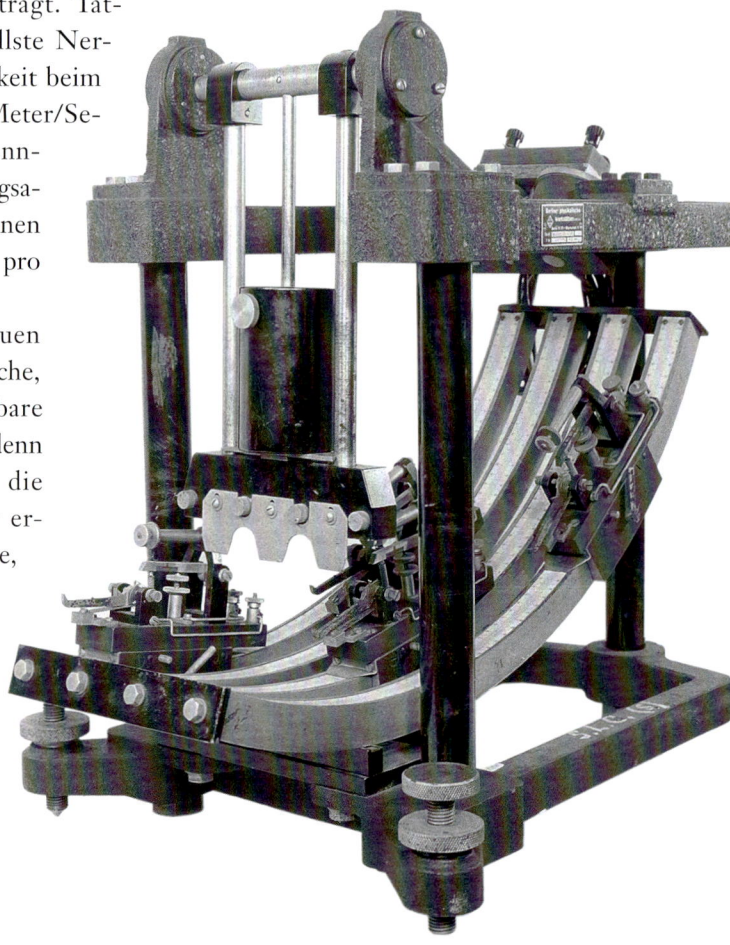

*Franciscus
Donders*

## Nach innen gehen

Fünfzehn Jahre später führte der niederländische Physiologe Franciscus Donders (1818–1889) noch komplexere Messungen von Reaktionszeiten durch. Er bestimmte nicht nur die Reaktionszeit, sondern führte reichlich detaillierte Versuchsreihen durch: Zuerst benutzte er eine Auswahl an Reizen, unter denen der Proband jedoch nur auf einen reagieren sollte. Dann forderte er für jeden Reiz eine andere Reaktion, der Proband musste den jeweilige Reiz erkennen und die richtige Reaktion zeigen.

Er fand heraus, dass einfache Reiz-Reaktions-Kombinationen am schnellsten übermittelt wurden, Aufgaben mit einer Reizunterscheidung länger dauerten, am langsamsten jedoch in Kombination mit einer Unterscheidung oder Wahl vonstatten gingen. Donders berechnete auch die zur Unterscheidung, zum Wählen und zum Reagieren benötigte Zeit und maß damit Aktivitäten, die sich vollständig im Gehirn abspielten.

Mit den Daten aus Donders Experimenten war es möglich, auf Aktivität im Gehirn (oder im Geist) zu schließen. Die Bühne war freigegeben für die experimentelle Psychologie und der Erste, der diese Bühne betrat, war Wilhelm Wundt.

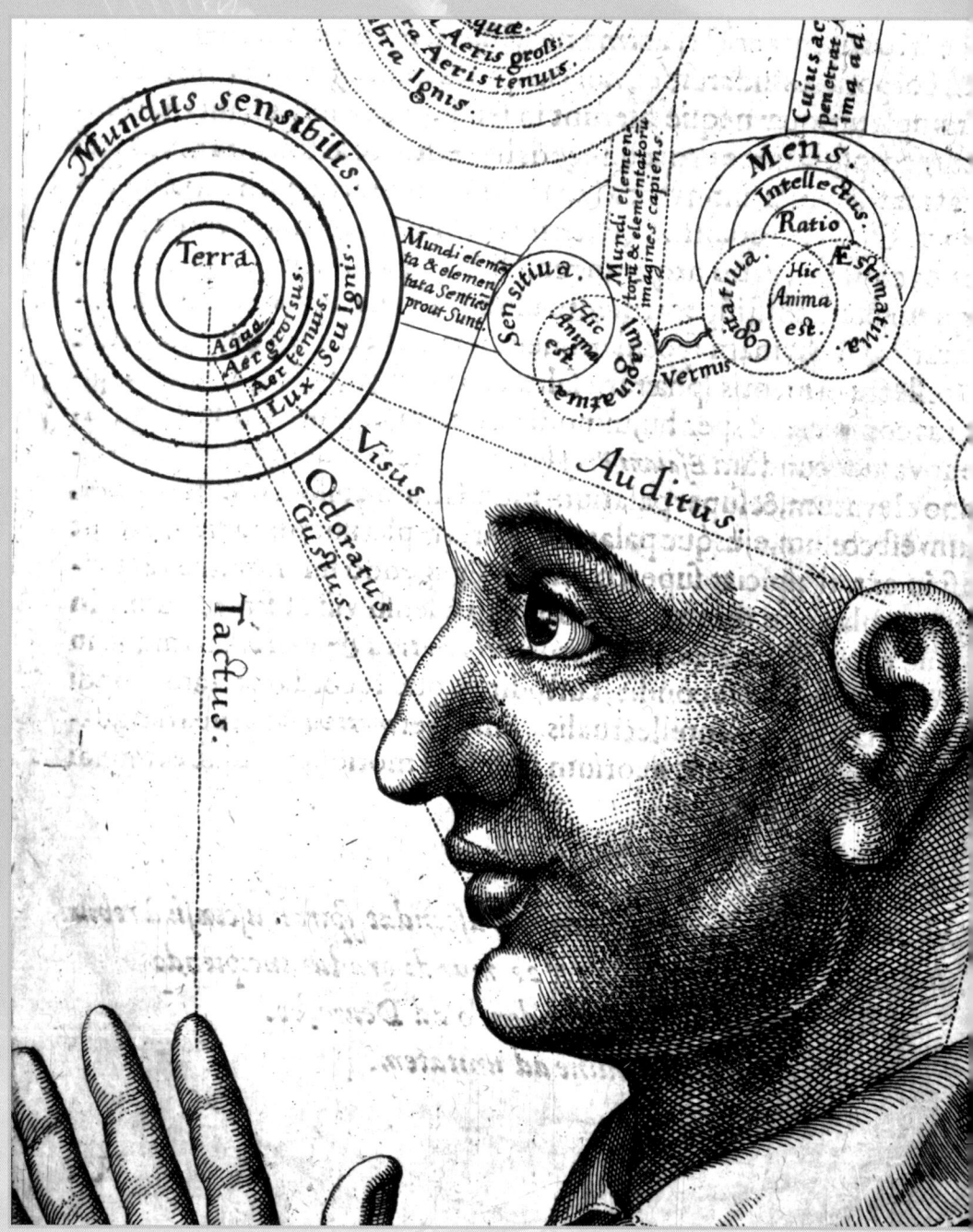

# KAPITEL 3

# GEIST und METHODE:
# Wie und warum denken wir?

„Materialistische Psychologie [...] ist ein Gegensatz zum Faktum des Bewusstseins selbst, welches nicht aus irgendwelchen physikalischen Eigenschaften materieller Moleküle oder Atome abgeleitet werden kann."

Wilhelm Wundt, 1912

Viele Leute stellen sich heute unter Psychologie in erster Linie einen Psychotherapeuten vor, der einen Patienten analysiert oder in einem Experiment das Verhalten von Menschen oder Ratten studiert. Aus diesem Blickwinkel erscheinen die ersten psychologischen Experimente ziemlich seltsam und öde. Aber sie sind die wichtigen ersten Schritte für einige der berühmtesten psychologischen Experimente des 20. Jahrhunderts, die unser Verständnis von uns selbst als Menschen revolutionierten.

*Ein Diagramm des Bewusstseins aus dem 15. Jahrhundert*

# Wundts wunderbare Erfindung

Wundt wollte das Bewusstsein und die psychischen Gesetze, die es beherrschen, verstehen. Zentral für seinen Ansatz war das Konzept des Willens – die Wahl des Einzelnen, wohin man seine Aufmerksamkeit richtet und was man daraufhin wahrnimmt. Um die Betonung des Willens deutlich zu machen, nannte er diesen Zweig der Psychologie „Voluntarismus", der sich später mit dem Strukturalismus verbinden sollte. Um das Bewusstsein zu studieren, arbeitete Wundt mit menschlichen Probanden und baute das erste experimentelle psychologische Labor der Welt auf.

Wundt erforschte das Bewusstsein, um grundlegende Elemente des Denkens und die Gesetze, die ihre Verknüpfung

regelten, aufzudecken. Sein Ansatz war die Selbstbeobachtung, deshalb mussten seine Probanden ihren eigenen inneren Zustand beobachten und darüber berichten. Bei den Versuchen wurden verschiedene Vorrichtungen verwendet, um Reize zu produzieren und Reaktionszeiten zu messen; oder die Probanden bekamen die Aufgabe, ihre Reaktion auf einen Reiz wie zum Beispiel ein Licht oder das Ticken eines Metronoms sorgfältig zu beobachten und aufzuzeichnen. Aus diesen Berichten versuchte Wundt dann die Elemente des Bewusstseins zu erkennen.

Wundts Ansatz – und sein Anspruch an die Probanden – erscheint technisch und komplex. Auf einen Reiz folgt der entsprechende Sinneseindruck, der nach Wundt aus Modalität (wie Sehen oder Berührung) und Intensität besteht. Sinneseindrücke werden auch von Gefühlen begleitet, die in drei Bereiche unterteilt werden können:

## WILHELM WUNDT (1832 – 1920)

Wundt wurde in Mannheim in einer Familie von bürgerlichen Intellektuellen geboren. Sein einziger überlebender Bruder wurde auf ein Internat geschickt und Wundt wuchs ohne Kontakt zu Gleichaltrigen auf, außer einem geistig behinderten Jungen, der kaum sprechen konnte. Er war kein vielversprechender Schüler, schloss dann aber ein hervorragendes Medizinstudium ab. Er verlagerte seinen Schwerpunkt auf die Psychologie, arbeitete als Assistent von Herrmann von Helmholtz (siehe ▸▸ S. 52) und gab einen Kurs in Psychologie. Er wollte experimentelle Psychologie

lehren, bekam aber erst 1879 von der Universität Leipzig ein Labor zur Verfügung gestellt. Dadurch zog er Studenten aus ganz Europa an und seine Vorlesungen waren die beliebtesten an der Universität. Trotzdem wurde das Institut für experimentelle Psychologie erst 1883 im Katalog der Universität aufgeführt und das Institut musste mehrmals umziehen, bis es 1897 ein eigenes Gebäude bekam.

Seine Autobiographie vollendete Wundt erst einige Tage vor seinem Tod und machte sie dadurch so vollständig wie nur eben möglich.

- angenehm/unangenehm
- Aufregung/Ruhe
- Anspannung/Entspannung

Diese Gefühle werden normalerweise nicht einzeln erfahren und in Kombination entsteht Wahrnehmung. Diese geschieht passiv und löst in der Person Sinneseindrücke und Gefühle aus, die von der Vergangenheit, der individuellen Physiologie usw. abhängig sind. Wir werden aber nicht vollständig von diesem Prozess gesteuert, denn von all den Sinneseindrücken und Empfindungen wählen wir jene aus, denen wir unsere Aufmerksamkeit schenken – und die dann zu einem Bewusstseinsinhalt werden (Apperzeption).

Ein Beispiel soll die Arbeitsweise von Wundt verdeutlichen: Angenommen, wir gehen mit zwei anderen Leuten in ein Café und der Duft von frischen Croissants erinnert uns an den schönen Urlaub in Frankreich, so haben wir plötzlich gute Laune. Auf eine andere Person

*Wundt veränderte die Geschwindigkeit des Metronoms und die Probanden berichteten von ihrer Reaktion darauf.*

kann derselbe Geruch eine ganz andere Wirkung haben: Vielleicht bekam sie eine schlechte Nachricht, während sie ein Croissant verzehrte und fühlt sich nun unglücklich. Für die dritte Person ist der Geruch weder gut noch schlecht, es ist

einfach ein Geruch. Alle drei Personen sind demselben Reiz ausgesetzt, doch die dabei entstehenden Gefühle sind völlig verschieden. Die Wahrnehmung und die Apperzeption der Situation sind unterschiedlich: Der eine schwelgt in Erinnerungen, der andere will sie auslöschen und beim Dritten wird überhaupt nichts ausgelöst.

### Die Grenze erreichen

Wundt war überzeugt, dass die höheren Denkvorgänge, anders als grundlegende Gedanken, die man durch Introspektion aufdecken konnte, jenseits seiner Analyse lagen. Denkvorgänge waren für ihn wie physische Prozesse bestimmten Gesetzen unterworfen, doch diese Gesetze waren so komplex und abhängig von so vielen nicht messbaren Faktoren, dass eine Vorhersage schlicht unmöglich war. Trotzdem glaubte er, es sei nach einem Ereignis durchaus möglich, zurückzuschauen und jene Elemente zu erkennen, die zu einem unausweichlichen Ergebnis führten. Dieser zurückgewandte Blick wurde später zum zentralen Ansatz der Psychoanalyse.

Wundts Arbeit war in erster Linie deswegen besonders bedeutsam, weil er die experimentelle Psychologie als zukunftsfähige Disziplin einführte. Spätere Kritiker bemerkten, dass man trotz aller experimentellen Genauigkeit die Introspektion nicht als wissenschaftliche Methode betrachten könne, weil sie nicht objektiv messbar sei.

Die Behavioristen vermieden dieses Problem, indem sie sich ausschließlich mit beobachtbarem Verhalten auseinandersetzen und die mentalen Aktivitäten ganz beiseite ließen.

Man kann aber festhalten, dass Wundts Interesse an Gedanken und Bewusstsein den Grundstein legte für die kognitive Psychologie, die in der zweiten Hälfte des 20. Jahrhunderts entstand.

## Strukturalismus

Viele der zahlreichen Studenten, die in Wundts Labor ausgebildet wurden, kamen von weit her, auch aus den USA, und sie gründeten in ihrer Heimat später selbst psychologische Institute. Der frisch promovierte Edward Titchener (1867–1927) bespielsweise leitete nach seiner Rückkehr in die USA das Institut an der Cornell Universität in New York.

Wundt wollte den Geist und seine mentalen Aktivitäten erklären, aber Titchener reichte es, sie mit wissenschaftlicher Akribie zu beschreiben. Er wusste, dass eine Erklärung jenseits der Wissenschaft lag und seine eigene experimentelle Psychologie war durch und durch wissenschaftlich. Titchener wollte die Struktur des Geistes erforschen und nannte seinen Ansatz „Strukturalismus". Ihn interessierte nur das Bewusstsein, nicht das Unbewusste oder die Instinkte.

Wundts Ideen von Introspektion und mentalen Elementen entwickelte Titchener weiter, seine Probanden sollten jedoch nicht nur bemerken, ob sie auf einen Reiz reagierten, sondern ihre Reaktion selbst beobachten und in möglichst grundlegenden Begriffen beschreiben.

Sie mussten also nicht nur den Namen eines Objektes nennen, sondern auch die damit verbundenen Sinneswahrnehmungen, d.h. das Objekt als warm, schwer, rot usw. beschreiben.

*Edward Titchener, ca. 1917*

Titchener stellte fest, dass die Elemente des Bewusstseins aus „Sinneswahrnehmungen" (Elemente der Wahrnehmung), „Bildern" (Elemente der Ideen) und „Neigungen" (Elemente der Emotionen) bestehen. Er unterschied mehr als 40 000 Sinneswahrnehmungen, die meistens in Bezug mit dem Sehen standen. Sie zu studieren, nahm den größten Teil seiner Zeit in Anspruch. Er erfasste die Sinneswahrnehmungen in Begriffen von Qualität, Länge, Intensität, Klarheit und „Ausgedehntheit" (in welchem Maß eine Sinneswahrnehmung über eine Fläche oder einen Raum ausgedehnt ist). Die gleichen Eigenschaften gelten für Gefühle. Für Emotionen war nur die Eigenschaft angenehm/unangenehm passend.

Er glaubte, dass frühere Erfahrungen ins Spiel kommen, wenn etwas für uns bedeutsam wird. Wundts Theorie der Apperzeption lehnte Titchener ab, für ihn basierte Wahrnehmung auf Assoziation – der Geist bringt das, was wir jetzt erleben, mit ähnlichen Erlebnissen aus der Vergangenheit zusammen (*siehe* ▶▶ S. 96).

Trotz aller Struktur und dem Bemühen um wissenschaftliche Präzision fand Titcheners Ansatz über seinen Tod hinaus keinen Anklang. Zu viel, was in der Psychologie wichtig wurde, fehlte noch, und die Abhängigkeit von der Introspektion war problematisch. Einige Kritiker meinten, dass es sich in Wirklichkeit um Retrospektion handelte, weil der Denkvorgang schon vorbei war, wenn der Proband davon berichtete. Auch die Darstellung der Introspektion war gefärbt oder gestört von der Erinnerung oder selbst von der bloßen Betrachtung. Die wissenschaftliche Methode, die Titchener vorschwebte, um die Psychologie zu erkunden, schien nicht zu funktionieren, jedenfalls nicht auf diese Weise.

## Funktionalismus

Zur selben Zeit, als Titchener den strukturalistischen Ansatz entwickelte, legte einer der einflussreichsten amerikanischen Psychologen, William James (1842–1910), den Grundstein für eine andere Strömung. Der „Funktionalismus" legte mehr Wert auf den Sinn oder den Zweck mentaler Prozesse als auf die statische Struktur des Geistes. Es war eine ganzheitlichere Sichtweise, die Aktivität des Geistes wurde in Beziehung zur Evolution Darwins gesehen: Wie hilft der Geist dem Individuum zu überleben?

## WILLIAM JAMES (1842–1910)

Als Kind einer wohlhabenden und einflussreichen New Yorker Familie war James bald mit den Ideen vieler großer Denker der Zeit vertraut. Seine Erziehung fand in den USA und in Europa statt, er sprach fließend Französisch und Deutsch. Zuerst wollte er Künstler werden, doch sein Vater bewog ihn dazu, sich zum Wissenschaftler ausbilden zu lassen. Er schrieb sich 1861 an der Universität von Harvard ein, wechselte 1864 in die medizinische Fakultät und wurde Arzt, praktizierte aber nie.

In jungen Jahren litt James an verschiedenen körperlichen Beschwerden (eine Amazonas-Expedition mit dem Schweizer Naturforscher Louis Agassiz musste er wegen Seekrankheit und Pocken abbrechen), aber auch an seelischen Leiden, einschließlich Depressionen. Seine Depression wurde schließlich dadurch gelindert, dass er für sich persönlich eine sinnstiftende philosophische Lebenseinstellung fand.

Er blieb den Rest seines Lebens in Harvard, begründete dort die Psychologie als Fachbereich und richtete das erste Lehr-Labor weltweit ein. Unter seinen Studenten waren der spätere US-Präsident Theodore Roosevelt, der spanische Philosoph Santayana und die amerikanische Schriftstellerin Gertrude Stein.

Nach der Veröffentlichung seines Hauptwerkes, *Principles of Psychology* (1890), wandte er sich der Philosophie und seinem Interesse an paranormalen Phänomenen zu. Er war auch an der Gründung der *American Society for Psychical Research*, die 1884 ins Leben gerufen wurde, beteiligt.

*Ein Selbstportrait aus dem Notizbuch von William James, gezeichnet während seiner unglücklichen Amazonas-Expedition.*

*Idealerweise entwickelt sich der heranwachsende Geist, um dem Individuum, seinen Bedürfnissen und seiner Umwelt zu nutzen.*

## Funktionalismus und Evolution

Der Funktionalismus wurde stark von der Evolutionstheorie beeinflusst. Er sieht den Geist mit seinen Vorgängen voll und ganz im Dienst der Anpassung des Individuums an seine Umwelt und dient somit dem Überleben.

Der Funktionalismus beschäftigt sich, wie schon der Name sagt, mit den Funktionen des Geistes. Der Geist wird nicht als statisches Objekt untersucht, sondern „in Aktion" – interessant ist dabei insbesondere, wozu diese Aktionen dienen. Dabei betrachtet man nicht nur den „*Mainstream*", die Psychologie normaler, erwachsener Menschen, sondern auch das Verhalten von Tieren, Kindern und psychisch Kranken. Für jeden ist die Umwelt anders und so ist auch unsere Anpassung an die Umwelt bei jedem unterschiedlich: Für einen Fahrlehrer ist Geduld und für einen Börsenmakler Konkurrenzdenken besonders wichtig. Deshalb interessiert sich der Funktionalismus sowohl für die Unterschiede zwischen Menschen als auch für die Gemeinsamkeiten, die sie teilen.

## Die Geburt der amerikanischen Psychologie

Die Veröffentlichung der *Principles of Psychology* (1890) von William James kennzeichnet den Beginn der Eigenständigkeit

### WEM HILFT'S?

Der Funktionalismus beschäftigt sich mit der Arbeitsweise des Geistes und hat ein deutliches Interesse am Nutzen mentaler Prozesse und des Verhaltens. Für Funktionalisten war die Psychologie eine praktische Wissenschaft mit nützlichen Anwendungsmöglichkeiten, nicht nur eine reine Wissenschaft, die Wissen um seiner selbst willen ansammelt. Hier finden wir zum ersten Mal Anwendungen, die die Psychologie dazu nutzt, unser Leben besser zu machen: für Erziehung, Arbeit und Behandlung der Kranken. Auch Intelligenztests wurden seit dem frühen 20. Jahrhundert ein bedeutender Zweig der angewandten Psychologie. Der Funktionalismus war weitgehend pragmatisch – ein klarer Unterschied zum Strukturalismus, der jede praktische Anwendung psychologischen Wissens vermied.

> „Bewusstsein erscheint für sich selbst nicht in Stücke geteilt. Begriffe wie „Kette" oder „Zug" beschreiben es nicht so, wie es sich selbst zunächst darstellt. Es ist nichts Verbundenes, es fließt. „Fluss" oder „Strom" sind Metaphern, die es natürlich umschreiben. Wenn wir in Zukunft davon sprechen, werden wir es Strom der Gedanken, des Bewusstseins oder des subjektiven Lebens nennen."
>
> William James (1890)

der amerikanischen Psychologie. William, der Bruder des Schriftstellers Henry James, unterrichtete an der Universität von Harvard und baute dort 1875 ein Lehr-Labor auf. Wundts Labor, das vier Jahre später entstand, wird allgemein als das Erste betrachtet, weil es experimentell ausgerichtet war, während James' Labor nur zur Veranschaulichung diente. Auch die *Principles*, ein Werk von 1400 Seiten, setzten einen Kontrapunkt zu Wundts Arbeiten.

James prägte den Begriff „Bewusstseinsstrom". Er glaubte, dass Bewusstsein ein Kontinuum von Geburt an bis zum Tod sei, in stetiger Veränderung begriffen, das nicht angehalten werden könne, um einen psychologischen Blick darauf zu werden. Wundts Ansatz von den „Elementen des Bewusstseins" hatte für James' keine Bedeutung. Das Wesentliche am Bewusstsein des Individuums war für ihn, dass es zum Überleben beiträgt. Auch

die Dinge, denen man sich zuwendet, werden dafür nützlich sein.

James glaubte, dass auch Instinkte und Gewohnheiten für den Organismus zweckdienlich sind. Gewohnheiten waren für ihn im Laufe des Lebens verstärkte Verhaltensweisen, die sich durch Wiederholung einprägen und deshalb weniger aufwendig sind als andere Tätigkeiten.

Das Konzept des freien Willens konnte James anfangs nicht so recht akzeptieren. Als junger Mann verzweifelte er am Determinismus, den er als unvermeidliche Konsequenz der Evolutionstheorie betrachtete. Wenn die materialistische Psychologie, die er in Deutschland kennengelernt hatte, korrekt war, dann ging jede Handlung des Menschen zwangsläufig auf seine Neurophysiologie zurück, die sich im Lauf der Evolution entwickelt hatte – es gab keine Wahlmöglichkeit, keine Freiheit und keine Hoffnung.

Die Lektüre eines Essays des französischen Philosophen Charles Renouvier (1815–1903) heilte ihn schließlich von seiner Depression, denn er wurde davon überzeugt, dass er die Freiheit hatte, einem Gedanken zu folgen und einem anderen nicht.

Diese Inspiration zieht sich durch seine gesamte psychologische Theorie: Wir entscheiden, welchen Gedanken wir uns zuwenden und bestimmen so unsere Persönlichkeit und unsere Handlungen. Angenommen, wir treffen im Wald auf einen Bären und laufen weg, weil wir Angst haben – James würde hier sagen, wir haben Angst, weil wir rennen. Der Körper flieht instinktiv vor einer Gefahr und das Gehirn interpretiert das Weglaufen als Signal für Angst. Erst dann empfinden wir die Angst.

James' Rat, so zu handeln, wie man sich fühlen möchte, kommt von der Überzeugung, dass unsere Gefühle aus unseren Handlungen erwachsen. Wenn wir uns schlecht fühlen, sollten wir uns bemühen, zu lächeln, denn das wird uns letztlich aufheitern.

Die Experimente, die später im 20. Jahrhundert von den Sozialpsychologen Leon Festinger und James Merrill Carlsmith zur Erforschung der kognitiven Dissonanz durchgeführt wurden (siehe ▶ S. 157–158

[Kapital 6: *Werde du selbst*]), scheinen James' Ansicht zu unterstützen.

Trotz seines großen Einflusses war James an Experimenten wenig interessiert und leistete deshalb keinen bedeutenden Beitrag zur Entwicklung der psychologischen Methodik.

## Der Aufstieg des Pragmatismus

In späteren Jahren war James zunehmend von der Parapsychologie fasziniert und suchte einen Stellvertreter für seine Arbeit in Harvard, um sich auf die Erforschung parapsychischer Phänomene zu konzentrieren. Der in Deutschland geborene Psychologe Hugo Münsterberg (1863–1916), der ziemlich unbeeindruckt von James' Interesse an Mystizismus, Parapsychologie und der neu aufkommenden Psychoanalyse war, wurde sein Nachfolger. Für ihn hatte all dies keinen Platz in der Psychologie, die er für eine hauptsächlich praktische Wissenschaft hielt. Er lehnte das Unbewusste, das in der Psychoanalyse und bei James so zentral ist, ab und konzentrierte sich auf die Anwendung der Psychologie, z. B. in der Forensik und der Arbeitspsychologie.

So war Münsterberg auch der Erste, der sich mit der Anwendung der Psychologie

„*Die Geschichte des unterbewussten
Geistes kann in drei Worten erzählt
werden: Es gibt keinen.*"

Hugo Münsterberg, 1909

auf juristische Entscheidungen befasste.
Er argumentierte, die brutale Befragung
von Kriminellen könne zu keinen befriedigenden Ergebnissen führen, weil sie un-
zuverlässige Aussagen produziere.

Verdächtige sagen oft unter Druck,
was der Vernehmer hören will – oder sie
gestehen, weil sie unbewusst depressiv
sind und nach Bestrafung suchen, obwohl
sie unschuldig sind.

Münsterberg suchte deshalb nach einem Hilfsmittel, um Lügen durch die
Messung von körperlicher Veränderung
wie erhöhtem Puls oder beschleunigter

*Hugo Münsterberg*

Atmung nachzuweisen – eine Überlegung,
die schließlich zur Entwicklung von Lü-
gendetektoren führte.

## Der Funktionalismus wird erwachsen

Der amerikanische Philosoph und Psychologe John Dewey (1859–1952) entwickelte
Funktionalismus und Pragmatismus weiter und gab seine Variante der Psychologie
den Namen „Instrumentalismus". Dewey,
der erst Lehrer und dann Philosoph wurde, brachte dabei auch sein starkes Interesse für Pädagogik mit ein. Wie James war
er der Meinung, dass man das Bewusstsein
nicht in Stufen aufgliedern könne, er

*Ein Mordverdächtiger macht einen
Lügendetektortest, ca. 1954.*

selbst unterteilte aber das Verhalten in einzelne Bestandteile.

Dabei verzichtete er jedoch auf die gewöhnliche Dreiteilung eines Reflexes (Sinnesprozess, Gehirnprozess, motorischer Prozess), weil dabei die ganzheitliche Natur des Experiments verlorenging. Am Beispiel eines Kindes, das eine Flamme berührt, Schmerz empfindet und die Hand zurückzieht, erklärte Dewey, was er für das Wichtigste hielt: Das Kind lernt, dass Flammen gefährlich sind und richtet sein Verhalten in Zukunft danach aus. Dieser Aspekt wird häufig ausgelassen, weil die Sequenz mit dem Zurückziehen der Hand meistens bereits endet.

Für Dewey war es entscheidend, dass man aus Erfahrungen lernt und er hielt es für wichtig, jedes Verhalten unter diesem Gesichtspunkt zu betrachten – wie hilft es dem Einzelnen, sich an seine Umwelt anzupassen und ihn überlebensfähig zu machen?

Als liberal denkender Mensch, der glaubte, alle Philosophie und Psychologie müsse praktisch verwendbar sein, setzte sich Dewey nicht nur für die Frauenbewegung, sondern auch für die liberale

*John Dewey übergibt Margaret Sanger, Krankenschwester und Aktivistin für Geburtenkontrolle, 1932 die Medaille der* American Women's Association.

Demokratie, die Rechte der Farbigen, für die Freiheit des Denkens und eine fortschrittliche Pädagogik ein.

Er war Vorsitzender der Dewey-Kommission 1937 in Mexiko, die Leon Trotzki für unschuldig erklärte, die Verbrechen, derer er von Stalin angeklagt wurde, begangen zu haben.

1906 übernahm James Rowland Angell (1869–1949) von Dewey den Vorsitz der Amerikanischen Psychologischen Gesellschaft. Der funktionale Psychologe, so sagte er, betrachte mentale Aktivität als Teil eines größeren Stromes biologischer Kräfte. Deshalb richtete er seine Forschung an der Evolutionsbiologie aus: Mentale Prozesse dienen der Anpassung und dem Überleben des Organismus.

Körper und Geist bilden eine Einheit, die für das Überleben des Organismus wichtig ist. Die Verbindung zur Evolutionstheorie führte die Funktionalisten zum Studium des Verhaltens von Tieren und zur Kinderpsychologie. Sie wiesen die Introspektion zurück, fügten aber eine Vielzahl experimenteller Techniken zum Werkzeugkoffer der Psychologen hinzu.

## Das Gesetz der Anpassung

Der amerikanische Psychologe Harvey Carr (1873–1954) erläuterte das „Gesetz der Anpassung", das im Zentrum des funktionalistischen Zugangs zum Verhalten steht. Es besteht aus drei Komponenten: Zuerst entsteht ein Bedürfnis, das als Reiz wirkt (wie Durst oder Flucht), als zweites sind die Umweltbedingungen bedeutsam und drittens kommt es zu einer Reaktion, die das Bedürfnis befriedigt.

Die Umwelt ist wichtig, weil sie das Bedürfnis beeinflusst – einen Bären im Zoo zu betrachten ist nicht dasselbe, wie einen Bären bei einer Wanderung im Wald zu erspähen. Der Organismus lernt, welches Verhalten das Bedürfnis befriedigt und wird es wiederholen, wenn dasselbe Bedürfnis aufkommt. Deshalb ist die Handlung adaptiv, d.h. sie hilft dem Organismus, mit minimalem Aufwand zu überleben.

*Nach der funktionalistischen Theorie spielt die Umgebung für unser Verhalten eine entscheidende Rolle.*

# Psychoanalyse und Psychodynamik

Zur selben Zeit, als in den USA der Funktionalismus aufkam, stellte sich in Europa eine neue Bewegung gegen den objektiven Ansatz. In einem Sprechzimmer in Wien entwickelte Sigmund Freud das psychoanalytische Verfahren und fügte seine Theorien über das Unbewusste und die Bedeutung früher Erfahrungen zusammen.

*Die dritte internationale psychoanalytische Konferenz, Weimar 1911. Unter den Teilnehmern sind auch Freud, Carl Jung und Otto Rank.*

Freuds Ansatz begann als therapeutische Herausforderung, um Menschen zu helfen, die an seelischen Qualen litten, und wurde dann zu einer Theorie über den Aufbau und die Arbeitsweise des Geistes. Seine Methoden waren vollständig subjektiv und beinhalteten gründliche Gespräche (oder Analysen) mit Einzelnen. Seine Theorien basierten in erster Linie auf Fallstudien. Dieser Ansatz hat offensichtliche Schwächen, da Freuds Ideen aus begrenzten Stichproben abgeleitet waren, die auf eine ähnliche Gruppe von bereits an psychischen Störungen leidenden Vertretern der Wiener bürgerlichen Mittelschicht des 19. Jahrhunderts zurückgingen.

Die Psychoanalyse blieb auch nicht die einzige psychodynamische Methode. Alfred Adler (1870–1937) entwickelte einen konkurrierenden Ansatz, den er „Individualpsychologie" nannte. Wie bereits Freud glaubte auch er, dass Handlungen und geistige Zustände von früheren Erfahrungen bestimmt werden.

Im Gegensatz zu Freud, für den Sexualität und der Sexualtrieb zentral waren, betrachtete Adler den Minderwertigkeitskomplex als bestimmendes Element für Charakter, Probleme und Verhalten von Erwachsenen.

Alle psychodynamischen Ansätze sind deterministisch: Sie machen Ereignisse und Einflüsse früher Lebensjahre verantwortlich für das, was einer Person später widerfährt und schränken so das Individuum in seinem Handlungsspielraum ein.

## Das unteilbare Ganze

Von 1890 bis zum Anfang des 20. Jahrhunderts wurde die Psychologie diesseits und jenseits des Atlantiks von diesen gegensätzlichen Ansätzen der psychodynamischen und funktionalistischen Schulen bestimmt. Dann tauchten zur selben Zeit zwei neue Bewegungen auf, deren Ausgangspunkt die Problematik von Strukturalismus und

Funktionalismus war: die Gestaltpsychologie und der Behaviorismus.

Die Gestaltpsychologie wies die Vorstellung, Bewusstsein oder Reiz und Reaktion in einzelne Bestandteile aufzubrechen und die Erfahrung so zu fragmentieren, zurück. Für sie ist unsere bewusste Erfahrung ein Ganzes und muss auch als solches erforscht werden. Wir sehen keine Teile eines Hundes und fügen sie zusammen, um zu verstehen, dass da ein Hund ist – wir erkennen „auf einen Blick", dass wir einen Hund vor uns haben.

Die Gestaltpsychologie betrachtet Phänomene – vollständige, erlebte, innere oder äußere Ereignisse und Verhalten – und veranschaulicht sie durch experimentelle Methoden.

*Ein Phenakistiskop nutzt eine sich drehende Scheibe, um die Illusion von Bewegung zu erzeugen.*

## Das Licht sehen

Die Ursprünge der Gestaltpsychologie werden dem österreichisch-ungarischen Psychologen Max Wertheimer (1880–1943) zugeschrieben. Er befand sich auf einer Zugreise von Wien ins Rheinland, als er eine Idee über die Natur der Wahrnehmung hatte. Er unterbrach seine Reise in Frankfurt und kaufte ein Stroboskop für Kinder, das wechselnde Muster in schneller Folge zeigte, wenn man es bewegte. In seinem Hotelzimmer in Frankfurt experimentierte er damit, um herauszufinden, wie die Geschwindigkeit einer Abfolge von Mustern zu einer Wahrnehmung von Bewegung führt, obwohl diese nicht wirklich stattfindet (der Stroboskop-Effekt).

Später experimentierte Wertheimer im Labor mit Apparaten, die Licht in verschiedenen Geschwindigkeiten an- und ausschalten konnten. Durch die Veränderung der Geschwindigkeit zweier abwechselnd leuchtender Lichter konnte er den Eindruck von Wahrnehmung erzeugen, dass es sich um ein ständig leuchtendes Licht handelte oder an und aus ging oder sich zwischen zwei Punkten bewegte (das sogenannte „Phi-Phänomen").

Die Augen können also lügen: Was wir wahrnehmen ist nicht immer das, was wir sehen. Das Prinzip der Gestaltpsychologie beginnt mit dem wahrgenommenen Ereignis und geht von oben nach unten (*„top down"*) vor, um zu bestimmen, wodurch und wie die Wahrnehmung hervorgerufen wird und nicht von unten nach oben (*„bottom up"*), indem erst die Bestandteile der Wahrnehmung gesammelt und dann die einzelnen Teile zusammengefügt werden.

Wertheimer arbeitete eng mit den deutschen Psychologen Kurt Koffka (1887–1941) und Wolfgang Köhler (1887–1967) zusammen, die seine Probanden bei den Phi-Phänomen-Experimenten waren. Die drei gelten als die Urheber der Gestaltpsychologie.

## Der Kreis und die Melodie

Der österreichische Philosoph Christian von Ehrenfels (1859–1932) beschrieb die Beziehung zwischen den Elementen der sensorischen Wahrnehmung und unserem Verstehen der gesamten Erfahrung. Er beschrieb zum Beispiel die Art, wie wir eine Melodie in ihrer Gesamtheit erfahren (und nicht etwa auf die einzelnen Noten hören, die auch in einer ganz anderen Melodie benutzt werden könnten). Er nannte dies Gestaltqualität, was so viel wie „die Qualität der Ganzheit" bedeutet, die während des Wahrnehmens hinzugefügt wird.

Wertheimer war ein Schüler von Ehrenfels und von ihm inspiriert. Er ging aber über ihn hinaus, indem er sagte, „was mir die Melodie gab, erscheint nicht […] als Summe der Teile an sich. Stattdessen hängt jedes Teil bereits davon ab, was das Ganze ist". Wir hören zuerst die Melodie und teilen sie erst danach (möglicherweise) in einzelne Noten. Auch einen Kreis

### DER GESTALT-SPION

1913 reiste der deutsche Psychologe Wolfgang Köhler (1887–1967) nach Teneriffa, um Schimpansen zu studieren. Er blieb sieben Jahre lang dort. Es gibt Spekulationen, genährt durch Berichte seiner Kinder und des Mannes, der die Versuchstiere versorgte, dass Köhler während des Ersten Weltkrieges für die Deutschen spionierte.

Mit einem versteckten Sprechfunkgerät soll er die deutsche Marine über die Aktivitäten der Royal Navy in diesem Gebiet unterrichtet haben. Wenn die Küste sicher war, konnten deutsche Schiffe in das Gebiet eindringen und auftanken.

Auf jeden Fall führte Köhler aber seine Forschungsarbeit mit den Schimpansen aus, für die er bezahlt wurde. Sein Engagement für Deutschland war mit dem Aufstieg der Nazis beendet: Nachdem er sich gegen die Judenverfolgung ausgesprochen hatte, verließ er Deutschland 1935, um in den USA zu leben und zu arbeiten.

*Wolfgang Köhlers Forschungen über die problemlösenden Fähigkeiten von Affen waren ein Wendepunkt in der Psychologie des Denkens.*

sehen wir sofort als Ganzes und ohne Verzögerung, „unmittelbar", das heißt, ohne Vermittlung eines Prozesses, der die einzelnen Teile zu dem Kreis zusammenfügt.

## So funktioniert es

Wertheimer und die Gestaltpsychologen beschrieben einen Mechanismus des Geistes, der sensorische Eindrücke in ganzheitliche Wahrnehmungen umwandelt. Der Geist, so behaupteten sie, besitzt schon vorhandene elektrochemische Felder, die auf hereinkommende sensorische Wahrnehmungen reagieren wie ein magnetisches Feld auf Eisenpartikel. Aus der Interaktion sensorischer Daten mit Kraftfeldern im Gehirn entstehen Felder mentaler Aktivität, die Strukturen bilden und dann als Wahrnehmungen erfahren werden.

## Das Gesetz der Prägnanz

Nach der Gestaltpsychologie sucht das Gehirn stets nach einer Interpretation, die einfach, symmetrisch und so gut wie möglich geordnet ist. In Versuchen zeigte man Menschen verschiedene Bilder und fragte, was sie sehen. Dabei stellte sich heraus, dass wir nach Ordnungsstrukturen Ausschau halten, wenn wir eine Abbildung betrachten. Wenn wir Folgendes sehen:

erkennen wir sofort ein Dreieck und ein Viereck, die sich überschneiden und nicht ein Durcheinander von Linien und Ecken.

Dieses Phänomen nennt man Gesetz der Prägnanz, es ist die Grundlage für verschiedene Gesetze der Gestaltpsychologie, die erklären, wie wir visuelle Wahrnehmung organisieren, um Ordnung ins Chaos zu bringen.

Das Gesetz der Nähe bringt uns dazu, nahe beieinanderliegende Objekte als Gruppen zu sehen. Im Bild unten sehen wir die Kreise in drei Gruppen von je 12 angeordnet, nicht als 36 einzelne Kreise.

Das Gesetz der Ähnlichkeit führt uns dazu, Dinge, die sich ähneln, zusammenzufassen. Hier sehen wir je drei Reihen von weißen bzw. schwarzen Kreisen, und nicht etwa eine Gruppe von 36 Kreisen:

Das Gesetz der Symmetrie lässt uns Dinge, die physisch ähnlich sind, in Gruppen zusammenfassen. Die folgende

Abbildung zeigt uns drei Paare von symmetrischen Klammern, nicht sechs einzelne Klammern.

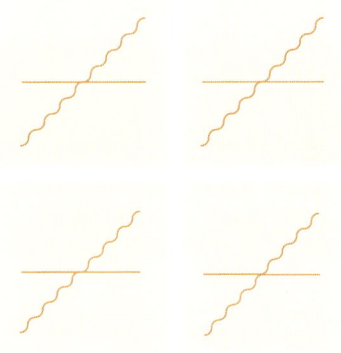

Das Gesetz der Erfahrung kann die anderen Gesetze aufheben. Es stützt sich auf das, was wir schon kennen, um uns bei der Interpretation des Gesehenen zu helfen. Lesen wir einen Text und sehen ein „OO", erkennen wir Buchstaben, schauen wir aber auf eine Seite voller Zahlen, werden wir die Zeichen als zwei Nullen lesen.

Das Gesetz des gemeinsamen Schicksals lässt uns Objekte, die sich in die gleiche Richtung bewegen, als Einheit wahrnehmen, wie die unten fliegenden Vögel.

Das Gesetz der Fortsetzung oder Kontinuität bringt uns dazu, in den folgenden Abbildungen zwei Linien zu erkennen, die

sich schneiden und nicht vier Linien, die sich treffen.

Das Gesetz der Geschlossenheit führt uns dazu, eher geschlossene Formen wahrzunehmen. Unten erkennen wir nicht eine Reihe gekrümmter Linien, sondern einen Kreis; die fehlenden Segmente ergänzen wir.

Das Gesetz der guten Gestalt bedeutet, dass wir Formen und Linien zusammen wahrnehmen, wenn sie ein Objekt bilden, das einfach, symmetrisch und prägnant ist (wie das Beispiel auf S. 70).

Die der Arbeitsweise unseres Gehirns zugrunde liegenden Prinzipien verleihen dem, was wir sehen, Bedeutung – in

Begriffen der Gestaltpsychologie: „Verdinglichung", „Sichtbarwerden", „Multistabilität" und „Beständigkeit".

unsere Wahrnehmung zwischen beiden hin und her, wie in der berühmten Rubinschen Vase (unten): Sehen wir eine Vase oder zwei Gesichter?

- **Verdinglichung** ist die Tendenz, ein erkennbares Objekt wahrzunehmen, auch wenn es eigentlich nicht vorhanden ist. Im Bild oben sehen wir eher eine Form (ein weißes Dreieck) und nicht drei Kreise, bei denen jeweils ein Teil herausgeschnitten ist.
- **Sichtbarwerden** ist die Neigung, ein erkennbares Objekt in einem abstrakten Muster zu sehen. Im Bild rechts unten kann man zum Beispiel einen Dalmatiner entdecken.

Hat man den Hund einmal gesehen, kann man ihn nicht mehr verschwinden lassen. Ähnlich verhält es sich mit den Figuren, die wir in Wolkenformationen oder im Kaffeesatz erkennen.

- **Multistabilität** entsteht aus der Verwirrung über Vorder- und Hintergrund eines Bildes. Wenn ein Teil eines Bildes entweder zum Vorder- oder zum Hintergrund gehört, wechselt

- **Beständigkeit** ist unsere Fähigkeit, ein Objekt als das gleiche zu erkennen, auch wenn es rotiert, seitenverkehrt, aus der Entfernung, im Schatten verborgen oder auf andere Weise verändert dargestellt wird.

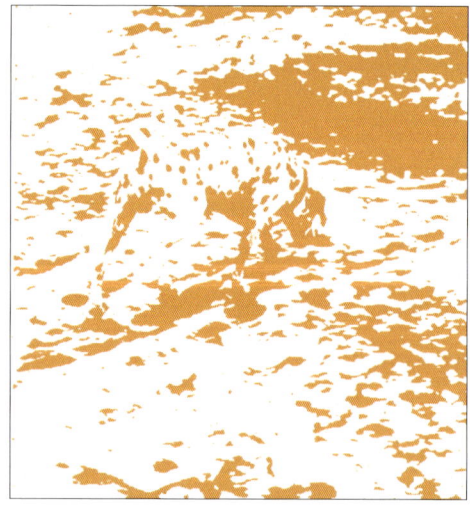

Die Gestaltpsychologie befasst sich nicht mit der Erklärung dieser Phänomene, sondern erkennt, was sie bewirken und dass sie unsere Wahrnehmung der Welt bestimmen.

Deutschland verlor die Gestaltbewegung mit der Machtergreifung der Nazis, als 1935 alle ihre Protagonisten in die USA ausgewandert waren. Heute ist die Gestaltpsychologie keine eigene Disziplin mehr, viele ihrer Gedanken und Ideen wurden jedoch von anderen psychologischen Schulen aufgenommen.

# Ich verhalte mich, also bin ich

Als sich Wertheimer 1913 auf den Weg der Gestaltpsychologie begeben hatte, bekannte sich John B. Watson (1878–1958) auf der anderen Seite des Atlantiks zum Behaviorismus. Nachdem er zuvor wegen seiner Ideen kritisiert worden war und sich zurückgezogen hatte, trat er mit der Vorlesung „Psychologie aus behavioristischer Sicht" erneut an die Öffentlichkeit und verkündete, dass der Behaviorismus wieder zurück sei und auch bleiben werde.

Er betonte, dass die Psychologie aus behavioristischer Sicht eine objektive und experimentelle Naturwissenschaft und ihr Ziel die Vorhersage und Kontrolle des Verhaltens sei. Introspektion war für ihn keine bedeutsame Methode und erbringe keine wissenschaftlich verwertbaren Informationen. Der Behaviorist hingegen erkenne in seinem Versuch, ein universelles Schema tierischer Reaktionen zu erstellen, keine Trennlinie zwischen Mensch und Tier. Das Verhalten des Menschen sei in all

seiner Raffinesse und Komplexität nur ein Teil der behavioristischen Forschung.

Der Behaviorismus wollte mit den unzugänglichen inneren Ereignissen des Geistes nichts zu tun haben, manche Behavioristen leugneten sogar die Existenz des Geistes überhaupt.

Watson vertrat zunächst eine „epiphänomenalistische" Haltung – mentale Ereignisse sind Nebenprodukte physikalischer Prozesse, können aber den Körper nicht beeinflussen. Später nahm er eine physikalisch-monistische Sicht ein, die er folgendermaßen beschrieb:

*„[Bewusstsein] ist niemals gesehen, berührt, geschmeckt, gefühlt oder bewegt worden. Es ist eine bloße Vermutung, genauso unbeweisbar wie das alte Konzept einer Seele."*

Der behavioristische Ansatz hingegen nähert sich der menschlichen Erfahrung und Natur nur durch das, was man beobachten und messen kann – das Verhalten.

Der Behaviorismus wurde nicht sofort populär, denn er stellte eine gravierende Veränderung im psychologischen Denken und in der Methode dar und brauchte Zeit, sich durchzusetzen. Im 20. Jahrhundert beherrschte er die Psychologie und blieb mehr als 40 Jahre lang die mächtigste psychologische Schule überhaupt. Einige der berühmtesten und bahnbrechendsten Experimente des 20. Jahrhundert waren behavioristische Projekte.

Watson interessierte sich auch für Pawlows Versuche mit klassischer Konditionierung, bei denen Hunde als Versuchstiere eingesetzt wurden (*siehe* ▸▸ Kasten S. 75). Er ging von Instinkten, Reflexen und Konditionierungen aus und erklärte daraus das gesamte menschliche Verhalten.

## JOHN BROADUS WATSON
## (1878–1958)

Watson wurde in South Carolina als Sohn einer höchst religiösen Mutter und eines alkoholkranken Vaters geboren. Seinen ungewöhnlichen zweiten Vornamen verdankte er einem baptistischen Pfarrer. Der religiöse Eifer seiner Mutter, gepaart mit der Verdammung von Rauchen, Trinken und Tanzen, hinterließ bei ihm einen lebenslangen Hass auf die Religion. Mit 13 Jahren verließ Watson seine Familie und lebte mit zwei Cherokee-Frauen zusammen.

Anfangs war er kein guter Schüler, er wurde als faul und aufsässig beschrieben und zweimal kam er während der Schulzeit in Arrest (einmal wegen eines Kampfes mit Afroamerikanern, einmal, weil er auf einem öffentlichen

*John Broadus Watson, fotografiert 1929*

Platz einen Schuss abgegeben hatte). Trotzdem nutzte er die Kontakte seiner Mutter, um auf die Fulham-Universität zu gelangen, wo er sein Studium erfolgreich abschloss.

Nachdem er ein Jahr als Schulhausmeister gearbeitet hatte, ging er an die Universität von Chicago, um bei John Dewey (*siehe*▸ S. 64) Philosophie zu studieren und promovierte über das Lernverhalten weißer Ratten. 1909 wurde er Herausgeber der *Psychological Review*, als Nachfolger von James Baldwin, der seine leitende Position verloren hatte, nachdem er in einem Bordell festgenommen worden war. Ironischerweise verlor Watson 1920 seine eigene Stellung an der John-Hopkins-Universität wegen einer Affäre mit seiner Studentin und Assistentin Rosalie Rayner. Watson ließ sich von seiner Frau scheiden und heiratete Rayner, die jedoch im Alter von 36 Jahren starb.

Als seine akademische Laufbahn zu Ende war, machte Watson Karriere in der Werbebranche. Durch Titchener bekam er einen einfachen Job, war

*Watson nutzte sein psychologisches Wissen bei der Werbekampagne für Maxwell-House-Kaffee.*

sagenhaft erfolgreich und wandte – zum ersten Mal – psychologisches Wissen auf die Werbung an.

Innerhalb von zwei Jahren wurde er Vizepräsident der Agentur J. Walter Thompson (heute JWT). Er schrieb weiterhin, nun jedoch für die Boulevardpresse und verfasste Bücher für einen weiteren Leserkreis, hauptsächlich über Kindererziehung.

Bekannt wurde er durch das „Little-Albert-Experiment" (*siehe* ▸▸ S. 120) und seinen Erziehungsstil, der mit einer geschäftlichen Beziehung vergleichbar war, die nicht durch Zuneigung zwischen Eltern und Kind besudelt werden sollte.

Deshalb verbrachte er viel Zeit damit, mit Kindern zu arbeiten, bei denen die Instinkte noch klar zutage treten. Wie andere Behavioristen (Edward Thorndike, Erdward Tolman und E. F. Skinner) schätzte er ebenfalls die Arbeit mit Tieren hoch ein.

## Vergleichende Psychologie

Die Behavioristen waren die ersten Psychologen, die ausführlich das Verhalten von Tieren erforschten. Hier konnte die Methode der Introspektion nicht funktionieren und genau das machte Tiere für die Behavioristen zu idealen Versuchsobjekten. Sie änderten ihr Verhalten nicht, um dem Forscher zu gefallen oder ihn zu ärgern, man konnte sie nicht beeinflussen und es bestand keine Veranlassung, nach mentalen Ereignissen hinter ihrem Verhalten zu suchen.

### GEIFERN UND SABBERN

Die klassische Konditionierung wurde von dem russischen Wissenschaftler Iwan Pawlow (1849 – 1936) entdeckt, der um 1903 mit Hunden arbeitete. Ursprünglich untersuchte er den Reflex, der Hunde dazu bringt, zu sabbern und Magensäfte zu produzieren, wenn sie Fleisch riechen oder schmecken.

Pawlow ging weiter und trainierte die Hunde, Nahrung zu erwarten, wenn ein bestimmter Reiz auftrat, zum Beispiel der Klang einer Glocke, eines Metronoms oder einer Pfeife. Sobald die Hunde das Geräusch mit Nahrung assoziierten und sie es hörten, setzte der Speichelfluss ein, auch wenn keine Nahrung da war.

Pawlow nannte dies konditionierter Reflex (heute konditionierte Reaktion genannt). Ähnliche Experimente führte er sogar mit Kindern durch. Sie gelten heute als ethisch höchst bedenklich.

Viele Behavioristen, Watson eingeschlossen, arbeiteten mit weißen Ratten (ein beliebtes Versuchstier, weil sie klug, klein, einfach zu halten und schnell erwachsen sind).

Auch Edward Thorndike (*siehe* ▸▸ S. 122) und Edward Tolman (*siehe* ▸▸ S. 79) arbeiteten mit Ratten, B. F. Skinner arbeitete mit Ratten und Tauben (*siehe* ▸▸ S. 80).

> „Man beachte, dass Ratten in Käfigen leben; sie besaufen sich nicht in der Nacht vor dem geplanten Experiment; sie töten sich nicht gegenseitig in Kriegen ... sie haben weder Klassen- noch Rassenkonflikte; sie vermeiden Politik, Wirtschaft und psychologische Artikel. Sie sind wundervoll, rein und entzückend."
>
> Edward Tolman, 1945

## Vorsätzliches Handeln

Nicht alle aber waren mit Watsons Sichtweise einverstanden. William McDougall (1871 – 1938), ein ursprünglich britischer Psychologe, der 1920 den Lehrstuhl für Psychologie in Harvard übernahm, konzentrierte sich auf zielgerichtetes Verhalten.

Für Watson, der das reflexartige Verhalten untersuchte, war es leicht, den Geist zu ignorieren. Bei einem Verhalten, das vom Individuum selbst ausgeht und nicht als Reaktion auf einen bekannten Reiz erfolgt, fällt eine Erklärung ohne Bezug auf etwas Ähnliches wie den Geist schon schwerer.

McDougall charakterisierte zielgerichtetes Verhalten als:

- zielorientiert,
- nicht durch einen Umweltreiz ausgelöst,
- variabel – man versucht, das Ziel auf verschiedenen Wege zu erreichen,
- beständig – es dauert an, bis es durch einen Umweltreiz gestoppt wird oder das Ziel erreicht ist,
- sich verbessernd – durch „Versuch und Irrtum" und Wiederholung verbessern wir uns dabei, unsere Ziele zu erreichen.

Statt äußerer Reize, die reflexartige Reaktionen hervorrufen, führte MacDougall instinktive Motive als Antrieb von zielgerichtetem Verhalten an. Ein einfaches Beispiel ist der Hunger (der Instinkt, Nahrung zu finden), der eine Veränderung der Wahrnehmung (die Absicht, Nahrung aufzuspüren), des Verhaltens (etwas tun, um Nahrung zu bekommen) und der Gefühle (Dinge, die mit Nahrung zu tun haben, wie etwa ein Restaurantbesuch, werden positiv bewertet) auslöst.

*„Ich komme in diese Halle und sehe einen Mann auf der Bühne. Er wischt mit Haaren aus einem Pferdeschweif auf Tierdärmen herum, tausend Menschen sitzen in ehrfürchtiger Stille und brechen dann in wilden Applaus aus.*

*Wie kann der Behaviorist dieses seltsame Ereignis [ein Geigenkonzert, Anm. d. Verlags] erklären? ... Der gesunde Menschenverstand und die Psychologie sind einer Meinung, dass die Zuhörer der Musik mit großem Vergnügen gelauscht haben ... Aber der Behaviorist weiß nichts von Freud und Leid oder Bewunderung und Dankbarkeit. Er hat all diese „metaphysischen Entitäten" auf die Müllhalde geworfen und muss eine andere Erklärung finden. Lassen wir ihn suchen. Das wird ihn für einige Jahrhunderte beschäftigen."*

William MacDougall, 1929

Meistens stehen Instinkte jedoch nicht für sich allein, sondern bilden zusammen mit einem Gedanken eine Stimmung.

*Die Form des Anbietens von Waren in den Supermärkten nutzt zur optimalen Wirksamkeit, d. h. Stimulation der Kaufbereitschaft, unsere Reaktion auf äußere Reize.*

Instinkte können Flucht, Ekel, Paarung, Neugier, Nahrungssuche, Durchsetzung, elterlichen Schutz und Kampf umfassen.

Watson jedoch leugnete die Instinkte in der menschlichen Psychologie und glaubte, dass Lernen vollständig durch Assoziation erklärt werden könne (*siehe*

▶ S. 120), die der klassischen Konditionierung zugrunde liegt.

Hier kam er mit McDougall in Konflikt, dessen Modell auf den Instinkten aufbaute und für den Lernen auf Verstärkung beruhte, für die Behavioristen hingegen auf der Wiederholung von erfolgreichen Erfahrungen.

Bei einem berühmt gewordenen Streitgespräch konnte McDougall nur ganz knapp über Watson triumphieren, dem er vorwarf, für die Erklärung des Genusses von schöner Violinenmusik keine Erklärung zu haben.

## Mehr Behaviorismus

Watson war durch und durch Positivist. Er glaubte, dass objektive Tatsachen das einzige und verlässliche Ziel der Wissenschaft sind. Für ihn sollte die Psychologie Verhalten voraussagen und kontrollieren können (beides versuchte er dann später in der Werbung selbst).

Die einzige Möglichkeit, beide Ziele zu verbinden, war für Watson die klassische Konditionierung, denn wenn man beobachtetes Verhalten nicht erklären kann, wie will man es dann vorhersagen?

Der logische Empirismus gab jedoch eine andere Antwort: Unter einigen Behavioristen wie den Amerikanern Edward Tolman (1886–1959), Clark Leonard Hull (1884–1952) und schließlich B. F. Skinner (1904–1990) wandte sich der Behaviorismus von dem vereinzelten Mikroverhalten ab und begann, vollständige Verhaltensweisen zu untersuchen, z. B. wie es Tolman ausdrückte:

*„[...] ein Mann, der zum Abendessen nach Hause fährt oder ein Kind, das sich vor einem Fremden versteckt."*

## Die Rückkehr der Kognition

Letztlich akzeptierte Tolman sowohl Absicht als auch Kognition und fügte sie als intervenierende (d. h. zwischengeschaltete) Variablen zwischen Umwelt und Verhalten in sein behavioristisches Modell ein. Ein Ereignis in der Umwelt (unabhängige Variable) löst ein mentales Ereignis aus (intervenierende Variable) und hat ein beobachtbares Verhalten zur Folge (abhängige Variable).

Die inneren Vorgänge waren erlaubt, weil sie präzise logisch definiert und an das beobachtbare Verhalten geknüpft waren.

Durch die Einbeziehung dieser inneren Vorgänge nahm Tolman Abstand von Watsons behavioristischem Modell und näherte sich der kognitiven Schule an, die sich später entwickelte. Leider führte seine Theorie so zahlreiche intervenierende Variablen ein, dass er sie ohne Unterstützung von Computern nicht bewältigen konnte. Sein Einfluss wirkt jedoch in der populären kognitiven Verhaltenstherapie weiter, die sich teilweise aus seinem Modell

## LOGISCHER EMPIRISMUS

Der Empirismus oder Positivismus lehrt uns, auf die Erfahrung zu vertrauen, und stand viele Jahrhunderte lang im Zentrum der Naturwissenschaft. Im frühen 20. Jahrhundert war es jedoch nicht länger möglich, sich nur auf direkt beobachtbare Phänomene zu beziehen. Neue wissenschaftliche Entwicklungen, wie die Erforschung der Atomstruktur oder des Magnetismus, fanden aufgrund von Ideen statt, die (noch) nicht direkt ersichtlich waren. Eine Gruppe von Wissenschaftlern gelangte in Wien Mitte der 1920er-Jahre zu einer Lösung: der „logische Empirismus" des österreichischen Philosophen Herbert Feigl (1902–1988), der theoretische Begriffe zuließ, sofern sie an empirische Beweise geknüpft und streng logisch waren.

des zielgerichteten Verhaltens und mentaler Konstrukte entwickelte.

## Triebkontrolle

Clark Leonard Hull war für eine weitere Entwicklung des Behaviorismus in eine kognitive Richtung verantwortlich. Er glaubte, dass Verstärkung der Schlüssel zum Lernen war.

In seinem Modell löst ein biologisches Bedürfnis einen Trieb aus, und jedes Verhalten, das den Trieb verringert, wird

verstärkt. Wenn einem heiß ist, man sich nach Abkühlung sehnt und die Jacke auszieht, reduziert das den Trieb durch die beginnende Abkühlung – man lernt, dass es gut ist, bei großer Hitze die Jacke abzulegen.

Wiederholte Verstärkung führt zu einer Gewohnheit. Hier begegnen wir wieder Tolmans Modell einer intervenierenden Variablen, jedoch ist in diesem Fall die Variable physiologisch (ein biologischer Trieb) und nicht mental.

## Lernen im Verborgenen

Tolman glaubte nicht, dass ein Trieb immer notwendig war, um zu lernen. Seine Studien über das Verhalten von Ratten führten ihn zu der Erkenntnis, dass wir ständig lernen, das Gelernte aber verborgen bleibt, bis es benötigt wird. Die Ratten lernten zwar das Labyrinth kennen, wandten das Wissen aber nur an, wenn sie hungrig waren und zum Futter wollten.

Daraus schloss Tolman, dass die Ratten eine kognitive Karte von der Welt im Kopf aufbauten, die sie durch Versuch

und Irrtum weiterentwickelten: Wurde eine Hypothese bestätigt, dann wurde sie stärker verankert und schließlich zu einer Überzeugung. Tolman betonte, Lernen sei weniger eine Reiz-Reaktions-Handlung als vielmehr eine Verbindung zwischen verschiedenen Reizen.

## Zurück zum Verhalten

Der berühmteste Behaviorist und einer der bedeutendsten Psychologen des 20. Jahrhunderts überhaupt war B. F. Skinner. Er kehrte zu Watsons Position zurück und schenkte mentalen Ereignissen keine Beachtung, auch nicht den intervenierenden Variablen.

Er fand, dass durch eine funktionale Betrachtung der Umwelt und des Verhaltens nichts verloren gehe und erachtete mentale Ereignisse als unzugänglich, weshalb das Nachdenken darüber nutzlos sei. Das „Selbst" und psychische Vorgänge hatten für ihn keinen Platz in der Naturwissenschaft.

Auch Skinner experimentierte mit Ratten und beobachtete, wie sie als Reaktion auf Reize lernten. Er nutzte eine spezielle Vorrichtung (die sogenannte Skinner-Box), die ihm erlaubte, eine Vielzahl von

Reizen anzuwenden und zu bestimmen, wie die Tiere am besten lernten.

Skinner wollte, dass der Behaviorismus für die Gesellschaft von praktischem Nutzen war und gab Erziehungsratschläge, die auf seinen Experimenten mit Ratten basierten. Er unterstützte die Verhaltensmodifikation als Therapie für Menschen mit Verhaltensauffälligkeiten wie Sucht, Phobie oder sozialen Störungen. Er glaubte, dass solche Menschen in der Vergangenheit eine Verstärkung dieser Verhaltensweisen erlernt hatten und dass eine Veränderung des Verhaltens nötig war, um alternative Verhaltensweisen zu stärken.

*Taube in der Skinner-Box*

> „Eine vollständig unabhängige Wissenschaft der subjektiven Erfahrungen hat ebenso wenig Verbindung mit der Wissenschaft des Verhaltens wie eine Wissenschaft darüber, was Menschen über Feuer denken, mit der Wissenschaft des Brennverhaltens hat."
>
> B. F. Skinner, 1974

## Verfechter des Menschseins

Experimente an Tieren bildeten den größten Teil der behavioristischen Forschung, da dem Behaviorismus menschliches und tierisches Lernen als vergleichbar galt, denn alles war letztlich bloße Biologie.

Weil die Behavioristen sich nicht mit mentalen Ereignissen befassten und im

Allgemeinen deren Existenz leugneten, war es ebenso gültig und dazu einfacher, Tiere zu studieren.

Für zwei psychologische Schulen, die sich in der zweiten Hälfte des 20. Jahrhunderts herausbildeten, galt das jedoch nicht, denn beide beschäftigten sich nur mit der Kognition und mit den mentalen Strukturen des Menschen.

Die humanistische Psychologie erforscht, wie wir uns als Menschen sehen und einen Sinn im Leben finden, was uns antreibt und was es bedeutet, menschlich zu sein. Sie beschäftigt sich mit Motivation, persönlichem Wachstum, Zielen und dem Selbst – und dabei sind

Katzen, Ratten und Tauben in einer Skinner-Box nicht wirklich hilfreich.

Abraham Maslow (1908–1970) war der Begründer der humanistischen Psychologie. In New York als das jüngste von sieben Kindern geboren, hasste er seine Mutter und hatte keinen einfachen Start ins Leben. Er wurde als Kind für geistig labil gehalten und hatte unter antisemitischen Schmähungen zu leiden.

Eine Zeitlang arbeitete er mit Alfred Adler (1870–1937), dem frühen Weggefährten Freuds, und diese Erfahrung

*Der Psychologe Abraham Maslow vertrat die humanistische Theorie der Selbstverwirklichung.*

bestärkte ihn, sich auf die Psychologie des gesunden Geistes zu spezialisieren anstatt auf psychologische Verwirrungen.

Weil er sich wie Freud und Adler auf persönliche Erfahrungen Einzelner bezog, lehnte er Adlers Ansatz jedoch nicht vollständig ab. Er begann, die Quellen persönlicher Stärke und Erfüllung zu erforschen und untersuchte den Antrieb, der Menschen im Alltag motiviert. Die bekanntesten Aspekte seiner Arbeit sind die „Bedürfnispyramide", auf die immer noch häufig in der Managementpsychologie Bezug genommen wird, das Konzept der Selbstverwirklichung (*siehe* ▸▸ S. 157 [Kapitel 6: *Werde du selbst*]) und die sogenannten „Gipfelerfahrungen".

Maslow und der Mitbegründer der humanistischen Schule, sein Kollege Carl Rogers (1902 – 1987), lehnten den empirischen naturwissenschaftlichen Zugang ab.

*Was motiviert Menschen im Alltag?*

Stattdessen nutzten sie qualitative und subjektive Methoden wie biographische und autobiographische Berichte und arbeiteten mit offenen Fragebögen, unstrukturierten Interviews und Beobachtungen sowie Fallstudien. Ihr Ziel war es, herauszufinden, warum und wie genau manche Menschen im Leben erfolgreich sind. Maslow und Rogers konzentrierten sich auf individuelle Erfahrungen und fanden in dieser Subjektivität eine Fülle, die bei einem streng wissenschaftlichen Ansatz nicht zutage getreten wäre. (Mehr darüber in Kapitel 6: *Was macht dich aus?*)

## Kognitive Ansätze

Auch die kognitive Psychologie lehnte Tierversuche ab. Sie ist ein weites Forschungsfeld, weil Psychologie sich per definitionem mit Kognition und mentalen Handlungen beschäftigt, mit Ausnahme des Behaviorismus, der diese Bereiche zwei Jahrzehnte lang ignorierte.

Die moderne Kognitionspsychologie nutzt viele verschiedene Methoden: Informationsverarbeitung, Kybernetik, Linguistik und Neurologie sowie die etablierten psychologischen Traditionen. Die Forschung in diesem Bereich basiert häufig auf Experimenten im Labor oder auf Feldversuchen mit menschlichen Probanden, ebenso wird die Computertechnologie genutzt.

### — Experimentelle Probleme —

Versuche mit menschlichen Probanden beinhalten, wenn sie sich nicht nur mit dem Verhalten beschäftigen, immer ein Stück weit Chaos und Subjektivität.

In der Vergangenheit war es üblich, den Probanden mitzuteilen, dass sie in Bezug auf eine Sache getestet oder beobachtet werden würden, in Wirklichkeit war der Forscher aber an einer ganz anderen Sache interessiert. So sollte die Subjektivität überwunden werden.

Die Probanden konzentrieren sich auf den Aspekt, der vermeintlich beobachtet wurde und stimmen ihr Verhalten darauf ab, handeln aber in anderen Aspekten, einschließlich dem in Wahrheit beobachteten, natürlicher (so die Hoffnung des Forschers).

Eine Versuchsgruppe füllt beispielsweise einen Intelligenztest aus, während ein Dieb eine Brieftasche aus einer Jacke stiehlt. Die Probanden gehen davon aus, der Intelligenztest sei die Prüfung, während in Wirklichkeit ihre Reaktion auf den Diebstahl beobachtet wird.

Die kognitive Psychologie ist ein sehr weitgefächertes Gebiet, das sich am besten durch die verschiedenen Studien erschließt, die wir später betrachten werden.

## Sozialpsychologie

Die Sozialpsychologie ist eine weitere Entwicklung des 20. Jahrhunderts. Sie betrachtet, wie Menschen sich in Gruppen und in Beziehung zu anderen verhalten. Nach dem zweiten Weltkrieg begannen Psychologen, das Gruppenverhalten von Menschen unter besonderer Berücksichtigung von Machtpositionen zu untersuchen. Einige der berühmtesten Studien stammen aus der sozialpsychologischen Schule, einschließlich des Experiments von Milgram über Autorität (*siehe* ▸▸ S. 172 [Kapitel 7: *Folge der Masse*]) und Phil Zimbardos Studie über das Verhalten von Gefangenen und Wärtern, wenn man ihnen freien Lauf lässt (*siehe* ▸▸ S. 166–167 [Kapitel 7: *Sind wir gut oder böse?*])

Viele Experimente der Sozialpsychologie sind Feldstudien, doch nicht alle Situationen konnten in der realen Welt erforscht werden. Zimbardo konnte sein Experiment nicht in einem echten Gefängnis durchführen, weil das Verhalten der Wärter durch Regeln eingeschränkt wird. Im Labor hat der Forscher zwar die Kontrolle über alle Bedingungen, aber es fehlt die Authentizität, daher wird es bei solchen Versuchen immer fraglich bleiben, inwieweit die Ergebnisse auf eine reale Situation übertragen werden können. Zur Verdeutlichung ein Beispiel: Als Irving und Jane Piliavin 1968 begannen, das Verhalten von Passanten oder Umstehenden bei einem Notfall zu studieren, engagierten sie Schauspieler, die in einem überfüllten Zug der New Yorker U-Bahn einen Zusammenbruch vortäuschten. Die Forscher waren als heimliche Beobachter dabei und das Experiment wurde mit verschiedenen „Opfern" und mit abgeänderten Bedingungen wiederholt.

Drei der gleich gekleideten „Opfer" waren weiß, einer schwarz. Sie gaben entweder vor, betrunken zu sein oder nüchtern, oder hatten einen Stock, als seien sie gehbehindert. Diese Variablen konnten die Forscher vorgeben. Über mögliche spontane Ereignisse hatten sie keine Kontrolle, z. B. wie viele Menschen im Zug waren oder wie repräsentativ die tatsächliche Zusammensetzung der Zuschauer war. Den Forschern ging es darum, wie schnell und wie häufig geholfen wurde, und wer half.

Sie fanden heraus, dass mehr Männer als Frauen halfen, dem betrunkenen Opfer wurde seltener geholfen (in 50 % der Fälle) als dem behinderten Opfer (95 %). Daraus schlossen die Forscher, dass Menschen in solchen Situationen unbewusst eine Kosten-Nutzen-Rechnung aufstellen und die Kosten des Helfens (Ekel, Verlegenheit, das Risiko, angegriffen zu werden oder mit Erbrochenen in Kontakt zu kommen) gegen den Nutzen (gelobt werden, sich später keine Vorwürfe machen) abwägen. Die Anzahl der Umstehenden machte keinen Unterschied bei der Hilfsbereitschaft. Im Allgemeinen vermindert der Zuschauereffekt die Hilfsbereitschaft, weil die Verantwortung auf mehrere verteilt ist und man leichter „Das ist ja nicht meine Aufgabe" sagen kann (*siehe* ▶ S. 171f. [Kapitel 7: *Folge der Masse*]).

*Sind wir weniger hilfsbereit, wenn andere dabei sind?*

## Was darf's denn sein?

Seit dem 20. Jahrhundert wurde die Psychologie nicht mehr von einer einzelnen Schule beherrscht und heute haben wir eine bunte Mischung von Methoden, die friedlich koexistieren.

Man verwendet eine Vielzahl in der Vergangenheit erprobter experimenteller Methoden, aber auch solche, die den Vorteil neuer und früher nicht verfügbarer Technologien nutzen.

Bestimmte Gehirnfunktionen können zum Beispiel durch Magnetresonanztomographie (MRT) erforscht werden, die zeigt, welche Regionen des Gehirns bei einem bestimmten Reiz oder der Ausführung einer speziellen Aktivität arbeiten. So wurden Unterschiede zwischen den Gehirnen von Psychopathen und Nicht-Psychopathen beschrieben (*siehe* ▶ S. 190), oder die Gehirne von Taxifahrern untersucht,

## MEISTER DER STRECKEN

Eleanor Maguire vom University College in London untersuchte im Jahr 2000 die Gehirne von Londoner Taxifahrern mit der Magnetresonanztomographie. Dann verglich sie die Scans mit denen von Gehirnen einer Kontrollgruppe (Männer mit ähnlichem Alter und Profil).

Die Taxifahrer zeigten signifikant größere hintere Hippocampi als die Kontrollgruppe. Dieser Bereich des Gehirns ist für Orientierung und räumliches Bewusstsein verantwortlich.

Um in London Taxifahrer zu werden, müssen die Fahrer bis zu vier Jahre lang Fahrwege durch die 25 000 Straßen Londons lernen (der Prozess wird „das Wissen erwerben" genannt) und trainieren so ihre Hippocampi.

Maguire schloss, dass dieser Gehirnbereich sich durch Übung verändert und wie ein Muskel wächst. Die Taxifahrer hatten jedoch einen kleineren vorderen Hippocampus als die Kontrollgruppe, wahrscheinlich war er geschrumpft, um für den hinteren Hippocampus Platz zu machen.

Je länger die Männer Taxi fuhren, desto größer war der Unterschied zur Kontrollgruppe. In einer Folgestudie wurden Taxifahrer im Ruhestand untersucht und es stellte sich heraus, dass Gehirnbereiche wieder schrumpften, wenn sie nicht mehr benutzt wurden.

Als die Taxifahrer am Computer eine Taxifahrt simulierten und über ihre Routen nachdachten, war ihr Hippocampus genauso aktiv wie in der realen Situation.

Ebenso bedeutsam wie die Identifikation der Gehirnregion, die für räumliche Orientierung zuständig ist, war die Erkenntnis, dass das Gehirn sich auch beim Erwachsenen anpassen und wachsen kann.

die im Gegensatz zu einer normalen Kontrollgruppe hochentwickelte Navigationsfähigkeiten besitzen.

Die Psychologie wird zunehmend interdisziplinär. Viele Studien beschäftigen sich mit der Anwendung von Psychologie in Therapie, Erziehung, Management, Marketing, Soziologie, Computerwissenschaft, angewandter Sozialwissenschaft und Politikwissenschaft. Wo Psychologie beginnt und wo sie endet, ist immer schwieriger festzustellen.

# KAPITEL 4

# ANGEBOREN
## oder anerzogen: Woher kommt das Wissen?

*„Es ist die Seele, die sieht und hört, nicht [Augen und Ohren], die die Fenster zur Seele sind; ohne sie kann die Seele nichts wahrnehmen, außer sie ist zur Stelle und betätigt sich selbst."*

Cicero, römischer Philosoph (106 – 43 v. Chr.),
*Gespräche in Tusculum*, ca. 45 v. Chr.

Eine wesentliche Funktion des Gehirns ist es, Dinge zu wissen. Wie wir Wissen erlangen, beschäftigt Philosophen und Psychologen seit Jahrtausenden. Es gibt verschiedene Modelle für das Gehirn bei der Geburt (*siehe* ▸▸ Kapitel 5: *Den Geist erschaffen*), aber was auch immer wir von Geburt an wissen, wir müssen das Gehirn mit neuem Wissen füllen. Was passiert im Gehirn, wenn wir lernen? Wie genau „wissen" wir etwas und wie speichern wir dieses Wissen? Wie können wir uns erinnern? Und warum vergessen wir einiges wieder und behalten vieles, was wir am liebsten vergessen würden?

*Werden wir wissend geboren oder erlangen wir Wissen durch Wahrnehmung und Erfahrung?*

# Formen der Erkenntnis

Der englische Philosoph David Hume (1711–1776) vertrat die Ansicht, es gebe nur zwei gültige Arten des Wissens: „anschauliches" und „empirisches".

Das anschauliche Wissen ist abstrakt, es entsteht durch Vorstellungskraft und Vernunft und verknüpft Ideen, die in der realen Welt nicht notwendigerweise miteinander verbunden sind. Hierzu gehört auch mathematisches und anderes theoretisches Wissen. Die auf Erfahrung gestützte empirische Erkenntnis ist zuverlässiger und nützlich. Alles andere war für Hume „Sophisterei und Illusion", auch Religion und Metaphysik. Nach Humes Modell kann Wissen auf zwei Arten entstehen: in Bezug zur äußeren Welt oder rein innerlich. Wenn man einen Hund sieht, der die Straße entlangläuft, gelangt diese Information durch unsere Sinne zu uns (empirischer Prozess). Denkt man jedoch darüber nach, dass man Hunde mag, findet dieser Vorgang ausschließlich im Inneren des Geistes statt (anschaulicher Prozess). Über die jeweilige Zuverlässigkeit verschiedener Quellen der Erkenntnis waren sich die Philosophen noch nie einig.

## Rationalismus oder Empirismus

Anschauliche und empirische Erkenntnis beziehen sich auf deutlich unterschiedliche Schulen des Denkens, die bis ins antike Griechenland zurückgehen: „Empirismus" und „Rationalismus". Der Empirismus legt das Gewicht auf Beweise aus der äußeren Welt bei der Schaffung von Wissen. Diese Sichtweise vertrat Aristoteles, der nur solche Informationen für Beweisführung und Erkenntnis anerkannte, die wir mit unseren eigenen Sinnen wahrnehmen können.

Der Rationalismus hingegen baut auf die Vernunft, um Wissen zu erlangen. Platon war Rationalist und argumentierte, unsere Sinne könnten die Realität nur unvollständig wahrnehmen, er hielt deshalb die Sinneswahrnehmungen nicht für zuverlässig. Für ihn war die Vernunft die höchste und charakteristische Fähigkeit der Menschheit und der einzige Weg, zu einem sicheren Wissen zu gelangen.

*Der Philosoph David Hume*

Im späten 16. und frühen 17. Jahrhundert hatten sowohl Empirismus als auch Rationalismus bedeutende Vertreter, deren Streitgespräche mehrere Jahrhunderte lang fortgesetzt wurden.

Ein wichtiger Vertreter des Empirismus war der englische Philosoph und Wissenschaftler Francis Bacon (1561–1626). Er misstraute der Vernunft und glaubte, dass einzig die Beobachtung der realen Welt zur Erkenntnis führe. Da dies nur mit unseren Sinnen möglich ist, sind für ihn die Sinneswahrnehmungen der Schlüssel zum Verstehen.

Aus dieser Sicht sind Menschen anfällig dafür, an Vorstellungen und Vorlieben zu hängen und diesen zu erlauben, durch das Denken ihre Wahrnehmungen zu färben. Menschen neigen auch dazu, über die Bedeutung von Worten zu streiten, anstelle sich auf die eigentliche Natur der Phänomene zu konzentrieren.

Der von Bacon vertretene Ansatz, alles Wissen auf empirische Beobachtung zurückzuführen, wurde später Positivismus genannt.

Auf der anderen Seite stand der französische Philosoph, Mathematiker und Naturwissenschaftler René Descartes (1596–1650) als Befürworter der Vernunft. Er ging vom Erkenntnisvermögen aus und konstruierte in einzelnen Schritten ein Gebäude von verlässlichen Wahrheiten, ohne sich dabei auf seine Sinne zu verlassen. Er war Rationalist und sein Einfluss auf die europäische Philosophie war so groß, dass jeder Philosoph Farbe bekennen musste, indem er die Cartesianische Philosophie (wie die Philosophie von Descartes auch genannt wird) unterstützte oder herausforderte.

## Wahrnehmung existiert, aber auch das Wahrgenommene?

Hume, einer der bedeutendsten britischen Empiristen, behauptete, dass wir nur den Sinneswahrnehmungen trauen können. Was unsere Wahrnehmung mit der Wirklichkeit zu tun hat, lässt sich jedoch nicht einfach beantworten. Hume war nicht der Einzige, der so dachte, denn schon im 5. Jahrhundert hatten die Sophisten erklärt, dass es kein sicheres Wissen gebe.

Der deutsche Psychologe Franz Brentano (1838–1917) behauptete, dass wir zwar unserer Wahrnehmung trauen (wir wissen, dass wir einen Ton hören oder einen Ball sehen) aber nicht sicher sein können, wie unsere Wahrnehmung mit der äußeren Welt zusammenhängt. Die Tatsache des Sehens oder Hörens nannte er innere Wahrnehmung; diese Sinneseindrücke (Wahrnehmungen, die die äußere Welt betreffen) können uns aber nur Theorien

über das, was „dort draußen" ist, vermitteln, keine Fakten.

## ▬ Gesunder Menschenverstand ▬

Ob Hume tatsächlich an die Beweiskraft seiner Sinneseindrücke glaubte, ist ungewiss. Sein Zeitgenosse Thomas Reid (1710–1796) als Begründer der Common-Sense-Philosophie war der Meinung, dass der ‚gesunde Menschenverstand' bestimme, dass wir uns auf unsere Sinne verlassen, wenn wir durchs Leben gehen. Jeder (auch Hume), der etwas anderes glaubte, würde unweigerlich in der Klapsmühle landen. Tatsächlich glaubte Reid nicht, dass wir die Vernunft überhaupt brauchen, um unsere Sinneswahrnehmungen zu überprüfen, wir nehmen die Dinge einfach und direkt wahr, ohne Überprüfung durch die Gefühle.

Als Beweis führte er an, dass Kinder (und sicher auch viele Erwachsene) nicht vernünftig urteilen können und deshalb keinen Gewinn aus ihren Sinnen ziehen

*In den Matrix-Filmen ist die Welt, in der die Menschen leben, eine computergenerierte Illusion. Können wir unserer Wahrnehmung trauen?*

könnten und unfähig wären, sich im Leben zu bewähren.

Immanuel Kant (1724–1804), einer der einflussreichsten und bedeutendsten Philosophen, stimmte jedoch mit Hume über die Unzuverlässigkeit der Sinne überein. Er bezog sich auf die Objekte, aus denen die Realität zusammengesetzt ist, die „Dinge in sich selbst", die „da draußen" sind, als Noumena (von Griechisch: *noumenon*, „das Gesuchte").

Was können wir von den Phänomenen – den Erscheinungen der Noumena, wie sie durch die Sinneswahrnehmungen und Denkkategorien geprägt werden – überhaupt wissen? Die Kategorien des Denkens stellen den bedeutenden Unterschied zu Hume dar, mehr darüber erfahren wir in Kapitel 5: *Den Geist erschaffen*.

# Sinneseindruck und Wahrnehmung

Wie unzuverlässig unsere Sinne auch sein mögen, sie sind (wie Reid sagte) alles, was wir haben. Unsere psychologische Interaktion mit der äußeren Welt und der Welt unseres eigenen physischen Körpers findet durch Sinneseindrücke und Wahrnehmung statt. Diese beiden Instanzen sind eng verbunden, aber dennoch nicht dasselbe. Ein Sinneseindruck ist ein Prozess des Empfindens durch die physischen Sinne (Sehen, Hören, Berührung, Geschmack und andere Sinnesmechanismen wie die Empfindung von Hitze oder Schmerz). Wahrnehmung bedeutet, der sensorischen Empfindung einen Sinn zu verleihen, sie zu „verstehen". Beides wird oft unter „Sinneswahrnehmung" zusammengefasst, wenn Psychologen nicht zwischen ihnen unterscheiden.

*Durch Berührung treten wir in Kontakt mit der Welt.*

## Zurück zum Geist und der Maschine

Damit Sinneseindrücke zu Wahrnehmung führen, müssen wir annehmen, dass Körper und Geist miteinander kommunizieren oder dass sie ein und dasselbe sind.

Angenommen, Sie schneiden sich in den Finger, dann geschieht Folgendes:

- **Ihr Finger blutet:** eine mechanische Reaktion, die den Gesetzen der Materie und Flüssigkeitsdynamik folgt. Dasselbe geschieht, wenn man in ein Rohr schneidet, durch das Wasser gepumpt wird.
- **Sie fühlen Schmerz:** eine physischmentale Reaktion, bei der Geist und Körper zusammenarbeiten müssen. Der Schmerz beginnt als Stimulation eines Nervs, als Sinneseindruck. Dieser wird im Gehirn als Schmerz interpretiert und wahrgenommen.
- **Vielleicht fühlen Sie Ärger, Schock oder eine andere Emotion**, weil Sie sich verletzt haben: eine Reaktion durch den Prozess der Assoziation, die nichts mit den durch den Schnitt stimulierten Nerven zu tun hat.

Der griechische Arzt Alkmaion von Kroton (5. Jh. v. Chr.) war vielleicht der Erste, der einen menschlichen Körper sezierte. Er entdeckte die Verbindung zwischen den Sinnen und dem Gehirn, als er dem Sehnerv beim Menschen und auch bei Tieren vom Auge bis zum Gehirn folgte und seine Funktion erforschte. Er schloss, dass Wahrnehmung, Denken, Gedächtnis und Verstehen im Gehirn stattfinden, auch wenn die Quelle der Informationen von den Sinnesorganen kommt. Wir können

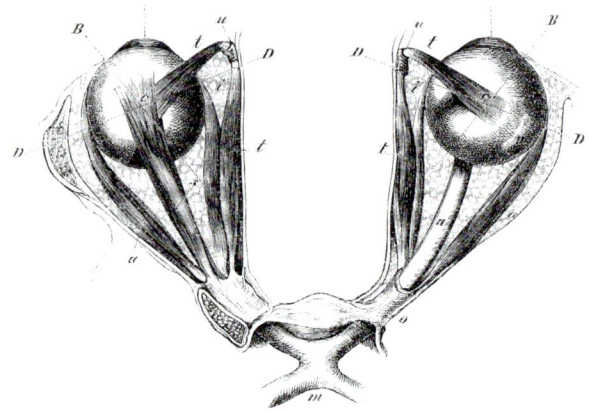

*Eine Skizze des Sehnervs aus dem
19. Jahrhundert*

ihm heute zustimmen, aber viele Denker vergangener Zeit hatten ganz andere Vorstellungen.

Der antike griechische Philosoph Epikur (341–270 v. Chr.) war Materialist und behauptete, dass die Psyche aus sehr feiner Materie besteht, die überall im Körper verteilt ist, sodass Körper und Geist eine Einheit seien. Sinneseindrücke und Wahrnehmungen sind möglich, weil der Geist im Körper integriert ist und bereitwillig mit ihm zusammenarbeitet.

Der römische Philosoph Lukrez (99–55 v. Chr.) glaubte, dass die Seele zwei Bestandteile hat, einen denkenden (*Animus*) und einen fühlenden (*Anima*) Teil. Der *Animus* ist in der Brust zu finden und kann sich vom Körper trennen, die *Anima* ist im ganzen Körper. Bei starken Gefühlen sind beide unauflösbar beteiligt.

Für die Stoiker war der Einklang von Körper und Psyche Grund genug, anzunehmen, dass beide ein und dasselbe waren: *„Nichts Unkörperliches interagiert mit einem Körper und kein Körper mit etwas*

### BIS ZU DEN ATOMEN

Der griechische Philosoph Demokrit (ca. 460–370 v. Chr.) war der Erste, der Wahrnehmung rein körperlich erklärte.

Ohne auf Götter Bezug zu nehmen, beschrieb er Eindrücke in Begriffen der fünf Sinne, die vom physikalischen Universum ausgesandte „Atome" empfangen und sie an das Gehirn weiter melden.

Dort machten die beweglichen „Feueratome" des Gehirns Kopien der Objekte. Diese Objekte können ungenau sein, deshalb kann es eine Diskrepanz zwischen dem, was wir wahrnehmen, und dem, was existiert, geben.

*Demokrit gilt vielen als Vater der modernen Wissenschaft.*

Unkörperlichem; nur ein Körper interagiert mit einem anderen Körper. Die Seele interagiert mit dem Körper, wenn er krank ist und geschnitten wurde, und der Körper mit der Seele; wenn die Seele Scham und Furcht empfindet, wird der Körper rot oder bleich. Deshalb ist auch die Seele ein Körper."

Nemesius, ein christlicher Philosoph,
ca. 390 n. Chr.

## — Über die menschliche Einsicht

1689 veröffentlichte der englische Arzt und Philosoph John Locke (1632 – 1704) ein Buch, das den Anstoß zum modernen Empirismus gab und als erster umfassender Text versucht, die Psychologie zu bewältigen.

*Ein Versuch über den menschlichen Verstand* erklärt, wie der Geist funktioniert –

*John Locke, Philosoph der Aufklärung*

ein ehrgeiziges Vorhaben, das nicht nur Bischof George Berkeley und David Hume beeinflusste.

Locke war der Erste, der ein genaues Modell davon ausarbeitete, wie wir Wissen erlangen. Er meinte, dass Wissen entweder direkt durch Sinneseindrücke oder aus Reflektion entsteht. Sinneswahrnehmungen sind die Informationen, die wir von den Sinnesorganen erhalten, Reflektion erklärte er als „Wahrnehmung der Arbeit unseres eigenen Geistes in uns, wenn er mit seinen Ideen beschäftigt ist".

Reflektion arbeitet dabei mit früheren Erfahrungen, die ebenfalls von Sinneswahrnehmungen stammen, auf die sich alles zurückführen lässt.

Wir eignen uns Wissen an, indem wir Assoziationen zu Vorstellungen haben, die von Wahrnehmungen und den dahinterstehenden Sinneseindrücken gebildet werden. Deshalb ist es entscheidend zu verstehen, wie Wahrnehmungen entstehen. (Man beachte, dass es hier zwei Arten von „Sinneseindrücken" gibt: eine ist die Reizung der Nerven in einem Sinnesorgan, die andere ein Echo der Wahrnehmung, das im Geist zurückbleibt und für eine spätere Reflektion wiederbelebt werden kann.)

## — Perzeption und Apperzeption —

Gottfried Leibniz (*siehe* ▸▸ S. 23) wollte wissen, wie sich jede Wahrnehmung aus unendlich kleinen Wahrnehmungen zusammensetzt, die er *petites perceptions* (französisch: kleine Wahrnehmungen) nannte. Er hatte die Infinitesimalrechnung unabhängig von Isaac Newton entwickelt und seine Sicht der Wahrnehmung passt gut zu seinem Interesse für die

Infinitesimalrechnung, die sich ebenfalls mit kleinsten Mengen befasst, die gegen Null tendieren, sie jedoch nie erreichen.

Als Beispiel für eine *petite perception* nannte Leibniz die Erfahrung, wenn man dem Geräusch tosender Wellen lauscht. Dieses ist aus Wahrnehmungen vieler kleiner Bewegungen des Wassers zusammengesetzt, einige von ihnen so winzig, dass wir sie einzeln nicht bewusst wahrnehmen würden. Zusammen ergeben sie jedoch das mächtige Brausen des Meeres und wir sind uns ihrer Gesamtheit sehr wohl bewusst.

Der Punkt, an dem die ausreichende Menge von Mikro-Wahrnehmungen erreicht ist, damit wir sie wahrnehmen, wird „Apperzeption" genannt, der Punkt der Bewusstheit. Unterhalb dieser Schwelle – dem *limen* – bleiben unsere Wahrnehmungen unbewusst.

Leibniz war wohl der erste Philosoph, der eine klare Vorstellung vom Unbewussten hatte. Sein Limen wurde in den psychophysischen Experimenten des 19. Jahrhunderts nachgewiesen und als „differentielle Wahrnehmbarkeitsschwelle" von Weber und Fechner gemessen (*siehe* ▶ S. 48 [Kapitel 2: *Psychophysik*]).

## Wahrnehmung erschafft die Welt

Für Bischof George Berkeley arbeitete der Geist weit mehr mit den Sinneswahrnehmungen. Er war alarmiert, wie der Materialismus die Herrschaft Gottes aushöhlte, deshalb verwarf er die materialistische Sicht mitsamt der Materie und wurde zum Befürworter des Idealismus. Berkeley behauptete, dass allein die Sinneswahrnehmungen die Welt für uns erschaffen:

*„All diese Körper, die das mächtige Gerüst der Welt bilden, haben ohne den Geist kein Dasein; ihr Sein muss erkannt oder gewusst werden; und solange sie nicht wirklich von mir wahrgenommen werden oder nicht in meinem Geist oder in dem eines anderen geschaffenen Wesens*

existieren, haben sie entweder überhaupt keine Existenz oder leben im Geist eines Ewigen."

Diese Schlussfolgerung lädt dem Geist alle Verantwortung auf, die physische Welt ins Dasein zu bringen. Das ist viel verlangt. Um das offensichtliche Problem zu umgehen, dass beispielsweise die Möhren, die wir in den Kühlschrank legen, immer noch da sind, wenn wir später nachschauen, aber offenbar nicht existieren, wenn wir die Kühlschranktür schließen, nahm Berkeley die Hilfe des Göttlichen in Anspruch. Wenn kein „geschaffener Geist" ein Auge auf die materielle Welt hat, dann übernimmt Gott selbst diese Aufgabe:

„Wenn ich meine Augen schließe und die Dinge immer noch existieren, dann muss ein anderer sie im Kopf behalten haben."

Das klingt vielleicht etwas an den Haaren herbeigezogen, aber Berkeleys Ansatz zur Wahrnehmung war und ist bedeutend, weil er zeigt, wie komplexe Vorstellungen von vielfältigen Sinneswahrnehmungen zusammengesetzt werden. Die Vorstellung von einem Baum setzt sich aus seiner Größe, Form, Geruch, der Oberfläche der Rinde und dem Rascheln der Blätter zusammen.

Ganz ähnlich entsteht die Vorstellung von Ärger oder Scham. Wir können sie aus der Art und Weise von Bewegungen, Handlungen oder der Sprache ableiten. Der Geist ist ständig beschäftigt, die Welt zu „erschaffen", auch wenn er sich nicht um ihre physische Existenz kümmern muss.

## Mit Wahrnehmung experimentieren

Die Experimente des 19. Jahrhunderts konzentrierten sich auf Wahrnehmung und Sinneseindrücke. Zuerst Weber und Fechner, dann Wundt, später die Strukturalisten und Funktionalisten – sie alle nutzten empirische physikalische Methoden, um die Schwelle der Wahrnehmung und ihre möglichen Bestandteile zu erforschen.

Edward Titcheners Forschungen enthüllten, dass ein Proband den charakteristischen Geschmack und Geruch einer Frucht wahrnahm, sowie seine Farbe, Form, Festigkeit, Oberfläche und Gewicht. Der Geist setzt das alles zu einem Apfel oder einer Orange zusammen. Müller zeigte, dass die Augen die Farbe und die Nase den Geruch der Frucht wahrnimmt (siehe ▸▸ S. 45 [Kapitel 2: *Die Teile zusammensetzen*) und das Gehirn die visuelle Information in ein Bild von beispielsweise „orange" und „rund" übersetzt.

# Wissen kennenlernen

Es besteht ein großer Unterschied zwischen der einfachen Wahrnehmung eines Musters aus Licht oder Ton und seinem Verständnis oder seiner Interpretation.

Informationen der Sinnesorgane werden bei der Wahrnehmung im Gehirn verarbeitet. Dann jedoch muss das Gehirn erkennen, was sie bedeuten, damit es sie speichern oder eine Handlung auslösen kann.

Wenn das Gehirn die Informationen von den Sinnen erhält, die einen Apfel oder eine Orange wahrnehmen, dann leistet es weitere Arbeit, um die Früchte zu „konstruieren" und zu erkennen.

## Assoziation

Aristoteles glaubte, dass der Geist – oder unser „gesunder Menschenverstand" – Verbindungen zwischen Sinneseindrücken und Ereignissen herstellt, weil sie in der Vergangenheit zur gleichen Zeit oder am gleichen Ort erfahren wurden.

Der Geist assoziiert Dinge, die ähnlich sind, und manchmal auch gegensätzliche Dinge (z. B. heiß und kalt, süß und sauer).

Aristoteles meinte, dass der gesunde Menschenverstand verantwortlich dafür sei, alle Aspekte oder „Elemente" von etwas zusammenzubringen, um eine Vorstellung davon zu erschaffen: Man setzt Farbe, Geruch, Gestalt, Beschaffenheit und Geschmack zusammen und erhält zum Beispiel das Bild einer Orange.

## GESETZE DER ASSOZIATION

Allgemein werden drei oder vier Gesetze für die Assoziation des Geistes angenommen, nach denen dieser aus ‚Elementen" Vorstellungen bildet. (Werden nur drei aufgeführt, so fehlt in der Regel das Gesetz der Ähnlichkeit. Die Gesetze der Kontiguität und der Häufigkeit werden meistens genannt.)

**Das Gesetz der Kontiguität:** Dinge, die gemeinsam in Raum oder Zeit erscheinen, werden vom Geist in Verbindung gebracht. Denkt man an eine Gabel, kommt einem leicht ein Messer in den Sinn.

**Das Gesetz der Häufigkeit:** Die Assoziation wird stärker, wenn zwei Dinge oder Ereignisse häufig zusammen auftreten. Wenn Sie von Ihrer Großmutter oft selbstgebackenen Kuchen bekamen, werden Sie wahrscheinlich einen leckeren Kuchen mit der Erinnerung an Ihre Großmutter verbinden.

**Das Gesetz der Ähnlichkeit:** Der Geist assoziiert ähnliche Dinge. Findet man einen Strumpf auf dem Boden, denkt man an den anderen und überlegt, wo er wohl ist.

**Das Gesetz des Kontrasts:** Manchmal, wenn man etwas sieht oder an etwas denkt, kommt einem das Gegenteil in den Sinn. Wenn man sich an einen Schulfreund erinnert, denkt man vielleicht auch an einen Klassenkameraden, den man nicht mochte.

„Und plötzlich kehrte die Erinnerung zurück. Der Geschmack war wie der kleine Krümel der Madeleines, sonntagmorgens in Combray … die Tante Léonie mir gab, nachdem sie sie in ihre Tasse echten oder Lindenblütentee getunkt hatte …

Und als ich den Geschmack des Madeleine-Krümels, von Lindenblütensud getränkt, erkannte … tauchte das alte graue Haus an der Straße, wo ihr Zimmer war, wie eine Theaterkulisse auf, um sich an den kleinen Pavillon anzuheften, zum Garten hin offen, der dahinter für meine Eltern ausgebaut worden war […] und mit dem Haus erschien die Stadt, vom Morgen bis zur Nacht und bei jedem Wetter, der Platz, zu dem man mich vor dem Mittagessen schickte, die Straßen, entlang derer ich Besorgungen machte, die Landstraßen, die wir gingen, wenn es schön war … in diesem Moment nahmen alle Blumen in unserem Garten und in M. Swanns Park, und die Seerosen auf der Vivonne und die guten Leute der Stadt und ihre kleinen Wohnungen und die Pfarrkirche und das ganze Combray und seine Umgebung Gestalt an und wurden wirklich, kamen ins Sein, Stadt und Gärten, alles wegen meiner Tasse Tee.“

Marcel Proust (1871–1922)
*Auf der Suche nach der verlorenen Zeit,*
*1909–1922*

Diese Assoziationskette wurde zweitausend Jahre lang ohne Weiteres akzeptiert, bis David Hume sie im 18. Jahrhundert erneut in Frage stellte.

## — Aufblühender Assoziationismus —

Der englische Arzt und Philosoph David Hartley (1705–1757) erklärte, dass unser Geist wiederholt in Kombination erfahrene Sinneseindrücke als Einheit speichert. Begegnet man dem einen Ereignis wieder, erinnert man sich sofort auch an das andere.

Für Hartley war der „Zusammenhang" (Kontiguität) – Ideen oder Eindrücke, die zusammen auftreten, kleben sozusagen im Geist zusammen – der Schlüssel zur Assoziation. Seine Erklärung, wie aus Sinneseindrücken Vorstellungen werden, war eine körperliche: Er glaubte, dass Sinneswahrnehmungen Vibrationen in den Nerven hervorrufen, die zum Gehirn wandern, dort ebenfalls Vibrationen auslösen und dann die Sinneseindrücke erzeugen.

Wenn der Sinneseindruck nachgelassen hat, bleiben schwache Echos der Vibrationen, die er „Vibratiönchen" *(vibratiuncles)* nannte. Sie sind dasselbe wie die ursprünglichen Sinneseindrücke, nur schwächer ausgeprägt. Komplexe Vorstellungen werden durch Assoziationen von

einfachen gebildet und können sich zu noch komplexeren („dekomplexen") verbinden.

Hartleys Theorie zur Assoziation war achtzig Jahre gültig, bis der schottische Philosoph James Mill (1773 – 1836) sie wieder aufnahm und weiterentwickelte.

Für Mill umfassten alle Vorstellungen ursprünglich getrennte einfache Vorstellungen, die immer zusammen auftraten. Deshalb ist unser Verständnis physischer Objekte in Wirklichkeit nur eine Sammlung von Wahrnehmungen, die nicht getrennt werden können:

*„Aufgrund des großen Gesetzes der Assoziation folgen wir der Bildung von Vorstellungen, die wir äußere Objekte nennen; das heißt, die Gedanken einer bestimmten Anzahl von Wahrnehmungen, die so häufig zusammen empfangen wurden, dass sie sich vereinigen und von denen man als Vorstellungen der Einheit spricht. Folglich*

*ist es das, wenn wir von der Vorstellung eines Baumes, eines Steines, eines Pferdes oder eines Menschen sprechen."*

Einfache Vorstellungen verbinden sich zu komplexen, diese verbinden sich zu noch komplexeren … und so fort. Wesentlich ist hier die Reduktion auf die einfachsten Vorstellungen, die Wahrnehmungen selbst. Assoziationen sind stärker oder schwächer, je nachdem wie lebendig sie sind und wie häufig die Vorstellungen zusammen aufgetreten sind.

## Vollendete Psychologie

Mill erklärte, wie der Geist automatisch mit den grundlegenden Elementen – den Sinneseindrücken – nach den Gesetzen der Assoziation arbeitet, um den ganzen mentalen Apparat zu produzieren, an dem wir Menschen uns erfreuen.

Er war sich darüber bewusst, dass er eine vollständige „Physik des Geistes" erschaffen hatte, vergleichbar mit der Newtonschen Physik und ihrer Erklärung des Universums in Begriffen der elementaren Materie, die endgültig unveränderlichen physikalischen Gesetzen folgt. Trotz allem hatte Mills Theorie zwei „unsympathische" Aspekte: Erstens ist der Geist bei Mill nicht kreativ, er ist – ähnlich wie bei Descartes und Hume – vergleichbar mit einer Maschine, die nach bestimmten Regeln arbeitet.

Zweitens werden mentale Ereignisse so vorhersagbar wie physikalische Ereignisse. Für Individualität, Kreativität, einen Funken Genie oder freien Willen ist dann kein Platz mehr.

Mills Sohn, John Stuart Mill (1806 – 1873), führte das Denken seines Vaters mit nur einer leichten Abänderung fort. Er legte

*John Stuart Mill*

dar, dass die Lehre von der menschlichen Natur (die Psychologie) eine exakte Wissenschaft sei und eines Tages in der Lage sein würde, Verhalten und Gedanken vorherzusagen. Heutzutage (er meinte das 19. Jahrhundert, aber es gilt immer noch) seien die herrschenden Gesetze nur noch nicht richtig erkannt. Das hieß für ihn aber nicht, dass es sie nicht gab, und wenn sie entdeckt würden, könnte das Geheimnis des Denkens enthüllt werden.

John Stuart Mill glaubte auch, dass es möglich wäre (vorausgesetzt, diese grundlegenden Gesetze wären bekannt), die Entwicklung individueller Persönlichkeiten zu erforschen, zu erklären und ihr Verhalten in bestimmten Situationen vorherzusagen.

# Rationalisten lassen den Geist arbeiten

Kehren wir kurz zu unserer Orange zurück. Wir sagten, dass die Sinne Informationen ans Gehirn übermitteln, welches dann die Teile zusammenfügt und eine Wahrnehmung des Objektes erzeugt. Aber was genau sind diese Teile? Wir sehen, dass die Frucht orange und kugelförmig ist. Die Farbe muss nicht mehr entschlüsselt werden, aber was ist mit der Kugelform? Dazu muss das Verständnis einer Ausdehnung im Raum vorausgesetzt werden und dass die Frucht zwar wie ein Kreis aussieht, in Wirklichkeit aber eine Kugel ist.

## BÜCHERVERBRENNUNG

Der französische Philosoph Claude Helvétius (1715 – 1771) übte auf James Mill und die Erziehung seines Sohnes John Stuart großen Einfluss aus. Helvetius war ein wohlhabender Steuereintreiber, der mit einer Gräfin verheiratet war. Er folgte der Argumentation, dass alles im Geist letztlich das Ergebnis von Erfahrung sei, bis zu ihrem logischen Ende.

Wenn wir die Erfahrungen eines Menschen kontrollieren, bestimmen wir, wie sich sein Geist entwickelt. Daraus folgt der Gedanke, dass sich durch eine perfekte Erziehung vollkommene Menschen schaffen lassen.

Helvétius" erstes Buch *De l'esprit* (1758) verärgerte die Gelehrten der Sorbonne in Paris so sehr, dass es verbrannt wurde.

*Im späten 18. und frühen 19. Jahrhundert wuchs das Interesse an der Erziehung. John Stuart Mill wurde von seinem Vater sehr streng erzogen.*

### VERMÖGENSPSYCHOLOGIE

Thomas Reid – der sagte, Hume würde in der Klapsmühle enden – war ein früher Vertreter der „Vermögenspsychologie". Sie beruht auf der Behauptung, dass die zahlreichen Funktionen des Geistes – die „Seelenvermögen" – aufeinander einwirken. Reid zählte 43 Fähigkeiten auf, einschließlich Vernunft, Bewusstsein, Mitgefühl, Gedächtnis, Urteilsvermögen und Moral. Auch Kants Denkkategorien werden zur Vermögenspsychologie gezählt.

Immanuel Kant berief sich bei der Bedeutungsverleihung unserer Sinneswahrnehmungen auf die Kategorien des Denkens (*siehe* ▸ S. 109 [Kapitel 5: *Der ordnende Geist*]). Die Sinneswahrnehmung verrät beispielsweise nicht, ob etwas noch nah oder fern ist, weil sie sich in unserem eigenen Körper ereignet. Nur durch die Anwendung der Denkkategorien sind diese Interpretationen möglich. Kant widersprach Humes Behauptung, die Kausalität sei nicht real und argumentierte, dass wir eine Wirkung auch ohne Beweis einer bestimmten Ursache zuordnen, weil sie durch die Denkkategorie Erfahrung so geordnet werden.

Helmholtz zog den „unbewussten Schluss" heran, um zu erklären, wie der Geist den Wahrnehmungen Sinn verleiht. Für das Verständnis dessen, was wir sehen, steht uns die Gesamtheit unserer bisherigen Erfahrung zur Verfügung – wenn wir also schon viele Stühle in unserem Leben gesehen haben, werden wir auch einen weiteren Stuhl erkennen, auch, wenn er eine etwas veränderte Form hat.

*Jedes dieser Objekte erkennen wir trotz der vielen verschiedenen Formen als Stuhl, auch wenn wir manche davon noch nie gesehen haben.*

Weil wir in einer dreidimensionalen Welt perspektivisch sehen, nehmen wir eine Orange als Kugel und nicht als Scheibe wahr.

Helmholtz experimentierte mit Zerrspiegeln und fand heraus, dass die Probanden sich bald daran gewöhnten. Seine empirische Schlussfolgerung, dass vergangene Erfahrungen die Sinneseindrücke in Wahrnehmungen umformen, unterschied sich von Kants Auffassung, der die Denkkategorien für angeboren hielt.

Helmholtz dagegen glaubte, der Geist müsse die Wahrnehmung erst lernen. Moderne rationale Psychologen bevorzugen die kantische Sicht, dass Strukturen im Gehirn unser Denken gestalten. Die empirische Psychologie steht auf der Seite von Helmholtz, der sich auf Sinneserfahrungen, Lernen und die Gesetze der Assoziation stützte. Ein unbekanntes Objekt können wir mit Hilfe von unbewusst wahrgenommenen Effekten von Licht und Schatten einschätzen, bei einem bereits bekannten Objekt ist es die Erfahrung, die uns lehrt, dass eine Orange eine Kugel, ein Pfannkuchen aber eine flache Scheibe ist.

## Wahrnehmen und Handeln

Unser Handlungen hängen stärker davon ab, wie wir die Welt erleben (d.h. wie unser Gehirn sie formt) als davon, wie sie eigentlich ist.

Der Gestaltpsychologe Kurt Koffka (1886–1941) unterschied zwischen der geographischen Umwelt (die physische Welt) und der Verhaltenswelt (unsere Interpretation). Zur Verdeutlichung erzählte er eine alte deutsche Geschichte: Ein Mann reitet über eine verschneite

Ebene. Als er nach dem Ritt jemandem darüber berichtet, erfährt er, dass er in Wahrheit einen zugefrorenen See überquert hat, der jeden Augenblick unter ihm hätte nachgeben können. Als er erkennt, in welcher Gefahr er gewesen ist, fällt der arme Mann geschockt zu Boden und stirbt. Das Verhalten des Mannes richtet sich nicht nach der Umgebung, wie sie wirklich ist, sondern wie er glaubt, dass sie sei. Hätte er die wahre Natur des Bodens gekannt, über den er ritt, hätte er einen anderen Weg genommen. Sein anschließendes Verhalten, als er erkennt, in welcher Gefahr er schwebte, setzt seine (nachträgliche) Wahrnehmung der tödlichen Gefahr sozusagen mit seinem Tod in die Tat um: Alles ist Wahrnehmung.

*Verschneites Feld oder gefrorener See, was für einen Unterschied macht das schon, wenn man die Überquerung überlebt?*

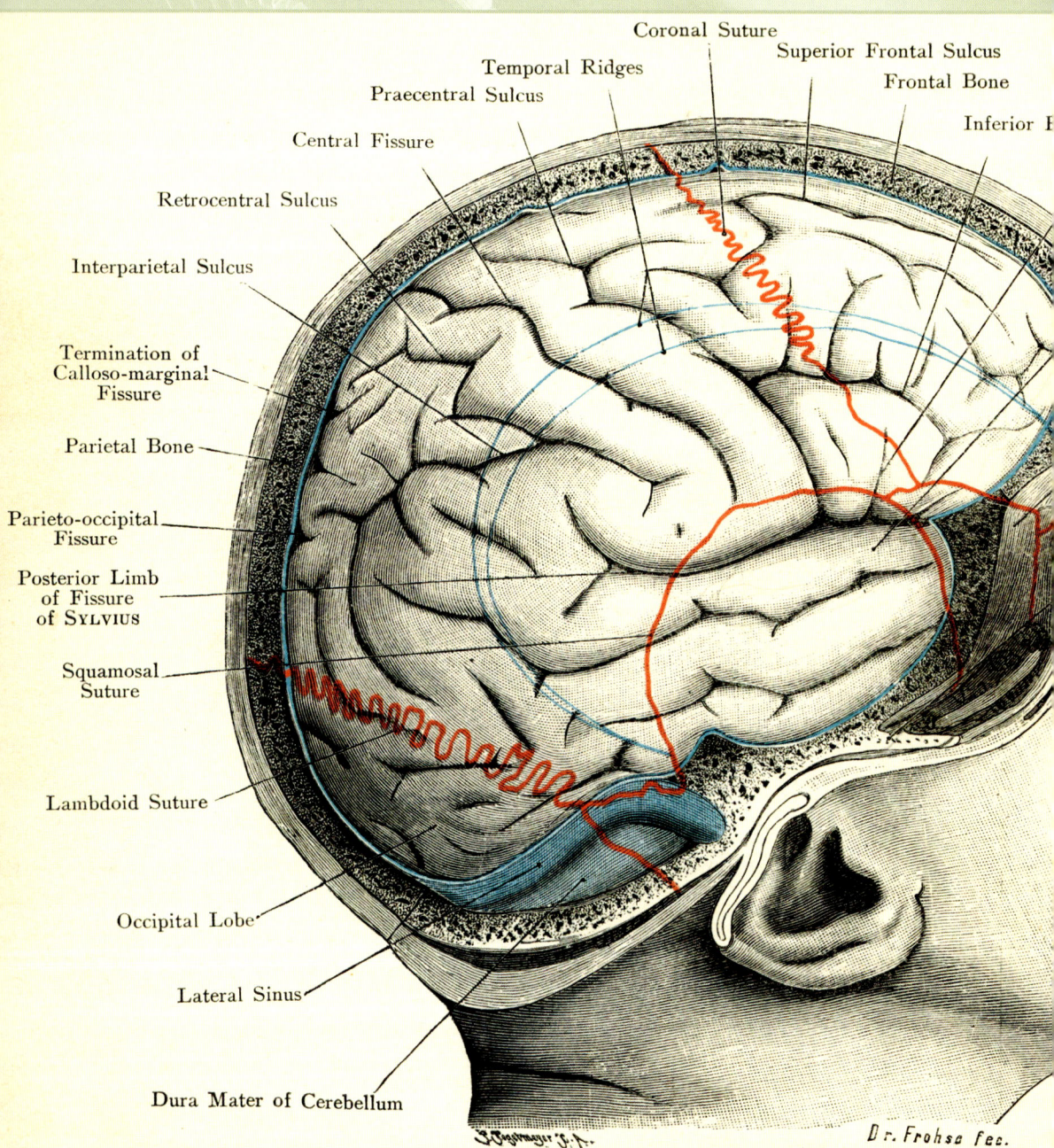

Coronal Suture

Superior Frontal Sulcus

Frontal Bone

Temporal Ridges

Praecentral Sulcus

Inferior F

Central Fissure

Retrocentral Sulcus

Interparietal Sulcus

Termination of
Calloso-marginal
Fissure

Parietal Bone

Parieto-occipital
Fissure

Posterior Limb
of Fissure
of SYLVIUS

Squamosal
Suture

Lambdoid Suture

Occipital Lobe

Lateral Sinus

Dura Mater of Cerebellum

Dr. Frohse fec.

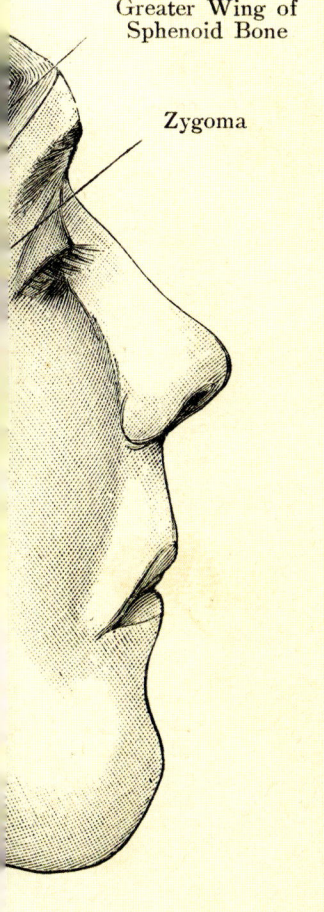

cus
nding Limb of Fissure
of SYLVIUS

rior Temporal Convolution

Greater Wing of
Sphenoid Bone

Zygoma

# KAPITEL 5

# Den **GEIST** erschaffen: Bausteine der **PSYCHE**

*„Angenommen, der Geist sei ein weißes Papier, ohne Wesen, ohne jeden Gedanken: Wie wird er gefüllt? Wie wird er zu dem riesigen Lagerhaus mit all dem geschäftigen und grenzenlosen Trubel des Menschen, die er mit unendlicher Phantasie daraufzeichnet? Darauf antworte ich mit einem Wort: durch ERFAHRUNG."*
John Locke, *Versuch über den menschlichen Verstand,*
1690

Wenn Wissen durch die Verarbeitung der Sinneswahrnehmungen oder durch Nachdenken über frühere Erfahrungen entsteht, wie kommt der Geist auf die Welt? Ist er wie eine leere Kiste, in die Wahrnehmungen kreuz und quer hineingeworfen werden? Dann wäre es wirklich schwierig, sich an etwas Bestimmtes zu erinnern, wenn es notwendig ist. Aber wie sonst organisiert der Geist das Material und schafft Verbindungen? Oder ist das alles allein die Sache des Gehirns?

*Das Gehirn können wir vermessen, aber was ist mit dem Geist?*

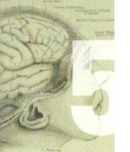
## Was wissen Neugeborene?

Wir fangen alle als Säuglinge an. Was und wie wissen sie? Hier gibt es zwei grundsätzliche Möglichkeiten: Entweder ist der kindliche Geist eine leere Tafel, auf die dann das Wissen sozusagen eingraviert wird – oder wir kommen alle mit angeborenem Wissen auf die Welt. Eine mittlere Position wäre, dass der Geist mit gewissen Strukturen geboren wird, die es erlauben, Wissen auf bestimmten Wegen zu erwerben. Der Lernprozess „bevölkert" diese Strukturen mit Wissen.

Die beiden extremen Positionen kann man bis zur Antike zurückverfolgen, während die Position dazwischen – die Vorstellung des Geistes als „Organisator" – erst in neuerer Zeit entstand.

*Was weiß ein neugeborenes Kind? Ist Wissen angeboren oder erworben?*

## Wissend geboren

Pharao Psamtik I. und andere, die das „verbotene Experiment" durchführten, (*siehe* ▸▸ S. 37 [Kapitel 2: *Kinder als Versuchskaninchen*]) waren mit ihrer Ansicht, dass Menschen mit einem angeborenen Wissen auf die Welt kommen, nicht alleine. Platon glaubte, dass unsere Seelen im reinen Zustand mit absolutem Wissen ausgestattet sind, dieses Wissen aber verloren geht, wenn sie in einen Körper eintreten.

Lernen betrachtete er als Prozess, bei dem das innere Wissen eher enthüllt als entdeckt wird. Diese Sicht ist als „nativistisch" zu bezeichnen, insofern als sie bestimmtes Wissen für angeboren hält.

Später behauptete Descartes, dass Teile des Wissens angeboren seien. Am bedeutendsten, meinte er, sei das Wissen von Gott, das er allen Menschen zuschrieb

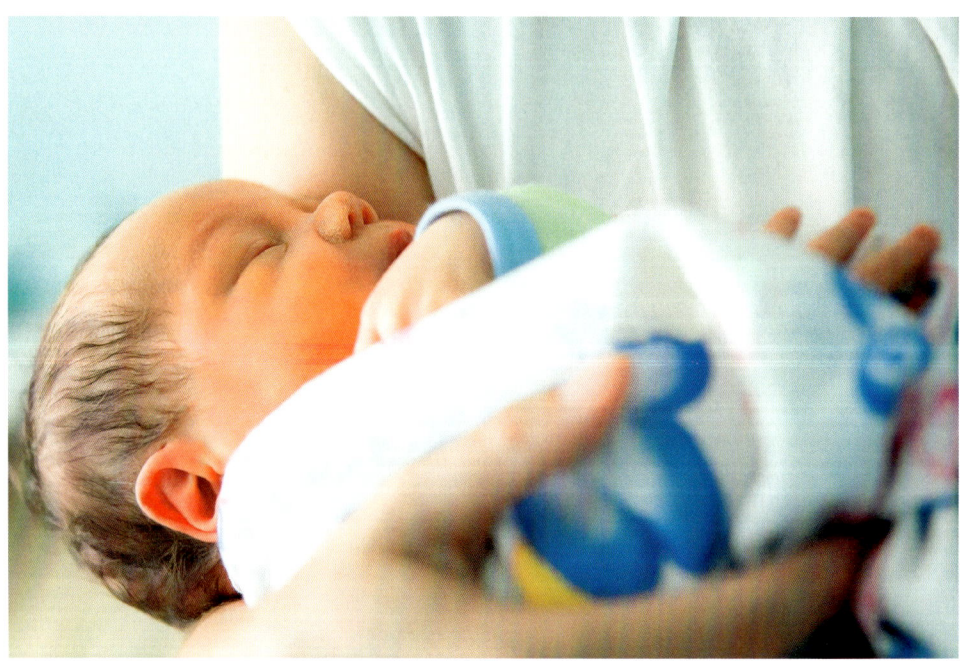

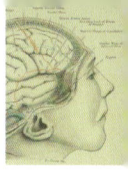

(allerdings war es im Frankreich des 16. Jahrhunderts auch lebensgefährlich, Gott zu leugnen). Andere Philosophen hielten ein moralisches Wissen für angeboren.

Der Nativismus ist nicht auf Wissen beschränkt, sondern kann jede Art von innewohnender natürlicher Tendenz oder Eigenschaft umfassen. Auch die Ansicht von Thomas Hobbes, dass Menschen im Grunde unzivilisiert seien und nur von der Gesellschaft im Zaum gehalten werden, ist nativistisch, denn auch hier geht es um schon dem Neugeborenen innewohnende Eigenschaften.

Ebenso gab es die entgegengesetzte Meinung, die der französische Schriftsteller und Philosoph Jean-Jacques Rousseau (1712–1778) vertrat: Menschen seien von Hause aus edel, aber von der Gesellschaft verdorben. (Seine Ansicht werden wir später auf ▸▸ S. 127 betrachten.)

## — Enthülltes Wissen

Platon nahm an, dass die Seele über ein vollkommenes Wissen verfügt, wenn sie nicht im Körper gefangen ist, wo sie den Zugang zur Erkenntnis verliert und wie ein Gefangener durch die Gitterstäbe schaut, anstatt die Realität selbst zu erforschen. Wissen wird durch den Vorgang des Lernens enthüllt. Dies zeigt Platon an einer Geschichte über Sokrates, der einen Sklaven in Geometrie prüft. Zuerst scheint der Sklave nichts darüber zu wissen, doch im Verlauf der Befragung durch Sokrates beginnt er allmählich zu verstehen.

Dies war für Platon der Beweis dafür, dass der Sklave das Wissen zwar besaß, es aber zuerst nicht abrufen konnte. In Wirklichkeit hatte der Sklave vielleicht einfach Sokrates' Erklärung verstanden und konnte deshalb antworten.

Gottfried Leibniz formulierte im 18. Jahrhundert eine ähnliche Vorstellung: Nach seiner Auffassung ist das gesamte Universum mit Monaden besetzt, von denen die herrschenden Monaden die Vorstellungen des menschlichen Geistes erzeugen und somit in potenzieller Form existieren, bis sie durch Sinneswahrnehmungen aktiviert werden. Wie ein dunkler Raum verschiedene Objekte enthalten kann, die man nicht sieht, bevor das Licht eingeschaltet wird, enthält der Geist angeborene Ideen, die später enthüllt werden können.

## — Wissen aus der Vergangenheit

Der französische Naturalist Jean-Baptiste Lamarck (1744–1829) entwickelte die Theorie, dass die Evolution durch die Vererbung erworbener Fähigkeiten erfolgt. Ein Organismus passt sich während des Lebens an seine Umgebung an, wie zum Beispiel (ein beliebtes Beispiel) die Giraffe, die sich nach den saftigsten Blättern streckt und ihren Hals immer länger macht. Wenn ein Organismus sich fortpflanzt, erben seine Nachkommen diese Eigenschaften und über Generationen verändert sich die Spezies allmählich. Diese Theorie erfreute sich gewisser Beliebtheit, bevor sie von Darwins Evolutionstheorie überholt wurde.

Herbert Spencer (1820–1903), ein Schriftsteller mit Hang zur Psychologie, wandte Lamarcks Theorie auf den Geist an, der sich selbst über die Zeit vervollkommnet. Verhalten und Vorstellungen, die funktionieren, werden verstärkt, die anderen vermieden. Während des Lebens werden verstärkte Verhaltensweisen zu

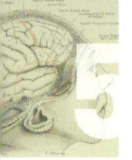 

*Die Sintflut (oben) und die Apokalypse (links) sind universelle Archetypen.*

Gewohnheiten. Die Gewohnheiten der Eltern werden an die Nachkommen weitergegeben, dort erscheinen sie als Instinkte, weil sie von Geburt an fest verwurzelt sind.

Der Schweizer Psychologe Carl Gustav Jung (1875–1961) arbeitete bei seinen Archetypen mit einem ähnlichen Konzept. Das „kollektive Unbewusste" erinnert an Spencers Theorie des menschlichen Verhaltens, das über Generationen hinweg zunimmt. Nach Jung ist das kollektive Unbewusste ein Wall im Laufe der Evolution angehäufter psychischer Strukturen, die am deutlichsten in den „Archetypen" zum Vorschein kommen:

*„Sie erscheinen in verschiedenen Kulturen überall auf der Welt und stellen [das] ganze Erbe der menschlichen Evolution*

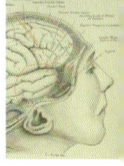

*dar, neu geboren in der Gehirnstruktur jedes Einzelnen."*

Jung interessierte sich für Spiritualität und manchmal scheint seine Erklärung des kollektiven Unbewussten anzudeuten, dass es für den Einzelnen möglich ist, einen universellen Geist anzuzapfen – man fühlt sich dabei an die panpsychischen Sichtweisen von Spinoza und Fechner erinnert. Anderswo beschreibt er es aber einfach als universale Struktur des Geistes, die alle Menschen Dinge auf eine ähnliche Art und Weise sehen und verstehen lässt, genauso wie wir alle die gleiche Struktur eines Armes oder eines Beines teilen.

Archetypen sind psychische Muster, die den Instinkten entsprechen. Sie können durch das vergleichende Studium von Mythen und Vorstellungswelten verschiedener Kulturen aufgedeckt werden und sind immer wiederkehrende Manifestationen des kollektiven Unbewussten.

Die Mutter, der Held, die weise alte Frau und der Betrüger sind Beispiele archetypischer Bilder, genauso wie die nahezu universellen Mythen von der Sintflut oder dem Weltuntergang. Auch in Traditionen und Feiern wie Hochzeiten oder Pubertätsriten, die archetypische Lebensphasen darstellen, werden Archetypen greifbar.

*Eine Hochzeit ist ein Archetyp, dem man im alltäglichen Leben häufig begegnet.*

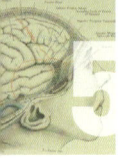

Diese Theorien, von Platon und Psamtik bis Jung, legen ein angeborenes inneres Wissen nahe, das durch Nachdenken oder Erfahrung enthüllt wird. Die Jung'schen Archetypen sind uns nicht bewusst, aber sie manifestieren sich durch soziale Strukturen, Kunst und Träume und befinden sich auf einer Position zwischen angeborenem und erlerntem Wissen.

## Das unbeschriebene Blatt

Die entgegengesetzte Sicht betrachtet den Geist als leeres Blatt, auf dem Erfahrung und Wahrnehmung ihre Spuren hinterlassen. Aristoteles war der Erste, der den Geist eines Kindes als „leer" bezeichnete, 1300 Jahre später prägte der persische Gelehrte Ibn Sina den Begriff *tabula*

*Wolfskinder sind für Psychologen eine seltene und kostbare Gelegenheit, die Rolle der Erziehung bei der menschlichen Entwicklung zu untersuchen.*

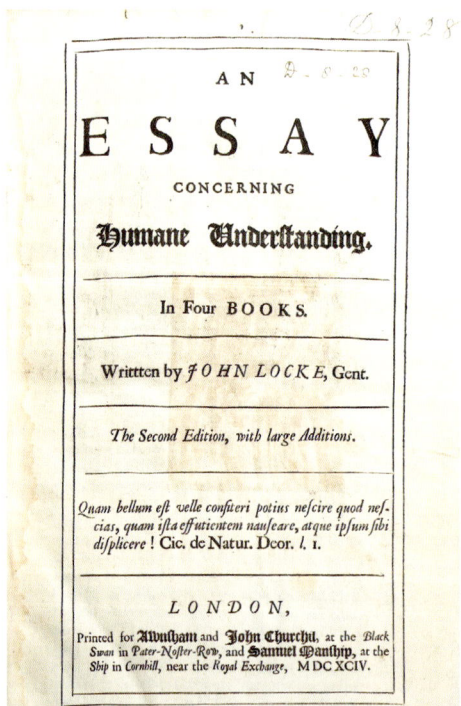

*rasa* (lateinisch „unbeschriebene Tafel"). Für ihn war der menschliche Geist bei der Geburt eine *tabula rasa*, eine reine Möglichkeit, die dann durch Entwicklung zu Wissen gelangen konnte.

Der andalusische Universalgelehrte Ibn Tufail (ca. 1105 – 1185) schrieb einen philosophischen Roman, in dem ein Junge, Hayy, von einer Gazelle auf einer verlassenen Insel aufgezogen wurde. Das wilde Kind wurde zu einem normalen Erwachsenen, konnte die Wahrheit allein durch seinen Verstand erlangen und demonstrierte so die Lehre

*Die Titelseite von Lockes* Versuch über den menschlichen Verstand *(1690).*

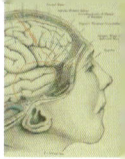

von der *tabula rasa*. 1671 wurde der Roman ins Lateinische übersetzt, und entwickelte sich in der Übersetzung ins Englische von 1708 unter dem Titel *Theologus Autodidactus* in Europa zu einem Bestseller, der zahlreiche Philosophen, unter ihnen auch John Locke, beeinflusste.

In seinem *Versuch über den menschlichen Verstand* (1690) weist Locke Descartes Ansicht der angeborenen Gedanken, z. B. über Gott und natürliche Moral, zurück. Aus seiner Sicht war dies nicht haltbar, denn wären diese Gedanken wirklich angeboren, müssten sie im Geist jedes Menschen zu finden sein. Da nicht alle Menschen an Gott glauben, manche nicht moralisch handeln und einige sogar überhaupt kein Konzept von Moral haben (wir nennen sie Psychopathen), konnte dies offensichtlich nicht der Fall sein.

Wenn wir nicht mit Gedanken und Wissen geboren werden, woher kommen sie dann? Für Locke war der Geist eines Neugeborenen wie ein leeres Blatt Papier, auf das die Erfahrung den Text des Wissens schreibt. Aus den Sinneswahrnehmungen, die wir sammeln, formt der Geist durch seine Tätigkeiten wie Denken, Zweifeln, Glauben und Wollen dann Vorstellungen und Wissen. Diese einzelnen Tätigkeiten sind angeboren, die Inhalte des Geistes sind es jedoch nicht.

Die Denkprozesse sind Teil unserer menschlichen Natur und müssen nicht erlernt werden. Durch die Beschäftigung mit einfachen Gedanken kommt der Geist auf komplexe Gedanken und entwickelt dabei seine eigenen Regeln, weshalb die Verarbeitung von Informationen bei verschiedenen Menschen unterschiedlich ist.

> „Nehmen wir an, der Geist ist, wie man sagt, ein weißes Blatt Papier, frei von Buchstaben, frei von Gedanken. Wie kommt es, dass er eingerichtet wird? Wie kommt es, dass dieser weite Raum durch die eifrige und grenzenlose Fantasie des Menschen mit einer schier unendlichen Reichhaltigkeit ausgestattet wird? Woher kommen all die Dinge und das Wissen? Darauf sage ich mit einem Wort: Erfahrung. Darauf basiert all unser Wissen, und daher stammt es selbst. Unsere Beobachtung umfasst entweder äußere, wahrnehmbare Dinge oder innere Aktivitäten unseres Geistes, unsere Wahrnehmungen und Reflektionen, die unser Verständnis mit all den Grundlagen des Denkens versorgen. Diese beiden sind die Quelle des Wissens, woher all unsere Gedanken stammen, die wir haben oder natürlicherweise haben können.“
>
> John Locke, 1704

Lockes Modell verleiht den Menschen beachtliche individuelle Freiheit und Selbstbestimmung: Wir alle können entscheiden, wie wir uns selbst definieren.

## Der ordnende Geist

Die Theorie, dass der Geist eine Ordnungsstruktur enthält, die ihn befähigt, mit den Sinneswahrnehmungen sinnvoll umzugehen, ist in ihrer Position zwischen den Polen von „*tabula rasa*" und „angeborenem Wissen" anzusiedeln.

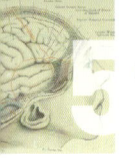

Das Herz, „weiß", wie es Blut zu pumpen hat, und ganz ähnlich „weiß" auch der Geist, wie er seine Arbeit erledigt, das gab selbst Locke zu. Diese Sicht lässt dem Geist noch sehr viel Raum zum Lernen übrig.

## Lernen, wie's geht

Einige Fähigkeiten scheinen angeboren, aber Tests zeigen, dass sie zusätzlich eine sensorische Anregung benötigen, um aktiviert zu werden. Die Psychologen R. Held und A. Hein entwickelten 1963 ein Experiment, in dem deutlich wurde, dass wir (oder zumindest Kätzchen) nur echte Wahrnehmung entwickeln können, wenn ausreichend visuelle oder kinetische Informationen vorhanden sind. Die Möglichkeit der Wahrnehmung ist zwar angeboren, braucht aber einen Auslöser.

Bei dem Experiment wurden zwei Kätzchen drei Stunden am Tag in ein „Katzenkarussell" gesetzt. Ein Kätzchen konnte sich frei bewegen, das andere saß in einem Korb, der von der Bewegung der ersten Katze abhängig war. Die Tiere konnten einander nicht sehen und das Gerät war mit senkrechten Streifen versehen, um waagerechte/senkrechte Interaktion durch das Sehen zu verhindern. Die übrige Zeit verbrachten die Kätzchen in Dunkelheit mit ihren Müttern und Wurfgeschwistern, sodass das Karussell ihre einzige visuelle Stimulation war. Am Ende des Versuches konnte das „bewegliche" Kätzchen mit normalen Pfotenbewegungen laufen, das andere jedoch nicht, woraus Held und Hein schlossen, dass selbstbestimmte Bewegung notwendig war, um ein Gefühl für den Raum zu entwickeln.

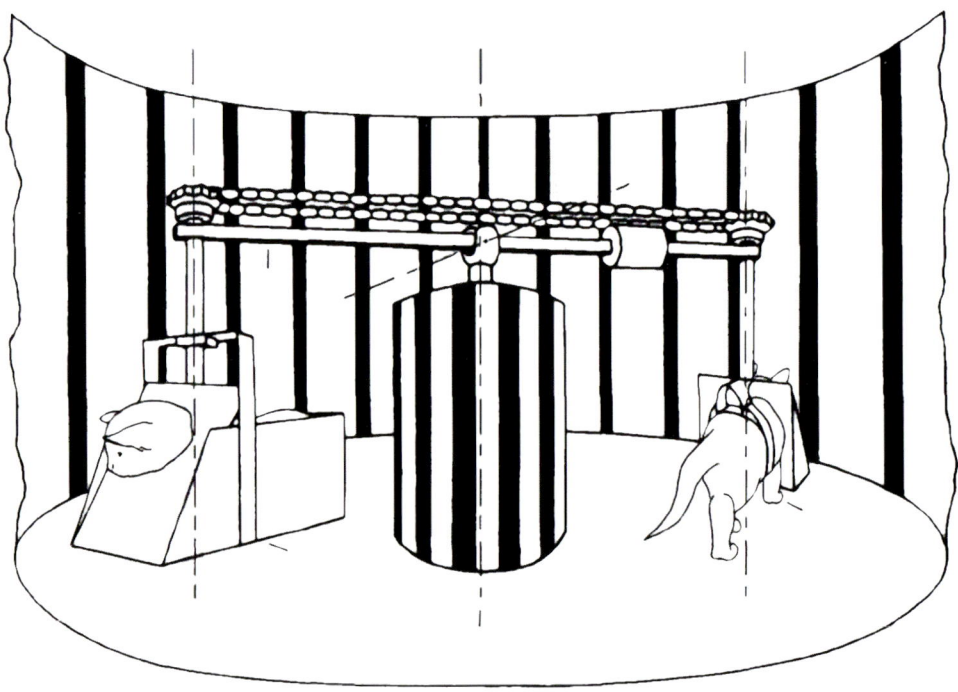

*Das Katzenkarussell von Held und Hein.*

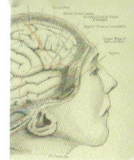

Eine Studie von 1980 ergab, dass das „unbewegte" Kätzchen eine echte Wahrnehmung entwickelte und besser laufen lernte, wenn es im Karussell interessante Dinge, wie sich bewegende Spielzeugautos, betrachten konnte. Das Fehlen von Bewegung und visuellen Reizen verhinderte das Laufenlernen – aber einer der beiden Reize war dafür schon ausreichend.

Die zweite Studie erklärt auch, weshalb Babys, die mit Wiegenbrettern getragen oder mit verkümmerten Gliedmaßen geboren werden, trotzdem eine Tiefenwahrnehmung entwickeln können.

Die Studie des anglo-amerikanischen Anthropologen Colin Turnbull (1924–1994) zeigte 1961, dass Menschen nicht zwangsläufig eine richtige Wahrnehmung von Perspektive entwickeln.

Er beobachtete das BaMbuti-Volk, das in einem dichten Wald im Kongo lebt, während eines Streifzugs in die offene Ebene außerhalb des ihnen bekannten Gebietes. In der Ferne grasten Büffel. Ein BaMbuti-Bogenschütze hielt die Büffel für Insekten und akzeptierte erst, als er mit dem Jeep in die Nähe der Tiere gefahren wurde, dass es wirklich Büffel waren. Da er im Dschungel nie mehr als ein paar Meter weit sehen konnte, war bei ihm die Fähigkeit, Größe und Entfernung aufeinander zu beziehen, nicht vorhanden.

## Vorstrukturiert

Immanuel Kant behauptete, der Geist besitze Strukturen, um verschiedene Arten des Wissens (einschließlich Sprache) zu verarbeiten oder zu speichern. Da er mit bestehenden Erklärungen der Beziehung zwischen Erfahrung und Verstand unzufrieden war, entwickelte er in seiner *Kritik der reinen Vernunft* (1781) die Theorie der „Denkkategorien", also angeborene mentale Strukturen, die es dem Geist erlauben, Informationen zu ordnen und Konzepte von Zeit, Raum und Kausalität zu entwickeln.

Einfache Erfahrungen zeigten lediglich die chronologische Abfolge von Ereignissen, nicht aber deren kausalen Zusammenhang. Dazu braucht der Geist die Denkkategorien.

Johannes Müller (1801–1858) hielt seine Entdeckung der verschiedenen Arten der Sinnesnerven (*siehe* Seite 45 [Kapitel 2:

*Immanuel Kant*

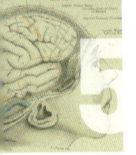

*Die Teile zusammenfügen]*) für die körperliche Entsprechung der Kantschen Denkkategorien. Er glaubte, vom Nervensystem verarbeitete sensorische Informationen gefunden zu haben, bevor sie im Bewusstsein zu Wahrnehmungen wurden.

### Eins nach dem anderen

Der Schweizer Entwicklungspsychologe Jean Piaget (1896–1980) vertrat eine eindeutig kantische, rationalistische Sicht. Im kindlichen Geist sah er Schemata, die sich langsam entwickeln, sodass ein Kind anfangs größtenteils körperlich mit seiner Umgebung interagiert und erst später kognitive Fähigkeiten entwickelt. Diese Schemata werden von Bausteinen des

*Piaget vertrat die Ansicht, dass ein Kind größtenteils körperlich mit seiner Umgebung interagiert.*

Verstehens geformt und unterstützen das Verständnis von Prozessen oder Objekten.

Ein Neugeborenes besitzt einige angeborene, grundlegende Schemata, die reflexartige Handlungen auslösen, wie zum Beispiel den Saugreflex.

Wenn Säuglinge ihre Umwelt kennenlernen, gestalten sie Schemata, die ihnen helfen, die gleichen Ereignisse oder Objekte wiederzuerkennen, wenn sie ihnen begegnen. Treffen sie auf neue Erfahrungen, müssen sie ihre vorhandenen Schemata korrigieren und neue bilden, um die neuartige Information zu verarbeiten.

Ein Kind, das ein Schema entwickelt hat, um eine Katze zu erkennen (vielleicht aus einem Bilderbuch), muss das Schema anpassen, wenn es einer realen Katze begegnet. Trifft das Kind auf ein unbekanntes Tier, muss ein neues Schema konstruiert werden. Mit der Zeit kann das Kind die meisten Objekte und Ereignisse erkennen, es entsteht ein erstrebenswertes Gleichgewicht. Ein durch neue Erfahrungen entstehendes Ungleichgewicht wird durch die Konstruktion neuer Schemata wieder ausgeglichen. Die Fähigkeit, Schemata zu formen, ist angeboren, eine Art „Starterpaket" für grundlegende instinktive Verhaltensweisen.

Der britische Psychologe Frederic Bartlett (1886–1969) entwickelte die Idee der Schemata weiter, um zu erklären, wie wir Informationen verarbeiten, erinnern und vergessen. Die Schemata stellen einen Weg dar, wie wir Wissen und Gedanken ordnen, sie können aber auch zum Widerstand gegen neue Gedanken führen, die nicht zu unseren Kategorien passen. Unbewegliche Schemata führen

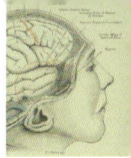

# DER KRIEG DER GEISTER

Bartlett zeigte seinen Studenten den Einfluss der Schemata auf Erinnerung und Geschichtenerzählen, indem er ihnen eine traditionelle indianische Erzählung vortrug:

*„Eines Nachts gingen zwei junge Männer aus Egulac hinunter zum Fluss, um Robben zu jagen. Es wurde nebelig und ruhig. Dann hörten sie Kriegsschreie und dachten: ,Vielleicht ist das ein Kriegsfest.' Sie versteckten sich am Ufer hinter einem Baumstamm.*

*Sie hörten das Geräusch von Paddeln und sahen ein Kanu näherkommen. Darin saßen fünf Männer, die sagten:*

*„Wir wollen euch mitnehmen. Wir gehen flussaufwärts, um mit den Leuten Krieg zu machen."*

*Einer der jungen Männer sagte: „Ich habe keine Pfeile."*

*„Pfeile sind im Kanu.", sagten sie.*

*„Ich werde nicht mitkommen. Ich könnte getötet werden. Meine Familie weiß nicht, wo ich hingegangen bin. Aber du", sagte er und wandte sich zu dem anderen, „du kannst mit ihnen gehen."*

*So ging einer der jungen Männer mit, der andere aber kehrte nach Hause zurück.*

*Die Krieger zogen flussaufwärts zu einer Stadt auf der anderen Seite von Kalama. Die Menschen kamen herunter zum Wasser und kämpften und viele wurden getötet. Bald aber hörte der junge Mann einen der Krieger sagen, „Schnell, lass uns nach Hause gehen: Der Mann ist verletzt."*

*Da dachte er: „Oh, sie sind Geister." Er fühlte sich nicht schlecht, aber sie sagten, er sei angeschossen worden.*

*Die Kanus kamen zurück nach Egulac und der junge Mann ging zu seinem Haus und entfachte ein Feuer. Und er erzählte es allen: „Schaut, ich habe die Geister begleitet und wir kämpften. Viele von uns wurden getötet und viele Angreifer wurden getötet. Sie sagten, ich wäre getroffen, aber ich fühlte mich nicht schlecht".*

*Er erzählte alles und dann wurde er ruhig. Als die Sonne aufging, fiel er zu Boden. Etwas Schwarzes kam aus seinem Mund. Sein Gesicht verzerrte sich. Die Leute sprangen auf und schrien. Er war tot.*

Bartlett ließ seine Probanden diese Geschichte mehrmals im Jahr ins Gedächtnis zurückrufen und wieder erzählen. Alle dachten, sie erzählten sie richtig, veränderten dabei aber einiges:

- Sie ließen Informationen aus, die für ihre Lebenssituation unwichtig waren.
- Sie änderten Details, Reihenfolge und Betonung, um hervorzuheben, was ihnen wichtig erschien (z. B. Boote anstatt Kanus).

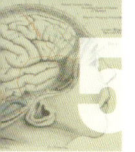
zu Vorurteilen und zur Verzerrung von Informationen, um sie unseren Erwartungen anzupassen.

Bartlett war der Meinung, diese Schemata seien selbst nicht angeboren, wohl

### DU SIEHST, WAS DU ERWARTEST

Die amerikanischen Psychologen Gordon Allport (1897–1967) und Joseph Postman (1918–2004) benutzten für eine Studie ein Bild von einem weißen Mann, der einen schwarzen Mann mit einem Rasiermesser verletzt.

Auf die Frage, was sie auf dem Bild gesehen hatten, antworteten viele Probanden, der schwarze Mann habe das Messer gehabt – offenbar entsprach das eher ihren Erwartungen.

1981 zeigte Cohen den Probanden ein Bild von einem Paar in einem Restaurant. Einigen sagte er, die Frau sei Bibliothekarin, anderen, sie sei Kellnerin. Als sie später gebeten wurden, die Frau zu beschreiben, variierte die Beschreibung je nachdem, welcher Beruf der Frau zugeschrieben wurde.

aber die Neigung des Geistes, solche Schemata zu bilden und zu beleben. Er ließ Menschen Geschichten wiederholt erzählen, unvollständige Geschichten ergänzen und Zeugenaussagen machen. Dabei fand er heraus, dass wir Geschichten und Ereignisse so verändern, dass sie mit unseren Schemata übereinstimmen. Das macht uns zu unzuverlässigen Zeugen, solange wir das, was wir sehen, unseren persönlichen Schemata und Vorurteilen anpassen.

## Spezialfall Sprache?

Sprache scheint den Menschen von den Tieren zu unterscheiden. Wir kennen keine andere Spezies mit einer solchen mündlichen Ausdrucksfähigkeit wie der menschlichen und wir kennen keine menschliche Gruppe ohne gesprochene Sprache. Dies macht die Sprache zu einem guten Untersuchungsgegenstand, was angeborenes und erlerntes Verhalten betrifft.

1660 veröffentlichten der französische Theologe und Philosoph Antoine Arnaud (1612–1694) und der französische Grammatiker Claude Lancelot (1615–1695) die *Port-Royal-Grammatik*, die Grammatik als angeboren bezeichnet.

Ein moderner Verfechter dieser These ist der amerikanische Wissenschaftler und Philosoph Noam Chomsky, der behauptet, Kinder hätten die angeborene Fähigkeit, eine gesprochene Sprache zu lernen. Welche Sprache sie lernten, hänge von der Gesellschaft ab, in der sie aufwüchsen, aber die grundlegenden Strukturen aller Sprachen seien universal. Eine Sprache zu lernen bedeute, eine Struktur, die im Geist bereits vorhanden sei, mit Inhalt zu füllen. Chomsky

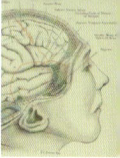

## DER SPRACHINSTINKT

Der kanadische Kognitionswissen-schaftler Steven Pinker betrachtet Sprache als menschlichen Instinkt und spezielle Anpassung, ähnlich der Fähigkeit von Spinnen, Spinnennet-ze zu weben. Er führt dabei an, wie gehörlose Kinder mit ihren Händen „plappern" und dass es einen kriti-schen Zeitpunkt für den Spracherwerb bei Kindern gibt – danach können sie die Sprache nicht mehr so einfach ler-nen (man denke auch an die Kätzchen im Karussell).

behauptet, kein Kind könne eine Sprache mit ihrer komplexen grammatischen Struk-tur durch Nachahmung lernen.

Die Vorstellung von einer universel-len Struktur der Sprache wird auch durch sogenannte „natürliche Experimente" un-terstützt, die Wissenschaftlern Möglich-keiten eröffnen, Beobachtungen wie bei Feldstudien zu machen.

Das „verbotene Experiment" (*siehe* ▶▶ Seite 37) ist nicht mehr erlaubt, aber es gibt verschiedene Fälle, in denen taube oder stumme Eltern, die aufgrund ihrer Behinderung nicht mündlich kommuni-zieren, sprechfähige Kinder haben. Viele dieser Kinder lernen die Zeichensprache ihrer Eltern. Andere entwickeln eine Art der Kommunikation, die „*Homesign*" ge-nannt wird und die auf Zeichen und Ges-ten basiert.

*Homesign*-Sprachen wurden von den amerikanischen Psychologen Susan Gol-din-Meadow und Heidi Feldman in den 1970er-Jahren erforscht. Sie fanden he-raus, dass die *Homesign*-Systeme, obwohl sie unabhängig voneinander von einzelnen Kindern oder Gruppen entwickelt wur-den, gemeinsame grammatische Struk-turen aufweisen. Daraus schlussfolgerten sie, dass Sprache nicht gesprochen wer-den muss und dass Zeichensprache sich ähnlich wie gesprochene Sprache entwi-ckelt, beispielsweise wenn die Reihenfolge der Wörter im Satz eine bestimmte Be-deutung anzeigt.

Der Schluss, den die Forscher daraus zogen, ist bedeutungsvoll: Grundlegen-de „Regeln" der Sprache – ob verbal oder nonverbal – sind angeboren.

## Klein anfangen

Ob wir nun den neugeborenen Geist als unbeschriebenes Blatt betrachten oder nicht, es gibt einige mentale Aktivitäten – Reflexe und Instinkte – die wir alle teilen. Für sie ist weder Wissen noch Denken nötig, es passiert einfach automatisch. Selbst Locke hätte zugeben müssen, dass ein Neugeborenes saugt, ohne es gelernt zu haben.

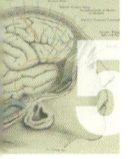

## ══ Nicht erlerntes Verhalten: ══ Reflexe und Instinkte

Ein Reflex ist eine einfache, automatische und nicht erlernte Reaktion auf einen Reiz. Wenn man unabsichtlich etwas sehr Heißes anfasst, lässt man es sofort wieder los.

Diesen Sachverhalt führte Descartes auf die tierischen Geister zurück, die sich in den Kanälen bewegen, für die er die Nerven hielt. Unser Instinkt lässt uns Heißes loslassen oder davor zurückschrecken, es ist der sogenannte Schutzreflex, ein Beispiel für den Reflexbogen. Berührt man etwas sehr Heißes, gelangen Signale von den Nozizeptoren (die Schädigungen des Gewebes aufspüren) mit hoher Geschwindigkeit zum Rückenmark, wo sie mit motorischen Nerven verbunden sind und eine automatische Reaktion auslösen: das Zurückziehen von der Hitzequelle. Das Signal der Nozizeptoren gelangt auch

zum Gehirn, wo es als Schmerz wahrgenommen wird. Der Reflex kann noch vor der Schmerzempfindung ausgelöst werden.

Ein neugeborenes Kind besitzt noch weitere Reflexe (es macht Spaß, sie auszuprobieren, wenn gerade ein Baby verfügbar ist) wie etwa den Moro-Reflex, der wahrscheinlich während einer Evolutionsstufe entstanden ist, als die Kinder von den Müttern getragen wurden. Dieser Reflex wurde nach dem deutschen Kinderarzt Ernst Moro (1874–1951) benannt, der ihn 1918 erstmals beschrieben hat. Zu beobachten ist er sowohl beim Menschen als auch bei vielen Säugetieren. Er wird ausgelöst durch ein plötzliches Fallen oder Zurückneigen des Säuglings und besteht im ruckartigen Ausstrecken der Arme, Spreizen der Finger sowie Öffnen des Mundes mit anschließendem Ballen der Faust. Auch innere physische Abläufe sind damit verbunden, wie z. B. das Absinken des Blutzuckerspiegels, eine vermehrte Ausschüttung von Stresshormonen sowie eine Steigerung der Herz- und der Atemfrequenz. Werden Jungtiere am Körper der Eltern getragen, wird durch den Moro-Reflex und das nachfolgende Greifen verhindert, dass das Kind herunterfällt.

Andere Reflexe eines Neugeborenen sind der Greifreflex (die Finger umschließen ein Objekt, das die Handfläche berührt) und der Such- und Saugreflex, der dem Baby ohne Erklärung oder Erfahrung die Nahrungsaufnahme ermöglicht.

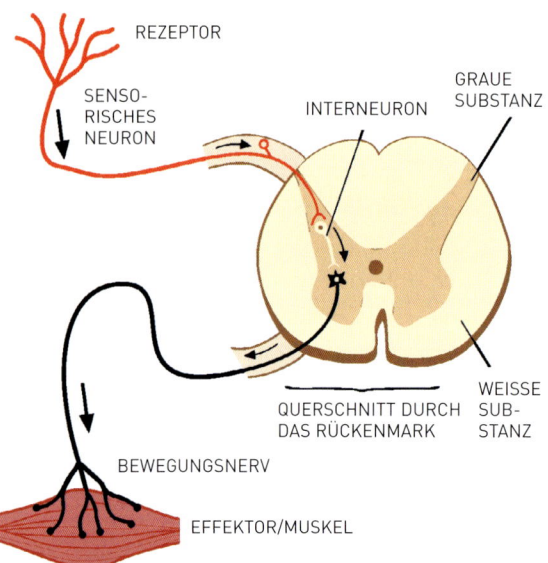

*Beim Menschen führen die meisten sensorischen Neuronen zum Rückenmark und nicht direkt zum Gehirn.*

## ══ Vom Reflex zum Wollen ══

Der englische Arzt und Philosoph David Hartley (1705–1757) entwarf ein Modell der kindlichen Entwicklung vom Reflex

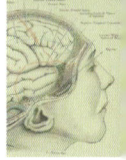

über die willentliche, absichtsvolle Handlung bis zur automatischen (aber willentlichen) Handlung. Anfangs, behauptete er, handeln wir unabsichtlich, wie beim kindlichen Greifreflex. Babys greifen zunächst instinktiv, später wählen sie dann aus, wonach sie greifen. An diesem Punkt wird die Handlung absichtlich. Assoziationen, die sich aus Erfahrungen bilden, bringen das Kind dazu, nach einem Spielzeug, nicht jedoch nach heißen Kohlen zu greifen.

Irgendwann wird das Greifen wieder automatisch, sodass wir uns nicht mehr darauf konzentrieren müssen, sondern es einfach tun, wenn es angebracht ist.

Ein Instinkt ruft Instinktbewegungen hervor, die komplexer sind als ein Reflex, der normalerweise nur einige einzige Handlung beinhaltet. Frisch geschlüpfte Meeresschildkröten bewegen sich beispielsweise immer in Richtung Meer, und Tiere, die Winterschlaf halten, finden und bereiten sich instinktiv einen passenden Platz, wenn sich die Länge des Tages ändert und die Temperatur sinkt.

Im Allgemeinen ist es unmöglich, einen Reflex zu unterdrücken, aber bei einigen Instinkten funktioniert es. Höhere Lebewesen (wie zum Beispiel Menschen) kennen häufig den Auslöser einer instinktiven Handlung und entscheiden dann, nicht zu handeln. Die Tatsache, dass es anfangs nicht willentlich geschieht, bedeutet nicht, dass es nicht durch den Willen beeinflussbar ist, wenn es einmal bewusst gemacht wird. (Hier gibt es aber verschiedene Definitionen: So forderten die amerikanischen Sozialpsychologen Robert Birney und Richard Teevan 1961, dass ein Instinkt unwiderstehlich sein müsse, um als solcher zu gelten.)

*Kurz nach dem Schlüpfen wandern Schildkröten instinktiv zum Meer.*

## Was man nicht lernen muss

Instinkte wurden erstmals von dem französischen Insektenkundler Jean-Henri Casimir Fabre (1823–1915) beschrieben, dessen bahnbrechende Arbeit das Gebiet der Entomologie revolutionierte. In einem seiner berühmten Experimente demonstrierte er die Kraft der Instinkte, indem er Raupen des Pinien-Prozessionsspinners auf den Rand einer runden Schüssel setzte. Da die Raupen immer ihrem Vordermann folgen, wanderten sie unermüdlich sieben Tage lang im Kreis herum.

117

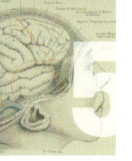

Wilhelm Wundt betrachtete jedes wiederholte Verhalten als Instinkt und listete mehrere Tausend menschliche Instinkte auf. Nicht viel später beschrieb Freud jedes Verhalten als Reaktion auf einen natürlichen Trieb wie Hunger oder den Fortpflanzungstrieb als instinktiv.

Im 20. Jahrhundert wurden dem Menschen weitaus weniger instinktive Verhaltensweise zugeschrieben. Der Behaviorismus maß dem im Leben eines Individuums erlernten Verhalten eine größere Bedeutung bei.

# Klassische Konditionierung

Konditionierte Reaktionen sind keine Instinkte, sondern erlernt, auch wenn sie wiederholte Reaktionen auf den gleichen Reiz darstellen. Das berühmteste Beispiel ist die Arbeit von Iwan Pawlow (*siehe* ▶▶ Seite 75 [Kapitel 3: *Geifern und Sabbern*]). Die klassische Konditionierung beginnt mit einem Reiz-Reaktions-Paar: der unkonditionale (unbedingte) Reiz und die unkonditionale (unbedingte) Reaktion. Zwischen

## LORENZ' GÄNSCHEN

Der österreichische Zoologe Konrad Lorenz (1903 – 1989) studierte das Verhalten von Vögeln. In einer Reihe von berühmten Experimenten nutzte er den Instinkt von Graugans-Küken, um sie auf eine Elternfigur zu prägen.

Dies obliegt normalerweise dem Muttervogel, dem die Küken ohne weitere Aufforderung stets folgen. Lorenz gelang es zu zeigen, dass die Küken von jedem beliebigen Objekt in ihrer Nähe geprägt werden konnten, es musste kein biologisches Elternteil sein. Er prägte die Küken erfolgreich auf seine Stiefel, und sie folgten ihm überall hin, wenn er diese Stiefel trug. So wurde der allgemeine Instinkt der Prägung mit einem individuellen Element kombiniert. In Begriffen des Geistes gesprochen ist die Aktivität – die Prägung – angeboren, aber das prägende Objekt entstammt der Umwelt.

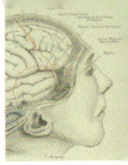

den beiden besteht eine biologische Verbindung. In Pawlows Experiment war der unbedingte Reiz der Geruch oder Geschmack von Fleisch und die unbedingte Reaktion die Speichelbildung.

Der Experimentator verbindet dann einen biologisch neutralen (konditionalen) Reiz mit dem unbedingten. So assoziierten Pawlows Hunde einen bestimmten Ton mit dem Geschmack oder Geruch von Fleisch. Der konditionierte Reiz wird dann verbunden mit einer konditionalen Reaktion, die häufig der unkonditionalen Reaktion ent-

> **VERHALTEN UND ASSOZIATIONEN**
> As Pawlow die Verbindung zwischen konditionalem Reiz und konditionaler Reaktion entdeckte, glaubte er, einen physiologischen Mechanismus entdeckt zu haben, der hinter Assoziationen lag. Er erachtete es als unnötig, herauszufinden, wie Gedanken miteinander assoziiert werden.

spricht. Die Zusammensetzung des Speichels, der von den Hunden als Reaktion auf den konditionalen Reiz produziert wurde, war jedoch anders war als die, die als Reaktion auf den unkonditionalen Reiz hervorgerufen wurde.

## Keine große Überraschung

Neuere Arbeiten des amerikanischen Experimentalpsychologen Robert Rescorla haben gezeigt, dass die Pawlowsche Konditionierung nicht so einfach ist, wie sie zunächst anmutet. Der konditionale Reiz (Pawlows Glocke) ersetzt nicht nur den unkonditionalen Reiz (Fleischgeruch).

Der Organismus lernt vielmehr, wie der konditionale Reiz in seine Umgebung passt, einschließlich der vorhersagbaren Verbindung zu dem unkonditionalen Reiz. Die Komplexität dieser Beziehung wird dadurch deutlich, dass der konditionale Reiz keine konditionale Reaktion hervorruft, wenn er sich zu anderen Zeiten, vor oder mit dem unkonditionalen Reiz ereignet. Dies zeigt, dass die erlernte Fähigkeit der Tiere, Vorhersagen zu treffen, für die Konditionierung von zentraler Bedeutung ist.

Konditionierung ist gewissermaßen die Beseitigung der Überraschung aus der

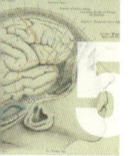

Erfahrung. Wenn der Hund (oder jemand anders) lernt, dass der konditionale Reiz den unkonditionalen Reiz voraussagt, wird das überraschende Moment des unkonditionalen Reizes reduziert.

Konditioniertes Verhalten kann gelöscht werden, wenn der konditionale Reiz wiederholt ohne den assoziierten unkonditionalen Reiz auftritt. Die erneute Wiederherstellung geschieht, wenn die beiden wieder verbunden werden, oder sie kann nach einer gewissen Zeit spontan wieder auftreten.

## Lernen = programmieren

Der Behaviorist John B. Watson war von Pawlows Arbeit stark beeinflusst. Seiner Überzeugung nach erklärt die klassische Konditionierung jedes Verhalten, einschließlich der Sprache. In der Darlegung seiner behavioristischen Weltsicht von 1913 behauptete er, jeder menschliche Charakter könne vollständig durch sorgfältige Manipulation von Reiz und Reaktion geformt werden.

*„Gebt mir ein Dutzend gesunde Kinder, wohlgeformt, und meine eigene festgelegte Welt, um sie aufzuziehen, und ich garantiere, ich kann jeden wahllos nehmen und zu irgendeinem Spezialisten erziehen, Doktor, Jurist, Künstler, Kaufmann und ja, Bettler und Dieb – ohne Beachtung seiner Talente, Neigungen, Tendenzen, Fähigkeiten, Begabungen und der Herkunft seiner Vorfahren."*

Watson war kompromisslos: Nach seiner Auffassung zählt Vererbung nichts und Umwelt alles. Die Persönlichkeit ist vollständig festgelegt, für den freien Willen oder auch Bewusstsein bleibt kein Raum. Deshalb gibt es bei ihm auch keine

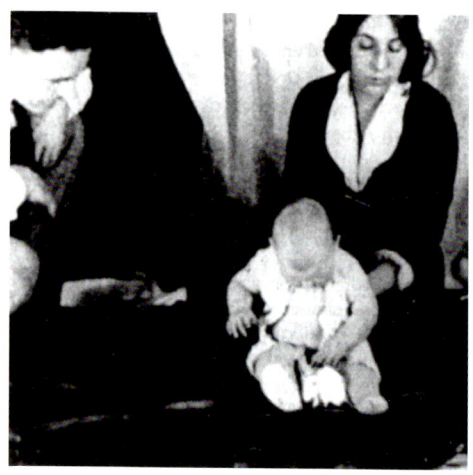

*John Watson und Rosalie Rayner zeigen Albert eine Ratte.*

mentalen Strukturen oder Schemata, um zu erklären, wie wir lernen – es besteht lediglich in einer Verknüpfung von Reiz und zugehöriger Handlung sowie deren Stabilisierung.

## Konditionierte Angst

Watson, dem Pawlows Arbeit mit Hunden imponierte, wollte zeigen, dass sie auch auf den Menschen übertragbar war. Er tat dies mit dem berüchtigten „Little-Albert"-Experiment: 1919 wurde ein neun Monate alter Junge aus der Universitätskrippe ausgewählt, um an dem „Little-Albert"-Experiment teilzunehmen (sein wahrer Name war Douglas Merritte). Ihm wurde eine Reihe von harmlosen Objekten und Tieren gezeigt, unter anderem eine weiße Laborratte. Albert hatte keine Angst und zeigte keine Abwehrreaktionen – aber das sollte sich noch ändern.

Wenn Albert die Ratte berührte, machte Watson ein dröhnendes Geräusch, indem er mit einem Hammer auf ein Stück Metall schlug. Der Junge erschrak. Bald

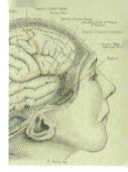

weinte Albert und wollte fliehen, sobald er die Ratte sah. Er bekam auch Angst vor anderen flauschigen weißen Objekten, wie einem Kaninchen, einem Pelzmantel und einem falschen Bart.

Unglücklicherweise wurde Albert von seiner Mutter aus der Krippe genommen, bevor Watson ihn desensibilisieren konnte und so blieb bei dem Jungen wahrscheinlich die Angst vor flauschigen weißen Geschöpfen zurück. Noch trauriger war, dass Albert mit sechs Jahren an einem Wasserkopf starb, den er seit Geburt gehabt hatte. Weil er nicht – wie Watson behauptet hatte – ein normaler, gesunder Junge war, war er nicht einmal ein passender Kandidat für das Experiment gewesen. Kritiker warfen Watson und Rayner auch vor, dass nur ihre eigenen subjektiven Urteile zu Alberts Reaktionen aufgezeichnet wurden. Trotz allem aber scheint das Experiment zu bestätigen, dass Menschen durch klassische Konditionierung beeinflussbar sind.

### Konditionierung als Therapie

1924, kurz nach Watsons Experiment mit Little Albert, setzte die amerikanische Entwicklungspsychologin Mary Cover Jones (1897 – 1987) klassische Konditionierung in der Therapie ein.

Sie arbeitete mit einem Jungen namens Peter, der Angst vor weißen Kaninchen hatte. Immer wieder zeigte sie Peter das Kaninchen und brachte beide langsam einander näher, bis Peter schließlich glücklich mit dem Kaninchen spielen und es an seinen Fingern knabbern lassen konnte. Andere Kinder waren im gleichen Raum und zeigten normale Verhaltensweisen als Vorbild. Diese Art von Verhaltenstherapie

wird noch immer zur Behandlung von Phobien eingesetzt.

### Instrumentelle Konditionierung

Die klassische Konditionierung verbindet einen Reiz mit einer Reaktion, sodass ein Verhalten durch den Prozess der Assoziation erlernt wird. Eine andere Form der Konditionierung setzt beim Verhalten an und arbeitet sozusagen rückwärts.

Alexander Bain (1818 – 1903), der erste britische Psychologe, teilte alle Verhaltensweisen in reflexhaft oder spontan ein. Ein Reflex wird wie bei Tieren automatisch von einem Reiz ausgelöst: Ein Beispiel

*Alexander Bain*

121

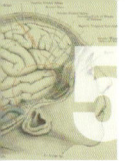 

dazu zu bringen, herauszukommen (und nicht einzuschlafen, wie Katzen das zu tun pflegen). Die Katze erkundete ihre Umgebung und geriet vielleicht zufällig an den Hebel, der die Box öffnete – und fraß den Fisch. Thorndike steckte die gleiche Katze mehrmals in die Box und entdeckte, dass sie immer weniger Zeit brauchte, um den Hebel zu drücken.

So formulierte er das „Gesetz der Wirkung": Verhalten, das angenehme Konsequenzen hat, wird verstärkt, wohingegen Verhalten, dem unangenehme Konsequenzen folgen, eher aufhört. Wenn man eine Wespe in die Hand nimmt und gestochen wird, macht man das nicht noch einmal. Probiert man aber eine Erdbeere und findet sie köstlich, will man noch eine.

Die Stärke des konditionierenden Effekts hängt von der Intensität der Reaktion ab. Dieses einfache Gesetz, das so selbstverständlich erscheint, bildet die Grundlage des Behaviorismus, eine der wichtigsten Bewegungen in der Psychologie des 20. Jahrhunderts.

dafür ist der Lidschlussreflex des Auges, der durch mechanische Reize wie beispielsweise das Spritzen von Flüssigkeiten ausgelöst wird. Spontanes Verhalten ist zunächst zufällig, aber Verhaltensweisen, die ein günstiges Ergebnis zur Folge haben, werden verstärkt. Bain betrachtete Lernen als Ausprobieren oder „spontanes Verhaltenslernen", ein Prozess, den B. F. Skinner später instrumentelle und operante Konditionierung nennen würde.

### — Die Katze in der Box —

Der frühe Verhaltenspsychologe Edward Thorndike (1874–1949) legte die Grundlagen für viele spätere Studien über das Lernen. Er entwarf einen Mechanismus, den er *Puzzle Box* („Problemkäfig") nannte und der von innen durch Drücken eines Hebels geöffnet werden konnte. In der Box war eine Katze und ein Stück Fisch wurde außerhalb platziert, um die Katze

### ASSOZIATION UND VERSTÄRKUNG

Das assoziationistische Modell stellt fest, dass wir Assoziationen zwischen Elementen auf der Basis ihres gleichzeitigen Erscheinens (contiguity), ihrer Nähe (proximity), Häufigkeit (frequency) oder Gegensätzlichkeit (contrast) bilden. Thorndikes Puzzle-Box veranschaulichte das Lernmodell auf der Grundlage der Verstärkung. Ein Verhalten wird verstärkt, wenn die Reaktion darauf positiv ist, was wiederum zur Wiederholung des Verhaltens führt.

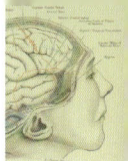

## ─ Wählen und verdammt sein ─

Der polnische Neurologe Jerzy Konorski (1903–1973) war der Erste, der die instrumentelle Konditionierung gründlich erforschte. Er arbeitete zwei Jahre mit Pawlow und nannte die neue Art der Konditionierung „Typ II" oder sekundär konditionierte Reflexe. Der Name, der jedoch meist mit der instrumentellen Konditionierung verbunden wird, ist B. F. Skinner (1904–1990). Skinner lebte und arbeitete in den USA, während Konorski sich weit weg in Stalins Sowjetunion behaupten musste.

Skinner vertrat einen „radikalen Behaviorismus" und wird oft als einflussreichster Psychologe des 20. Jahrhunderts betrachtet. Er behauptete kompromisslos, dass es erstens keinen freien Willen gebe und zweitens mentale Ereignisse keine wirkliche Bedeutung für die Psychologie hätten.

Skinner verwendete wie Thorndike spezielle Käfige, um bei Tieren Reaktion

### ZOCKENDE TAUBEN

2013 entdeckte ein Team unter der Leitung von Jennifer Laude, dass einige Tauben das Risiko lieben. Ihnen wurden zwei Tasten zum Picken angeboten. Die eine gab nur für kurze Zeit eine große Menge an Futterstückchen, in der übrigen Zeit jedoch nichts, die zweite Taste gab jedes Mal drei Futterstückchen. Einige Tauben bevorzugten die riskante Strategie. In weiteren Versuchen zeigten diese Tiere ein impulsives Verhalten. Dies fand man heraus, indem man ihnen wiederum zwei Tasten anbot: Die eine sorgte für die Ausschüttung einer großen Futtermenge, allerdings mit einer Verzögerung von 20 Sekunden, die andere schüttete sofort eine kleine Menge aus.

*Zwanghaftes Spielen bei Menschen folgt einem ähnlichen Muster und wird als Störung der Impulskontrolle betrachtet.*

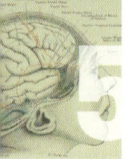
und Lernverhalten zu testen und die Ergebnisse auf die menschliche Psychologie zu übertragen. Die sogenannte Skinner-Box enthält Hebel, die Futter spenden, aber auch andere Reize auslösen können: Licht, ein unter Strom setzbares Bodengitter und einen Lautsprecher.

Skinners bevorzugtes Labortier war die weiße Ratte, aber er benutzte auch Tauben. Er beobachtete das Verhalten der Tiere beim Drücken eines Hebels, der positive, negative oder neutrale Erlebnisse auslöste. Wenn die Ratte den Hebel drückte und Futter bekam, war das eine positive Verstärkung, das Verhalten wurde belohnt und die Ratte wiederholte es.

Wurde der Boden leicht elektrifiziert, was der Ratte unangenehm war, unterbrach das Drücken des Hebels den Strom: Eine negative Verstärkung, die den unangenehmen Reiz beseitigte, auch hier wiederholte die Ratte das Verhalten.

Skinner entwickelte seine Versuche mit Ratten noch weiter: Wenn er ein Licht kurz vor dem Aktivieren des elektrischen Stroms auf dem Boden anschaltete, lernten die Ratten, dass das Licht ein Signal war und liefen zum Hebel, um den Strom wieder zu unterbrechen.

Skinner arbeitete auch mit Bestrafung, die sowohl das Herbeiführen eines unangenehmen Zustandes als auch das Beenden eines angenehmen Zustandes bedeuten konnte.

Im Alltag ist es nicht praktikabel, jedes kleine „gute" Verhalten zu verstärken. Skinner experimentierte damit, Verstärkung über längere Zeit anzuwenden, mit festen oder variablen Pausen zwischen der Verstärkung und festem oder variablem Verhältniswert zwischen verstärktem und nicht verstärktem Verhalten. Intervallbasierte Verstärkungspläne führen zu langsamerem Verhalten. Die Anzahl der Handlungen beeinflusst die Verstärkung nicht, die nur mit der vergangenen Zeit zusammenhängt, selbst der bequemste Proband erhält die Verstärkung – nur durchs Warten.

Verhältnisbasierte Verstärkungspläne produzieren höhere Reaktionsraten, weil der Proband nicht weiß, wann er die Verstärkung zu erwarten hat und immer wieder versucht, sie hervorzurufen.

### RAKETEN-TAUBEN

Die Skinner-Box war nicht Skinners einzige Konstruktion, denn schon in seiner Kindheit liebte er es, seltsame Apparate zu bauen. Während des Zweiten Weltkrieges baute er beispielsweise eine taubengeführte Rakete.

Die Nase der Rakete hatte drei Fächer, die jeweils Platz für eine abgerichtete Taube boten. Durch Picken auf ein Bild des Zieles auf einem Bildschirm wurde die Rakete gesteuert. Wenn das Picken (und das Ziel) nicht in der Mitte des Bildschirms waren, wurde die Raketenbahn korrigiert.

Obwohl das Projekt erfolgreich vorgeführt und mit 250 000 Dollar finanziert wurde, musste es 1944 gestoppt werden, weil das Geld für konventionellere Projekte verwendet werden sollte.

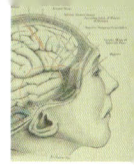

# Zurück zum Geist

Behavioristen betrachten Lernen als einen Prozess körperlicher Programmierung. Damit waren Psychologen, die eine Vorstellung vom Geist hatten, nicht zufrieden. Wie wir gesehen haben, lehnt der Gestalt-Ansatz es ab, mentale Handlungen, Wahrnehmung oder Erfahrung in Elemente oder Stücke (*„chunks"*) aufzuspalten. Sie wiesen auch die behavioristische Trennung zwischen Reiz und programmierter Reaktion zurück und sprachen lieber von einem Lernmuster, das in den gesamten mentalen Zustand des Organismus passte.

Als Wolfgang Köhler wahrscheinlich auf Teneriffa spionierte (*siehe* ▶▶ S. 69 [Kapitel 3: *Der Gestalt-Spion*]), erforschte er gleichzeitig das Lernen von Schimpansen und Hühnern. Er beobachtete die Schimpansen, wie sie Geräte (Kisten, Stangen und Stöcke) benutzten, um an Futter zu kommen, das ohne Hilfsmittel unerreichbar war. Daraus schloss er, dass höher entwickelte Tiere durch Versuch und Irrtum lernten und mögliche Lösungen durchdachten, bevor sie die erfolgversprechendste ausprobierten. Der Punkt, an dem das Tier die Antwort zu haben scheint, ist der Moment der Einsicht.

Bei einsichtsvollem Lernen, das diesem System folgt, ist das Erlernte mental dauerhafter als bei rein mechanischem Lernen oder beim behavioristischen „Versuch und Irrtum". Die Einsicht beim Individuum entsteht aus einer Kombination von früheren Erfahrungen, Erinnerungen und der Gestaltung mentaler Felder und ist ein Verstehen der Struktur des Problems und der Situation.

## Hühner, schwarz und weiß

Köhler arbeitete auch viel mit Hühnern, denen er in einem Experiment Stücke von weißem und grauem Papier zeigte, auf das er Getreide gestreut hatte. Die Hühner, die die Körner von dem weißen Papier picken wollten, scheuchte er weg, aber er erlaubte ihnen, an dem grauen Papier zu picken. Schließlich gingen die Hühner nur noch zu dem grauen Papier, Köhler hatte die Hühner erfolgreich „konditioniert". Dann wiederholte er das Experiment mit grauem und schwarzem Papier. In einem behavioristischen Modell wären die Hühner erneut zu dem grauen Papier gelaufen, weil sie darauf konditioniert waren, das graue Papier zu wählen.

Köhler stellte aber fest, dass die Hühner schnurstracks zu dem schwarzen Papier gingen und schloss daraus, dass die Hühner ein vergleichendes Modell erlernt hatten: Nicht das graue Papier bedeutete erlaubtes Futter, sondern das dunklere der beiden Papiere. Die Hühner lernten eine Regel („iss von dem dunkleren Papier") und wandten sie auch auf eine ähnliche Situation an, ein Prozess, den Köhler „Transposition" nannte.

## Einsicht über Einsicht

Wertheimer entdeckte, dass Menschen mit Einsicht besser lernen. Einsicht zu erlangen ist ein sehr persönlicher Prozess, deshalb gibt es auch keinen einzigen, besten Weg um zu lernen – Lernen ist höchst individuell. Erinnerung und Lernen sind wie ein Muster von Spuren, die durch wiederholte persönliche Erfahrungen

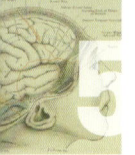

entstehen. Unser Erkennen einer Katze ist abhängig von all unseren früheren Zusammentreffen mit Katzen und den Erinnerungen, die wir daran haben. Wir alle haben unser eigenes Konzept vom „Katzensein", das sich im Laufe der Zeit verstärkt oder verändert, wenn wir mehr über Katzen lernen. Obwohl einige Eigenschaften universell sind – z.B. das Aussehen einer Katze –, stammen andere Aspekte aus unseren ganz persönlichen Erfahrungen. Jemand, der sich an ein geliebtes Tier aus seiner Kindheit erinnert, hat eine andere Vorstellung von Katzen als jemand, der einmal von einer bösartigen Katze angegriffen wurde.

> „Wenn [...] ein Buch so arrangiert werden könnte, dass nur für den, der die Anweisungen der ersten Seite befolgt hätte, die zweite Seite sichtbar würde und so weiter, könnte vieles, wozu heute persönliche Anleitung nötig ist, durch Geschriebenes ersetzt werden."
>
> Edward Thorndike, 1929

## Lernen in der Theorie

Die Gestalt-Psychologen hatten einigen Einfluss auf die kognitive Schule, die das Entdecken von Wissen und die Konstruktion von Bedeutung in den Mittelpunkt des Lernens stellten. Beim Lernen geht es nämlich nicht nur darum, einen Weg aus einem Labyrinth zu finden oder Sprechen zu lernen, sondern auch um Erziehung. Die kognitive Psychologie betrachtet Lernen als zutiefst persönlich, abhängig von Assoziationen und Erfahrungen des Individuums, wie in Bartletts und Piagets Schemata und Piagets Darstellung der Stufen der kognitiven Entwicklung bei Kindern (*siehe* ▶ S. 128).

Selbst der Behaviorist Edward Thorndike erkannte, dass früheres Lernen und Assoziationsmuster – oder die Anzahl der Reiz-Reaktions-Muster – das zukünftige Lernen beeinflussen.

Thorndike war der Erste, der behauptete, die Klassiker zu lernen sei für andere Gebiete nicht unbedingt hilfreich.

Dies ist in der Tat der Fall, es sei denn, die Wissensgebiete stehen in einem Zusammenhang oder Wissen bzw. Fähigkeiten sind auf das andere Gebiet übertragbar. Er empfahl, in *chunks* (Portionen) zu lernen und das Lernmaterial an das Leben und die Lebensumstände des Lerners anzupassen.

John Dewey, Pädagoge und Psychologe, war derselben Meinung und forderte, Lernmaterialien sollten zu selbstständigem Denken ermutigen.

Piaget argumentierte, dass Erziehung die kognitive Entwicklung von Kindern,

### ENTWICKLUNGSSTUFEN NACH PIAGET

- Geburt – 2 Jahre: sensomotorisches Stadium (Objektpermanenz)
- 2 – 7 Jahre: präoperationales Stadium (egozentrisch)
- 7 – 10 Jahre: Stadium der konkret-operationalen Intelligenz (Erhaltung der Substanz von Zahlen und Mengen)
- 11+ Jahre: Stadium der formal-operationalen Intelligenz (abstraktes Denken, logische Schlussfolgerung)

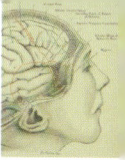

*Vor dem 18. Jahrhundert wurden Kinder wie kleine Erwachsene behandelt. Sie trugen die Kleidung der Erwachsenen und mussten arbeiten, außer, sie waren wohlhabend. John Locke in England und Jean-Jaques Rousseau in Frankreich waren die Ersten, die die Kindheit als einen eigenen Zustand betrachteten.*

die er in klare Stufen gliederte (*siehe* ▶▶ Tabelle S. 126), berücksichtigen sollte.

Die Idee war nicht ganz neu, denn 1762 hatte Jean-Jaques Rousseau in *Émile*, dem ersten philosophischen Text über Erziehung in der westlichen Welt, vorgeschlagen, dass die religiöse Erziehung erst bei Heranwachsenden stattfinden sollte, weil vorher der Geist zu unreif sei, um die Bedeutung religiösen Wissens und Glaubens zu verstehen. Bei einem jüngeren Kind habe dies nur das Nachplappern religiöser Lehren zur Folge, nicht volles Verstehen oder gar Glaube.

Rousseau war der Meinung, dass Erziehung am besten durch Erforschen und Entdecken geschieht. Als Beispiel nannte

> „Die edelste Arbeit in der Erziehung ist, einen vernünftigen Mann zu schaffen, und wir wollen ein junges Kind trainieren, vernünftig zu sein! Dies bedeutet, [...] aus dem Ergebnis ein Mittel zu machen. Wenn Kinder verstünden, wie man vernünftig ist, bräuchte man sie nicht zu erziehen."
>
> Jean-Jaques Rousseau, 1762

er einen Jungen, dem der Schatten eines Drachens auf dem Boden gezeigt wird und der dessen Position herausfinden soll. Dem Kind, schlug er vor, solle erlaubt werden, aus den Konsequenzen seiner Handlungen zu lernen, wobei der Lehrer das Kind vor ernsten Verletzungen beschützte (diese kindzentrierte Erziehung war aber nur für Jungen vorgesehen).

Von Jean-Jaques Rousseau führt eine direkte Linie zu modernen Vorstellungen von Kindererziehung wie bei John Dewey

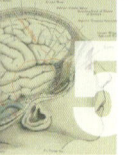

und der italienischen Ärztin und Erzie-
herin Maria Montessori (1870–1952).
(Trotz seiner Rolle als Ratgeber bei der
Erziehung schickte Rousseau selbst eines
seiner Kinder in ein Findelhaus, weil er
die Mühe und Kosten scheute, es aufzuziehen.)

Piaget betrachtete die kognitive Entwicklung als durch die Biologie vorge-
geben – das Wachstum des Kindes kann
man nicht beschleunigen, deshalb sind
Lernziele, die nicht der Entwicklungs-
stufe des Kindes entsprechen, zum Scheitern verurteilt. Er empfahl aktives und er-
kenntnisbasiertes Lernen. Der Plowden
Report (1967), der das System der Grund-
schulerziehung in Großbritannien entwarf, basierte auf Piagets Forschung in
den 1950er-Jahren.

## Computergedächtnis, Menschengedächtnis

Seit den 1960er-Jahren fußten kognitive
Ansätze auf dem Modell des Computers:
Wenn eine Maschine Informationen verarbeiten konnte und innere Zustände
hatte, über die man reden konnte, warum nicht auch der Geist? Das Konzept
der Schemata passte gut zu der Struktur
der Speicherung und Verarbeitung von
Computerdaten. 1968 stellten die amerikanischen Psychologen Richard Atkinson
und Richard Shiffrin ein Modell des
menschlichen Gedächtnisses vor. Es ist
der Art, wie ein Computer mit Daten

*Die Entwicklung der ersten Computer in den
1950er- und 1960er-Jahren beeinflusste den
Ansatz vieler amerikanischer Psychologen.*

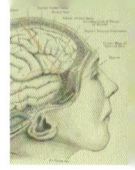

umgeht, erstaunlich ähnlich und besteht aus drei Teilen:

- Sensorische Speicher: Jedes Sinnesorgan hat einen Speicher, der Informationen empfängt, aber nicht verarbeitet. Die Information wird für kurze Zeit gelagert und ins Kurzzeitgedächtnis weitergeleitet, wenn ihr Aufmerksamkeit geschenkt wird.
- Kurzzeitgedächtnis: empfängt und enthält Input sowohl von den sensorischen Ebenen sowie Informationen, die vom Langzeitgedächtnis zurückgeholt werden.
- Langzeitgedächtnis: bewahrt Informationen unbegrenzt auf.
- Der sensorische Speicher ist Teil eines Filterprozesses, in dem wir entscheiden, welchen Reizen wir unsere Aufmerksamkeit schenken. Wir nehmen eine vollständige visuelle Szene wahr, beachten aber nur, was für uns wichtig ist, wie eine Bedrohung, ein Ding, das wir suchen oder einen Menschen, den wir kennen.

Nach dem amerikanischen Kognitionspsychologen George Miller (1920–2012) können wir zwischen fünf und neun Dinge im Kurzzeitgedächtnis behalten (1956). Die Informationen im Kurzzeitgedächtnis verfallen und man vergisst sie nach 18–20 Sekunden – es sei denn, sie werden unaufhörlich oder wiederholt eingeübt.

Im Langzeitgedächtnis kann Information ein Leben lang aufbewahrt werden. Um sich daran zu erinnern, muss die Information zurück ins Kurzzeitgedächtnis. Die Aufnahmefähigkeit des Langzeitgedächtnisses scheint unbegrenzt zu sein: Wir können immer weiter neue Dinge lernen.

Manchmal sind Erinnerungen unerreichbar, obwohl man annimmt, dass sie noch da sind. Wir können uns nicht an Ereignisse aus unserer frühesten Kindheit erinnern, auch wenn sie wahrscheinlich in unserem Gehirn abgespeichert sind.

Dieses Modell wurde immer wieder kritisiert, sein Einfluss blieb aber trotz allem bestehen.

## Die Psychobiologie erklärt alles

Die Psychobiologie erklärt die Tätigkeiten des Geistes in Begriffen der Gehirnphysiologie: chemische Prozesse, das Feuern der Neuronen und die physische Struktur des Gehirns.

Der kanadische Psychobiologe Donald Hebb (1904–1985) wollte die biologischen Prozesse hinter der Assoziation

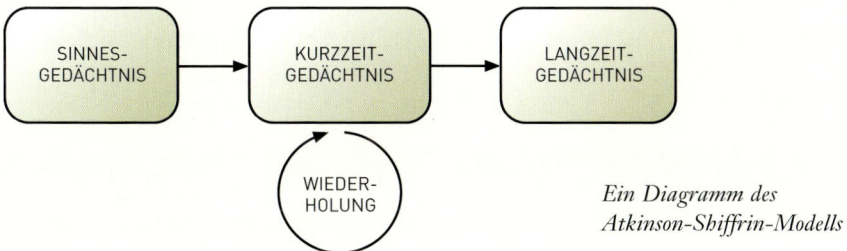

*Ein Diagramm des Atkinson-Shiffrin-Modells*

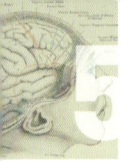

aufdecken, aber er fand nichts in der Biologie des Gehirns, das einen „Assoziationismus" unterstützte. Stattdessen entdeckte er, dass eine neue Wahrnehmung oder ein Wechsel in der Aufmerksamkeit ein Bündel von Neuronen aktivierte, das er einen „Zellverband" nannte. Hebb erklärte, wie in einem Kind das Geräusch von Schritten einen Zellverband anregt, der eine Bündelung der Wahrnehmung formt. Wenn das Kind beim nächsten Mal Schritte hört, wird der gleiche

Verband angeregt, und wenn die Schritte von der Erscheinung eines Elternteils gefolgt werden, ist dabei ein anderer Zellverband beteiligt. Die Aktivität eines Zellverbandes dauert eine kurze Zeit an, ein Phänomen, das er „nachhallende neuronale Aktivität" nannte. Dies bedeutet, dass ein anderer Zellverband, der sehr kurze Zeit aktiviert wird, sich mit dem ersten verbinden kann. Eine Kette von so verbundenen Zellverbänden nannte er „Phasensequenz".

So ruft die erste Wahrnehmung (Schritte) automatisch die zweite (Elternteil) auf, bevor sie sich ereignet hat, und das Kind erwartet die Ankunft des Elternteils, genau wie Robert Resorla herausfand, dass klassische Konditionierung die Überraschung beseitigt (*siehe* ▸▸ S. 119).

Die Zellverbände und Phasensequenzen können entweder durch eine wirkliche Wahrnehmung (Schritte) oder durch einen Gedanken wieder aktiviert werden. Dies ermöglicht uns beispielsweise, das Bild einer Kuh heraufzubeschwören, auch wenn keine wirkliche Kuh zu sehen ist – die Wahrnehmungen, die unsere Vorstellung von einer Kuh bilden, sind schon miteinander verbunden.

Nach Hebb lernt der Säugling „assoziationistisch", indem er neuronale Verbindungen zusammenfügt, um Zellverbände und Phasensequenzen zu bilden. Der Erwachsene lernt auf andere Weise, meist durch Umgestaltung der vorhandenen Verbände und Phasen mittels Kreativität und Einsicht.

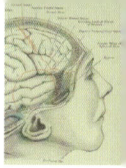

# NEURONEN FÜR ANFÄNGER

1906 teilten sich der italienische Arzt und Naturwissenschaftler Camillo Golgi (1843–1926) und der spanische Neurowissenschaftler Santiago Ramón y Cajal (1852–1934) den Nobelpreis für Physiologie oder Medizin für ihre Entdeckung der Neuronen.

■ Neuronen sind Nervenzellen, die Informationen als elektrische und chemische Signale zu, von und innerhalb des Zentralen Nervensystems (ZNS) befördern.

■ Sensorische Neuronen transportieren Informationen über die Umwelt von den Sinnesorganen zum ZNS. Motorische Neuronen bringen Informationen vom ZNS zu den Muskeln.

■ Innerhalb des ZNS verbinden sich Interneuronen im Rückenmark und im Gehirn, um Informationen weiterzuleiten und zu verarbeiten.

■ Es gibt viele Arten von Neuronen, aber typischerweise bestehen sie aus einem Zellkörper, einem Axon (einer Erweiterung des Zellkörpers) und Dendriten, den verzweigten Enden des Axons.

■ Es kann Hunderte von Dendriten geben, die es dem Neuron ermöglichen, sich mit vielen anderen zu verbinden.

■ Diese Verbindungen zwischen Neuronen finden an den Synapsen statt, kleine Zwischenräume, an denen Chemikalien ein Signal von einer Seite zur anderen tragen.

■ Das menschliche Gehirn besitzt 85 – 100 Milliarden Neuronen und wahrscheinlich tausendmal mehr Synapsen.

■ Das Modell des neuronalen Netzwerkes im Gehirn wurde später auch auf die Entwicklung von Computersystemen angewandt.

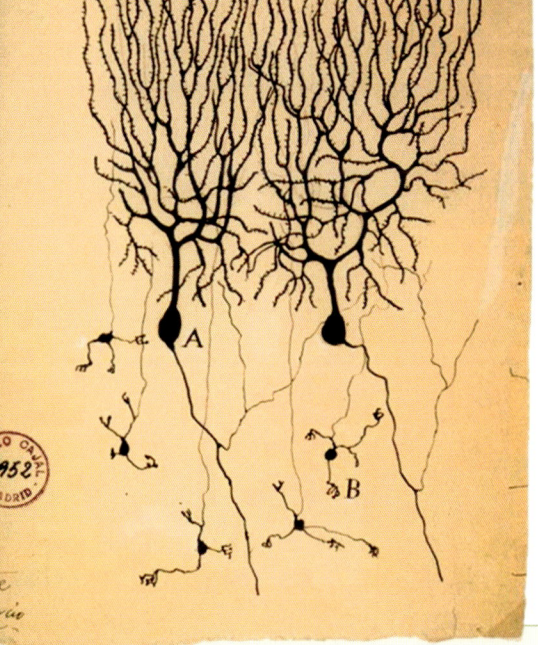

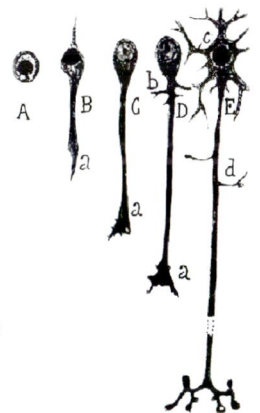

*Cajals Skizzen von Neuronen in einem Taubengehirn*

# KAPITEL 6

# Was macht dich aus? Das **SELBST DEFINIEREN**

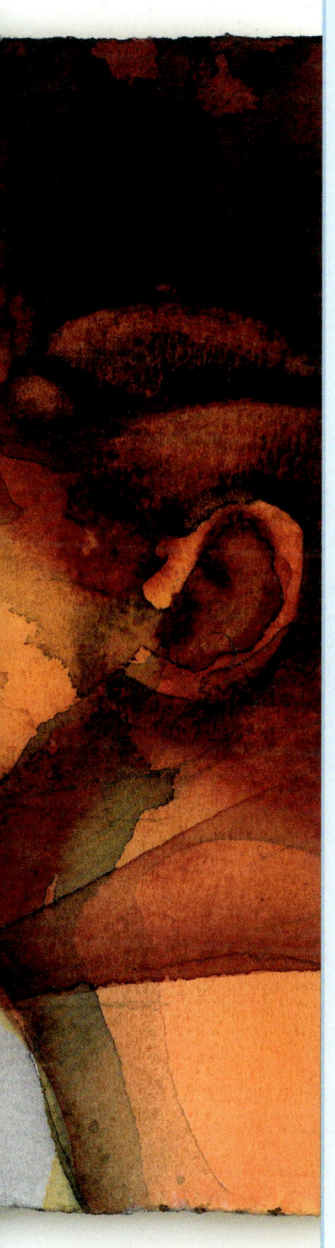

„*Viele Psychologen schreiben das Selbst gerne mit großem S, als ob es etwas kostbares, außerordentlich Wertvolles wäre. Sie machen sich auf, das Selbst zu entdecken, als ob es eine Schatzsuche wäre. Doch es ist nichts anderes als dieses Ding, das durch Anderssein definiert ist.*"

Fritz Perls (1893 – 1970),
deutscher Psychotherapeut,
Entwickler der Gestalt-Therapie

Der unglückliche Astronom David Kinnebrooke verlor 1795 seine Arbeit (*siehe*▸▸ S. 41 [Kapitel 2: *Die Lücke schließen*]), weil wir nicht alle gleich sind. Seine Reaktionszeiten waren langsamer als die seiner Kollegen und diese biologische Tatsache konnte auch nicht mehr durch Lohn oder eine größere Anstrengung geändert werden. Was unterscheidet eine Person von der anderen, in psychologischer oder anderer Hinsicht?

Small Mirror Twin (Kleiner Spiegel-Zwilling)
*von Graham Dean (2003)*

# Natur oder Kultur?

Wir sind verschieden und wir haben Gemeinsamkeiten. Besonders mit unseren engsten Familienangehörigen teilen wir gleiche Merkmale, aber auch mit größeren sozialen oder kulturellen Gruppen haben wir Aspekte von Persönlichkeit, Verhalten und Glauben gemeinsam.

Eine zentrale und ungelöste Frage in der Psychologie ist, wie viel von unserer Persönlichkeit, Fähigkeit und Verhalten angeboren (vererbte Faktoren, „Natur") und wie viel anerzogen ist (die Umwelt/ Kultur, in der wir aufwachsen).

Seit der Zeit von Locke wird das *tabula-rasa*-Modell eng mit der „Kultur"-Position verbunden, denn wenn der Geist eines Säugling leer ist, haben wir die Kontrolle darüber, womit das Kind

in Kontakt kommt und wie es sich entwickelt.

Natur und Kultur können beide für eine hoch deterministische Sicht der Persönlichkeit und des Schicksals stehen: Eine Person kann mit kriminellen Neigungen geboren werden und so genetisch gezwungen sein, Böses zu tun, oder in einer Umwelt aufwachsen, die ihm oder ihr den inneren Zwang einimpft, Böses zu tun. Studien anhand von Zwillingen oder adoptierten Kindern haben oft versucht, den großen der Einfluss von Biologie bzw. Erziehung auf das Individuum aufzuzeigen (*siehe* ▸▸ S. 142 [dieses Kapitel: *Die genetische Lotterie*]).

## Freier Wille und Determinismus

In diesem Zusammenhang kommt die Frage auf, ob wir einen freien Willen besitzen oder ob unsere Handlungen festgelegt sind.

Noch komplizierter wird es, wenn wir erkennen, dass jeder Wunsch oder Drang, dem Einfluss der Genetik oder der Umwelt zu widerstehen, selbst ein Aspekt des Charakters und so ein Produkt der Genetik oder der Umwelt ist.

Ob wir die Kontrolle darüber haben, wer wir sind, ist eine wichtige Frage, nicht nur für die theoretische Psychologie, sondern auch für ihre praktischen Anwendungen, zum Beispiel bei der Gesetzgebung oder der Pädagogik. Trägt jemand psychopathische Gene, ist er dann verantwortlich für seine Taten? Wenn jemand in einer Umgebung von Missbrauch oder lähmenden Vorurteilen aufwuchs, inwieweit ist er dann verantwortlich für seine Ansichten und sein Verhalten?

# Unter einem schlechten Stern stehen

Jahrtausendelang glaubten Menschen, dass unsere Persönlichkeit durch die Stellung der Himmelskörper beeinflusst wird. Im 6. Jahrhundert v. Chr. begann man, Geburtshoroskope zu erstellen, das früheste erhaltene Horoskop stammt aus dem Jahr 410 v. Chr.

Im Mittelpunkt der Astrologie steht der Glaube, dass die Position der Planeten und Sterne zum Zeitpunkt der Geburt die Persönlichkeit und Ereignisse im Leben vorherbestimmen kann. Daran glauben nicht wenige Menschen noch immer.

Obwohl es keine bewiesene Verbindung zwischen der Persönlichkeit und der Stellung der Erde zu den Sternen gibt, stellt die Astrologie den frühesten Versuch einer Erklärung der Persönlichkeit dar.

## Aufstieg, Fall und Wiederaufstieg der Astrologie

Die Astrologie entwickelte sich in vielen Kulturen der Welt, so zum Beispiel in Babylonien, Indien, China und Mittelamerika. Die babylonische Tradition wurde in Ägypten und Griechenland weitergeführt und von dort nach Rom getragen.

Nach dem Untergang des römischen Reiches erlebte die Astrologie in Europa einen Niedergang, blühte aber in der arabischen Welt auf. Im Mittelalter, als Übersetzungen griechischer und arabischer Texte zugänglich wurden, erwartete man von den Ärzten, dass sie vor der Behandlung ihrer Patienten die astrologischen Voraussetzungen prüften.

*Ein Tierkreis aus dem 17. Jahrhundert*

Auch einige der großen Sternenbeobachter der Renaissance, wie der dänische Astronom Tycho Brahe (1546–1601), der italienische Universalgelehrte Galileo Galilei (1564–1642) und der deutsche Mathematiker Johannes Kepler (1571–1630), waren praktizierende Astrologen und auch wenn sie nicht alle daran glaubten, war die Astrologie doch eine gute Einkommensquelle.

Als das Modell des unveränderlichen Universums gestürzt wurde, verlor auch die Astrologie an Glaubwürdigkeit. Mit der Entdeckung von Kometen und neuen Sternen wurde das Gebäude der Astrologie noch weiter untergraben.

Nach einigen Versuchen, sie wiederzubeleben, ging sie im 18. Jahrhundert mehr oder weniger unter und tauchte erst wieder auf, als in einer britischen Zeitung 1930 das Geburtshoroskop der britischen Prinzessin Margaret erschien.

## Guter Saft, schlechter Saft

Mehr als 2000 Jahre lang fußte das vorherrschende Modell des Geistes auf den Theorien des Hippokrates und später Galens (*siehe* ▶ unten). Sie erklärten die Gesundheit von Geist und Körper und Aspekte des Temperaments oder der Persönlichkeit durch die Theorie der Säfte. Man stellte sich vor, dass vier Substanzen, „Säfte" genannt, im Körper in unterschiedlicher Verteilung vorhanden sind: Blut, Phlegma, gelbe und schwarze Galle.

Sechshundert Jahre trennen den griechischen Arzt Hippokrates von Kos (geb. 450 v. Chr.) von Galen von Pergamon (130 – 200 n. Chr.), einem im römischen Reich lebenden griechischen Arzt. Wie Hippokrates stellte Galen ein Kompendium des medizinischen Wissens

seiner Zeit zusammen und fügte seine eigene Forschung hinzu. Für beide wurden Gesundheit und Krankheit von Körper und Geist durch das Gleichgewicht der Säfte beherrscht. Sind diese ausgeglichen, ist der Mensch gesund, ist aber einer zu dominant oder fehlt gar, kommt es zu einer Erkrankung und die Gesundheit lässt sich nur durch das Gleichgewicht der Säfte wiederherstellen.

Dieses Gleichgewicht wird durch Ernährung, Aktivität, Alter und Lebensstil sowie durch Krankheit beeinflusst. Dazu kommt, dass jeder Mensch von Natur aus ein bestimmtes Temperament besitzt. Einige Menschen haben einen natürlichen hohen Anteil an gelber Galle und ein cholerisches Temperament. Sie neigen dazu, ihre Untergebenen und

*Ein Horoskop von 1411, das einen Planeten im Haus der Fische zeigt*

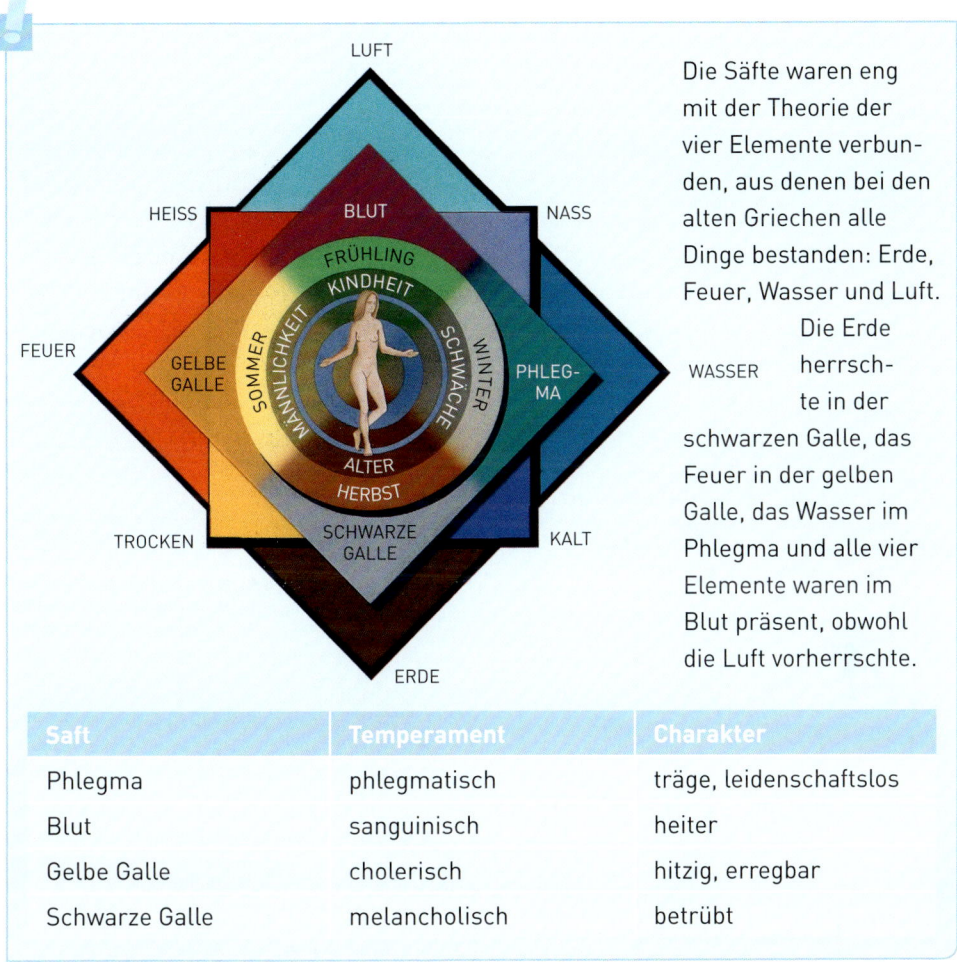

Die Säfte waren eng mit der Theorie der vier Elemente verbunden, aus denen bei den alten Griechen alle Dinge bestanden: Erde, Feuer, Wasser und Luft. Die Erde herrschte in der schwarzen Galle, das Feuer in der gelben Galle, das Wasser im Phlegma und alle vier Elemente waren im Blut präsent, obwohl die Luft vorherrschte.

| Saft | Temperament | Charakter |
|---|---|---|
| Phlegma | phlegmatisch | träge, leidenschaftslos |
| Blut | sanguinisch | heiter |
| Gelbe Galle | cholerisch | hitzig, erregbar |
| Schwarze Galle | melancholisch | betrübt |

Familienmitglieder anzuschreien, zeigen ein aggressives Fahrverhalten und verlieren leicht die Fassung.

Jemand mit mehr Blut als anderen Säften hat ein sanguinisches Temperament, eine melancholische Natur hingegen ist von schwarzer Galle bestimmt. Dominiert das Phlegma in einem Menschen, ist er – wenig überraschend – phlegmatisch.

Die Theorie der Säfte hielt sich bis ins 19. Jahrhundert. Sie war die erste pseudobiologische Erklärung des Charakters und gab der Natur gegenüber der Kultur deutlich den Vorrang, obwohl auch Ernährung und Lebensumstände das Gleichgewicht der Säfte und somit die Gemütslage beeinflussen.

## Aussehen ist wirklich alles

Der Glaube, dass man den Charakter eines Menschen an seinem Gesicht ablesen kann, existierte schon im antiken Griechenland. In Europa lehrten einige Universitäten bis zur Renaissance, wie man den Charakter anhand bestimmter Gesichtszüge bestimmte.

Nicht jeder aber war davon überzeugt und in England wurden solche Praktiken von Heinrich VIII. verboten, der Bettler und Vagabunden, die „subtile, gewiefte und ungesetzliche Spiele wie Physiognomik und Handlesen" spielten, loswerden wollte. Leonardo da Vinci fand es unwissenschaftlich, nahm aber trotzdem an, dass die Falten, die mit zunehmendem Alter auf dem Gesicht erscheinen, den Charakter zeigen, weil sie auf Gesichtsausdrücke hinweisen, die zur Gewohnheit wurden, wie Lächeln oder Stirnrunzeln.

Die Theorie der Säfte wurde auch herangezogen, um den Charakter an der Erscheinung abzulesen, denn es schien wahrscheinlich, dass es eine Beziehung zwischen dem Aussehen und dem Temperament gab.

Dem Sanguiniker wurde zum Beispiel ein rötlicher Teint zugeschrieben, der melancholische Typ als blass und dünn betrachtet.

Im 18. Jahrhundert wurde die Physiognomie durch den Schweizer Dichter und Pastor Johann Kaspar Lavater (1741–1801) wiederbelebt und bekannt gemacht. Er war der Überzeugung, dass zwischen Seele und Körper ein enger Zusammenhang besteht. Eine unselige Konsequenz daraus war, dass man äußere Schönheit für ein Kennzeichen der Tugend hielt. Lavaters Arbeit hatte großen Einfluss, zum Beispiel auf den deutschen Anatom und Physiologen Franz Joseph Gall (1758–1828).

## Grips und Beulen

Gall war der Erste, der zwischen der grauen Gehirnmasse, die Neuronen enthält und der weißen, die die Ganglien enthält (die für die Verbindungen innerhalb des Gehirns zuständig sind), unterschied. Er war nicht nur überzeugt davon, dass verschiedene Gebiete des Gehirns („Organe") verschiedene Aufgaben übernehmen („lokale Funktionen"), sondern auch, dass der Form des Schädels die genaue Struktur des Gehirns entspricht.

Durch Vermessung der Ausformungen des Schädels wollte er die Größe der verschiedenen „Organe" des Gehirns bestimmen und so Einblick in den Charakter bekommen.

*Einige Bücher über Physiognomie betonten die Ähnlichkeit zwischen unterschiedlichen menschlichen Gesichtern und Tieren. Wer einem Tier ähnelte, sollte auch einige Merkmale des tierischen Charakters besitzen.*

## HANDLESEN

Handlesen (Chiromantie oder Chirologie) ist der Glaube, aus den Linien in der Handfläche den Charakter und die Zukunft eines Menschen „lesen" zu können. Es hat eine lange Geschichte und wurde in China, Tibet, Persien, Sumer, dem antiken Israel, Mesopotamien und in Europa praktiziert.

Auch Hippokrates studierte bei der Diagnose die Hände seiner Patienten. Aristoteles kommentierte: „Linien sind nicht ohne Grund in die Hand des Menschen geschrieben. Sie stammen von himmlischen Einflüssen und der Individualität des Menschen."

Im mittelalterlichen Europa hielt die Kirche das Handlesen für einen heidnischen Aberglauben und während der Renaissance wurde das Handlesen neben der Nekromantie zu den verbotenen Künsten gezählt.

In Europa tauchte das Handlesen 1839 wieder auf, als der französische Offizier Captain Casimir Stanislas D'Arpentigny (1791–1864) eine einflussreiche Abhandlung über das Thema schrieb. Er interessierte sich für die „Chirognomie", nachdem ein Zigeunermädchen ihm während eines militärischen Feldzuges in Spanien aus der Hand gelesen hatte. Es wurde in der zweiten Hälfte des 19. Jahrhunderts zunehmend beliebt.

---

*„Es gibt vier Temperamente … das lymphatische, das sanguinische, das gallische und das nervöse. Die verschiedenen Temperamente werden durch äußere Zeichen angedeutet [...].*

*Das erste oder lymphatische Temperament erkennt man an der runden Körperform, weichen Muskeln, der Überfülle des Zellgewebes, blondem Haar und einer bleichen Haut. Es wird begleitet durch träge Lebenszeichen, schwach und langsam im Kreislauf. Das Gehirn als Teil des Systems ist ebenso langsam, träge und schwächlich in seiner Arbeit, die mentalen Äußerungen sind dementsprechend schwach.*

*Das zweite oder sanguinische Temperament erkennt man an gut definierten Formen, moderater Rundlichkeit der Person, passabler Festigkeit des Fleisches, hellem bis kastanienbraunem Haar, blauen Augen, hübschem Aussehen mit rötlichem Antlitz. Es ist durch hohe Aktivität der Blutgefäße, Vorliebe für Bewegung und eine lebhafte Haltung gekenn-*

*zeichnet. Das Gehirn hat teil an dem allgemeinen Zustand und ist energisch und aktiv.*

*Das fibröse Temperament (allgemein, aber unangemessen, das gallische genannt) wird an schwarzem Haar, dunkler Haut, gemäßigter Fülle und großer Festigkeit des Fleisches mit rauem Profil der Person erkannt. Die Funktionen teilen eine große Handlungsenergie, die sich auf das Gehirn ausweitet, und das Antlitz zeigt starke, deutliche und entschlossene Züge.*

*Das nervöse Temperament ist an dünnem Haar, dünner Haut, kleinen, dünnen Muskeln, Schnelligkeit der Muskelbewegung, einem bleichen Antlitz und einer empfindlichen Gesundheit erkennbar. Das gesamte Nervensystem, einschließlich des Gehirns, ist aktiv und voller Energie und die mentalen Äußerungen sind dementsprechend lebendig und kraftvoll."*

William Mattieu Williams (1820–1892), englischer Wissenschaftsautor und Lektor, in *A Vindication of Phrenology*, 1894, posthum veröffentlicht

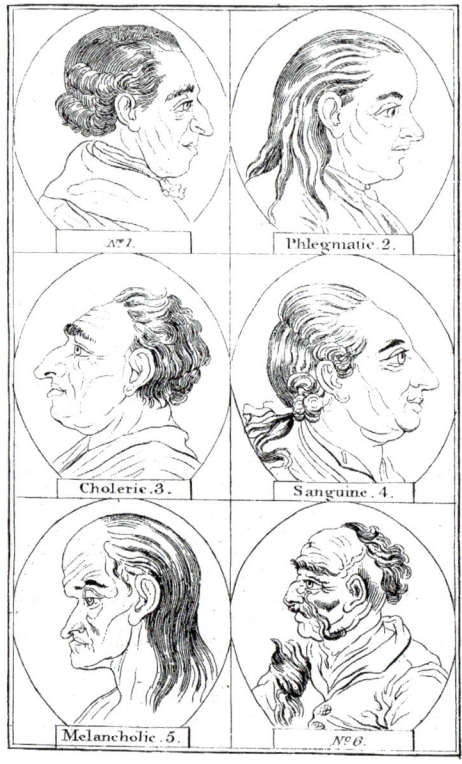

*Lavaters Beschreibung verschiedener Temperamente in der Physiognomie*

Seine Schädelmessungen wurden als „Phrenologie" bekannt und waren bei den Herrschenden nicht beliebt: Die Kirche hielt sie für antireligiös, 1802 verbot die Regierung von Österreich seine Vorlesungen. Drei Jahre später musste er das Land verlassen.

Johann Gaspar Spurzheim (1776–1832), der als Galls Assistent begann, entwickelte die Phrenologie weiter und brachte sie nach Amerika. Bekannte Autoren wie Walt Whitman, Edgar Allan Poe, Mark Twain und Herman Melville in Amerika sowie Emily Brontë und Charles Dickens in England verwendeten das Thema in ihren Büchern und machten es so überall bekannt.

### DARWINS FAULE NASE

Die Physiognomie wurde wirklich ernst genommen: Der englische Naturforscher Charles Darwin (1809–1882) konnte beinahe nicht zu seiner erkenntnisreichen Forschungsreise, die ihn zur Evolutionstheorie inspirierte, aufbrechen, weil ihn der diensthabende Kapitän, Robert FitzRoy (1805–1865), als Naturwissenschaftler an Bord des Forschungsschiffes *HMS Beagle* ablehnte. Er meinte an Darwins Nase einen nur unzureichend entschlossenen Charakter ablesen zu können.

*Was sagt Kaspar Lavaters markantes, beinahe spitzes Profil über seine Persönlichkeit aus?*

Das Studium der Physiognomie und Phrenologie wurde von weißen Wissenschaftlern vorangetriebenen, die leider dazu neigten, nach Rassenkriterien zu unterscheiden und andere Gesichts- und Kopfformen als Anzeichen niederer Moral und geringer Intelligenz betrachteten.

## Geborene Verbrecher

Der italienische Kriminalist Cesare Lombroso (1835–1909) verband Sozialdarwinismus (*siehe* ▶ rechts), Psychologie und Physiognomie zu einer Theorie der kriminellen „Typen". Er betrachtete Kriminalität zumindest bei Schwer- und Gewohnheitsverbrechern als vererbt und hielt Kriminelle für Rückfällige in frühe Stadien der menschlichen Evolution. Er glaubte, Verbrecher könnten anhand ihrer körperlichen Erscheinung wie gewölbter Stirn, langen Armen und hervorspringenden Kiefern als „affenähnlich" charakterisiert werden. Auch ungewöhnlich große Ohren und ein asymmetrisches Gesicht betrachtete er als Kennzeichen von Kriminellen.

Nicht alle diese Merkmale waren äußerlich sichtbar: Lomboroso dachte, der kriminelle Typ besitze ein scharfes Sehvermögen, ein Fehlen moralischen Bewusstseins und eine Neigung zu Grausamkeit, Eitelkeit, Erregbarkeit und Rachsucht.

Einige dieser Eigenschaften spielen im Leben von Gewaltverbrechern sicher eine Rolle, die Größe der Ohren erscheint aber doch als unpassendes Anzeichen für Kriminalität. Lombrosos Theorie fand in Europa wenig Unterstützung, war aber in den USA höchst erfolgreich und führte zur Kriminalphysiognomik.

## Sozialdarwinismus

Wenn Körpersäfte und die Stärken und Schwächen des Gehirns das Verhalten des Individuums festlegen, liegt nahe, dass es durch Vererbung stark beeinflusst wird. In der zweiten Hälfte des 19. Jahrhunderts war dieser Gedanke allgegenwärtig, denn der Einfluss von Darwins Evolutionstheorie wirkte sich auf alle Bereiche der Naturwissenschaft aus. Die Wirkung auf das aufkeimende Feld der Psychologie war beträchtlich. Der britische Psychologe Francis Galton (1822–1911), berühmt für seine Intelligenztests und berüchtigt für seine Empfehlung, weniger Intelligente

*Eine phrenologische Karte des Gehirns aus dem frühen 19. Jahrhundert*

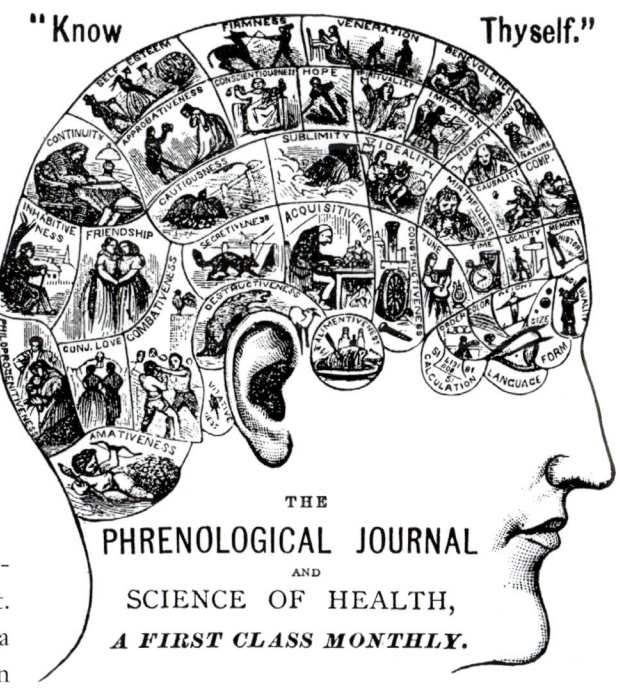

141

sollten sich nicht fortpflanzen, prägte den Begriff *„nature versus nurture"* („Natur oder Kultur"). Er schlug sich auf die Seite der Natur und untermauerte seine Sicht mit Erkenntnissen aus Studien, die er an eineiigen und zweieiigen Zwillingen durchführte.

Galton und andere versuchten, Darwins Prinzip der natürlichen Selektion auf die Gesellschaft zu übertragen, ein Ansatz, der heute „Sozialdarwinismus" genannt wird. Hier finden wir den Glauben, dass „bessere" Menschen erfolgreich sind und die „schwächeren" vor die Hunde gehen (sollten).

Auch in einem kapitalistischen System, in dem die Kranken, Schwachen oder Behinderten keine Unterstützung erhalten, finden wir diese Überzeugung. Des Weiteren ist die *Eugenik*, eine Methode, die die Menschheit durch Einschränkung der Fortpflanzung von als minderwertig erachteten Menschen verbessern wollte, ein Ergebnis dieser Lehre.

*Lombrosos kriminelle Typen*

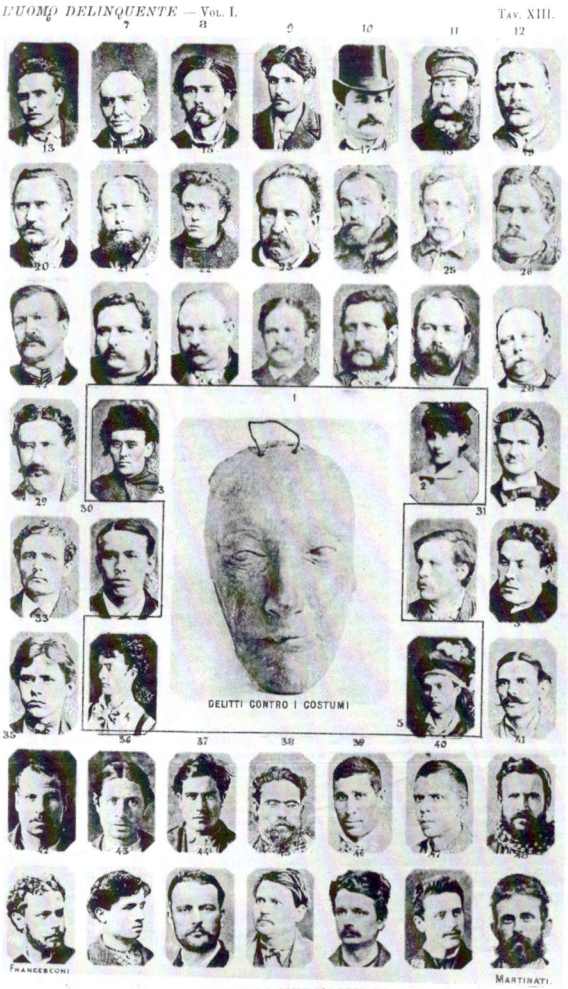

# Die genetische Lotterie

Seit der Veröffentlichung von Darwins Evolutionstheorie und der Arbeit von Gregor Mendel (1822 – 1884) wird allgemein akzeptiert, dass viele unserer persönlichen Kennzeichen vererbt sind. An gut sichtbaren Kennzeichen wie Augenfarbe und Nasenform ist die Vererbung leichter zu erkennen als bei geistigen Eigenschaften. Wir alle kennen Menschen, die ihren Eltern und ihren Geschwistern ähnlich sehen. Doch inwieweit sind schlechte Charaktereigenschaften erblich bedingt und in welchem Maß Einflüssen aus der Umgebung geschuldet? Den Einfluss von Vererbung und Umwelt auf die Entwicklung von Charakter und Intelligenz zu entwirren, bleibt schwierig.

## — Zwillingsforschung —

Die Forschungsarbeit mit eineiigen Zwillingen ist ein Versuch, den Vererbungsfaktor von Persönlichkeit und Charaktereigenschaften zu bestimmen.

## ERDICHTETE VERBRECHER

Die Annahme, dass die verbrecherische Natur eines Menschen sich in seinem Äußeren zeigt, findet sich auch in der Literatur des 19. Jahrhunderts. In *Oliver Twist* beschreibt Charles Dickens den Kriminellen Fagin als *„alten, verschrumpelten Juden, dessen schurkisches und* abstoßendes Gesicht durch einen Wust verfilzten roten Haares verdeckt wurde".

Beim ersten Blick auf den Sträfling Magwitch in *Great Expectations* beschreibt Dickens nur dessen Kleidung und körperlichen Zustand, weil Magwitch sich als gut erweisen wird:

*„Ein furchtsamer Mann in Grau, mit einer schweren Fußfessel an seinem Bein. Ein Mann ohne Hut und mit kaputten Schuhen, und mit einem Lumpen um den Kopf gewickelt. Ein Mann, in Wasser getränkt und mit Schmutz bedeckt, von Steinen gelähmt, geschnitten vom Kies, von Brennnesseln gestochen, von Dornen zerrissen; er hinkte und fröstelte, starrte und brummte, und seine Zähne klapperten [...] als er mich beim Kinn ergriff."*

## BITTE LÄCHELN – ODER NICHT?

Die neu aufkommende Fotografie war ein Hilfsmittel der Physiognomik bei der Bestimmung mentaler Typen. Im 19. Jahrhundert konnten Menschen in Anstalten in verschiedenen Stadien ihrer Krankheit fotografiert werden. Dadurch stand eine größere Auswahl an Beispielen zur Verfügung als nur durch Skizzen. Lombroso und Galton nutzten Fotografien, um kriminelle und psychologische „Typen" zu beschreiben und der Neurologe Jean-Martin Charcot fotografierte hypnotisierte Patienten, um verschiedene Stufen der Hysterie zu zeigen.

Die ersten Zwillingsstudien führte Francis Galton in den 1870er-Jahren durch. Er nutzte Fragebögen, um psychologische Merkmale zu bewerten und kam zu dem Schluss, dass dabei die Natur, das heißt die Vererbung, vorherrschend ist.

Der Behaviorist Edward Thorndike leitete die ersten experimentellen Zwillingsstudien mit 50 Zwillingspaaren. Er testete Zwillinge verschiedenen Alters (9–10 und 13–14 Jahre) und stellte fest, dass der Einfluss der Vererbung mit dem Alter abnimmt – Zwillinge starten mit dem gleichen genetischen Erbe und der gleichen Umgebung, wenn sie sich aber zur Selbstständigkeit entwickeln und eigene Erfahrungen machen, werden ihre Charaktere unterschiedlicher. Auch nachfolgende Studien stützten die Annahme, dass Vererbung und Genetik den Charakter beeinflussen.

Zwillinge: Kate und Grace Hoare *(1879)* *von John Everett Millais. Sie sehen gleich aus,* *aber Millais gelingt es, ihren unterschiedlichen* *Charakter zum Ausdruck zu bringen.*

## Was ist mit der Intelligenz?

Die Vererbung von Intelligenz ist ein politisch schwieriges Feld. Galton war von solchen Empfindlichkeiten unbeeindruckt und beschäftigte sich nicht nur mit dem Thema, sondern schlug auch vor, dass Menschen von geringer Intelligenz besser zölibatär in Klöstern leben sollten, anstatt Kinder zu bekommen. Mit einer Methode, die er „Historiometrie" nannte, führte er die erste Studie über Genialität durch, um festzustellen, ob Intelligenz vererbbar ist. Dabei untersuchte er biographische Aufzeichnungen, um aus der Anzahl bedeutender Verwandter eines Einzelnen Schlüsse auf Vererbungsmuster der Intelligenz zu ziehen. Je enger die Verbindung zwischen den Einzelnen durch direkte Verwandtschaft (Eltern–Kind), desto ausgeprägter war der feststellbare Zusammenhang zwischen Berühmtheit und Vererbung. Dabei war die Methode davon abhängig, ob eine intelligente Person sich in einem Arbeitsfeld verwirklichen konnte oder überhaupt einen Zugang dazu hatte. Seine Ergebnisse legten zwar nahe, dass Intelligenz angeboren ist, lieferten aber keine Anhaltspunkte im Hinblick auf die Bedeutung der Umwelt für die Verwirklichung des Potenzials des Einzelnen.

Obwohl Intelligenz-Tests in der ersten Hälfte des 20. Jahrhunderts ein wachsendes Gebiet – und ein gutes Geschäft – waren, wurde die Vorstellung von der genetischen Bedingtheit von Intelligenz in der zweiten Hälfte des 20. Jahrhunderts zu einer politisch heiklen Angelegenheit.

Wenn manche Menchen unwiderruflich weniger intelligent sind als andere – einfach, weil sie so geboren wurden –, entstehen verzwickte Auswirkungen auf die Erziehung und eine leistungsorientierte Gesellschaft.

Studien des späten 20. und frühen 21. Jahrhunderts haben gezeigt, dass Intelligenz sich sowohl aus Einflüssen von Vererbung als auch der Umwelt zusammensetzt. Dies sagt uns auch unser gesunder Menschenverstand: Jemand kann mit dem Potenzial geboren sein, erfolgreich zu sein, aber die Umweltbedingungen können dies unmöglich machen – oder umgekehrt.

## Das „Du" aufbauen

Einige Philosophen und Psychologen hielten die Natur für größtenteils oder vollständig verantwortlich für die Persönlichkeit, für viele andere war die Umwelt –

### ZWILLINGE: ANGEBOREN ODER ANERZOGEN?

Eineiige Zwillinge eignen sich besonders gut zu Forschungszwecken, wenn sie bei ihrer Geburt getrennt und in verschiedenen Familien aufgewachsen sind. Sie haben eine identische genetische Ausstattung, sind aber anderen Umwelteinflüssen ausgesetzt. Ein Vergleich kann Aufschlüsse darüber geben, welche Merkmale genetisch bedingt und welche der Umwelt zuzuschreiben sind. Aber auch wenn sie nicht getrennt werden, zeigen sich interessante Ergebnisse: Eine Studie über Schizophrenie zeigt, dass nur in 50 % Prozent aller Fälle beide Zwillinge von der Krankheit betroffen sind, weshalb Schizophrenie nicht vollständig genetisch bedingt sein kann.

### WAS IST INTELLIGENZ?

*„Ein allgemeines mentales Können, das [...] die Fähigkeit, zu überlegen, zu planen, Probleme zu lösen, abstrakt zu denken, komplexe Ideen zu begreifen, schnell und aus Erfahrung zu lernen, beinhaltet. Es ist kein Buchwissen, begrenztes akademisches Können oder eine schlaue Testfähigkeit, sondern spiegelt eine weite und tiefe Fähigkeit wieder, unsere Umgebung zu verstehen, zu ‚kapieren', ‚Sinn zu machen' oder ‚auszuknobeln', was zu tun ist."*
Linda S. Gottfredson,
amerikanische Schulpsychologin

Erziehung und andere Umwelteinflüsse – ganz oder teilweise bestimmend.

## Umwelteinflüsse

Für Locke, der die Seele für ein unbeschriebenes Blatt hielt, war die Erfahrung alles. Für ihn war Erziehung von überragender Bedeutung und er erachtete sie für die Entwicklung eines Menschen als entscheidend. Er empfahl einen besonders sorgfältigen Umgang mit den Gedanken und Reizen, denen kleine Kinder ausgesetzt werden, da die ersten Zeichen auf der *tabula rasa* besonders prägend seien.

*„Die kleinen und fast unsichtbaren Eindrücke auf unsere zarten Kleinen haben sehr große und lang andauernde Konsequenzen."*

Er sprach sich deshalb auch dagegen aus, Kindern Gruselgeschichten zu

---

### WUNDERKINDER

In einer Reihe von Studien im frühen 21. Jahrhundert nutzte L. R. Vandervert die neue Positronen-Emissions-Tomographie (PET), ein bildgebendes Verfahren, um die Gehirnaktivität von Wunderkindern zu untersuchen. Er fand heraus, dass bei solchen Menschen einige Teile des Gehirns (die mit ihren Begabungen zusammenhängen) besser entwickelt sind als bei anderen. Insbesondere nutzten sie ihr Langzeitgedächtnis mehr.

Der Schachlehrer László Polgár erzog seine drei Töchter zu Weltklasse-Schachspielerinnen, aber obwohl er selbst ein Schachtalent war, kann die Vererbung hier nicht alles erklären.

Der deutsche Komponist Georg Friedrich Händel (1685–1759) entwickelte trotz seines Umfeldes sein musikalisches Talent. Obwohl er nicht zum Musizieren ermutigt wurde, sondern es ihm ganz im Gegenteil sehr schwer gemacht wurde, entwickelte er sich zu einem herausragenden Musiker:

*„Er besaß einen solch starken Hang zur Musik, dass sein Vater, der ihn zum Studium der Rechte drängte, Grund hatte, besorgt zu sein. Er verbat ihm strengstens, sich mit Musikinstrumenten zu befassen, aber Händel fand einen Weg, heimlich ein kleines Clavichord zu besorgen und in einem kleinen Zimmer im obersten Teil des Hauses unterzubringen. Dorthin stahl er sich nachts, wenn alle schliefen."*

John Mainwaring,
Händels erster Biograph, 1760

*László Polgár und Familie*

erzählen, weil es nur Angst vor der Dunkelheit erzeuge.

Jean-Jaques Rousseau war mit Lockes *tabula-rasa*-Theorie nicht einverstanden: Er betrachtete die Menschheit als im Grunde edel und gut, das waren für ihn angeborene Merkmale des Geistes.

Für ihn waren Umwelt und Erfahrungen wie Schmutz, der sich über das Potenzial des kleinen, edlen Geistes legte: *„Alles ist gut, wenn es die Hände des Schöpfers verlässt, alles verdirbt in den Händen des Menschen."*

David Hume, ein Zeitgenosse von Rousseau, vertrat eine moderate Position. Für ihn wurden alle Menschen von Leidenschaften beherrscht und wir haben alle die gleichen Leidenschaften, wenn auch verschieden stark ausgeprägt. Die verschiedenen Muster unserer Leidenschaften bilden den Ausgangspunkt unseres Charakters. Was wir im Leben erfahren, verbunden mit unserem individuellen Charakter, bestimmt, was wir lernen und wie wir auf zukünftige Ereignisse reagieren. Frühere Erfahrungen und die Persönlichkeit bilden den Grundstein des Lebens.

## Die Teile des „Du"

Die ersten experimentellen Psychologen waren nicht daran interessiert, wie sich eine Person von einer anderen unterscheidet. Wundt und seine Nachfolger wollten etwas über den Geist und seine Prozesse an sich erfahren, nicht über die Persönlichkeit.

Das „Selbst" betrat erst mit der Arbeit von Sigmund Freud in den 1890er-Jahren die Bühne. Sein Ansatz der drei Bestandteile der Psyche (Es, Ich und Über-Ich) enthielt zwei Teile, die angeboren waren

### INTELLIGENZ MESSEN

Francis Galton (1822 – 1911) war der Erste, der Intelligenz testete. Er gab bei der Entstehung der Intelligenz der Natur den Vorzug gegenüber der Erziehung. 1865 schlug er vor, der Evolution durch Eugenik (selektierter Fortpflanzung) unter die Arme zu greifen.

Alfred Binet und Theodore Simon entwickelten 1905 bessere, verstandesbasierte Tests. Die Binet-Simon-Intelligenzskala bewertete die Probanden in Bezug auf die normale altersgemäße Entwicklung. 1911 unterschied William Stern das intellektuelle Alter der Binet-Simon-Tests und das chronologische Alter. 1916 multiplizierte Lewis Terman Sterns Zahlen mit 100 und erhielt den uns bekannten IQ (Intelligenzquotienten):

$$IQ = \frac{\text{intellektuelles Alter}}{\text{chronologisches Alter}} \times 100$$

(Es und Ich) und eines, das während der Kindheit entstand (Über-Ich). Die Werte des Über-Ichs sind kulturell bestimmt und der Einfluss von Umwelt und Erfahrung sind überragend.

Nach Freud teilen wir alle grundlegenden Triebe (Libido), die durch das Es repräsentiert werden. Wie weit wir diesen Trieben folgen, wird vom Ich bestimmt, das sie gegen die vom Über-Ich entwickelten Regeln abwägt. Wenn ein Konflikt zwischen diesen beiden entsteht, wird der Trieb möglicherweise unterdrückt (verdrängt) und das Unbehagen wandert ins Unbewusste, wo es großen Schaden anrichten kann.

Für Freud war das Unbewusste der König im Reich des Geistes. Wie es seiner Natur entspricht, kann man es nicht direkt untersuchen, und wir müssen andere Wege finden, um uns ihm zu nähern. Eine Möglichkeit dazu sind die Träume, eine andere die freie Assoziation, die in der Psychoanalyse angewendet wird (*siehe* ▶▶ S. 189 [Kapitel 8: *Alles nur Phantasie?*]).

Freuds Sicht ist höchst deterministisch, denn frühe Erfahrungen haben bestimmte vorhersagbare Folgen für den Charakter und können im Erwachsenenalter Neurosen auslösen.

## — Kreise von Ego und Selbst —

C. G. Jung, ursprünglich ein begeisterter Unterstützer von Freud, distanzierte sich von ihm wegen Freuds extremer Hervorhebung der Sexualität.

Für Jung stellte das Selbst einen Kreis dar, mit dem Ego als kleineren Kreis darin. Das Selbst umfasst alle Teile der Persönlichkeit, die bewussten und unbewussten Aspekte des Geistes und das Ich. Zu Anfang unseres Lebens entwickelt sich das Ich, das sich selbst durch einen Differenzierungsprozess herausbildet. Bei der Konstruktion des Selbst sind Umweltfaktoren von überragender Bedeutung.

Die zweite Hälfte unseres Lebens beinhaltet eine Rückkehr zum Selbst, aus einer festen Verwurzelung in der äußeren Welt heraus, um den eigenen Charakter zu entdecken und zu akzeptieren. Oft wird sie durch ein Unglück oder eine psychische Verwundung ausgelöst.

Jungs Psychologie hat oft einen spirituellen oder mystischen Beigeschmack und diese Neudefinition des Selbst in der zweiten Lebenshälfte schließt auch die Integration oder die Erkenntnis der Archetypen mit ein. Das Selbst umfasst nach Jung das Ich-Bewusstsein, den Schatten, die Anima und das kollektive Unbewusste in seiner unbestimmbaren Ausdehnung. Jung bezeichnete das Selbst als „ganzen Menschen", „Totalität" und „*coincidentia oppositorum*" (lateinisch: „Zusammenfallen der Gegensätze").

Jung sah den „ganzen Menschen" in vielen Bildern repräsentiert, zum Beispiel in Christus. Das Ziel der Ganzheitlichkeit und der Akzeptanz des Selbst findet sich auch in Abraham Maslows humanistischer Psychologie und seinem Schwerpunkt auf der Selbstverwirklichung (*siehe* ▶▶ S. 157 [dieses Kapitel]).

Der Psychiater Alfred Adler (1870 – 1937) war der Erste der Wiener Psychoanalytischen Schule, der mit Freud brach. Er war der Ansicht, das Selbst solle als Ganzes betrachtet werden und lehnte die Teilung in Es, Ich und Über-Ich ab. Für Adler war das Individuum mit der es umgebenden Welt verbunden, seine

*Der Psychiater C. G. Jung*

Schule wurde als „Individualpsychologie"
bekannt.

Freud nannte Adlers Ansichten „ehren-
hafte Fehler" und bestand darauf, dass die
anderen Mitglieder der Wiener Psychoanalytischen Vereinigung Adlers Meinung
ablehnten.

Adler war sehr einflussreich und seine
Fortschritte in der Psychoanalyse blieben
für die Freudianer jahrzehntelang unerreichbar. Für ihn waren äußere Ereignisse
und Einflüsse genauso wichtig wie innere
Kämpfe, die Freud in den Mittelpunkt seines Modells der psychischen Entwicklung
gestellt hatte.

Adler hielt auch andere Einflüsse wie
Geschlecht und Politik für gleichermaßen bedeutsam wie die Libido. Bei ihm
hatte der Minderwertigkeitskomplex eine
zentrale Bedeutung, da er in der Kindheit
anerzogen wird bzw. übernommene Min-
derwertigkeitsgefühle eine lang andauernde schädliche Auswirkung haben können.
Entwickelt das Individuum ein Minder-
wertigkeitsgefühl, entsteht ein innerer
Kampf um Macht, der sich kompensato-
risch als aggressives, überhebliches und
übermäßig nach Macht strebendes Verhalten äußern kann.

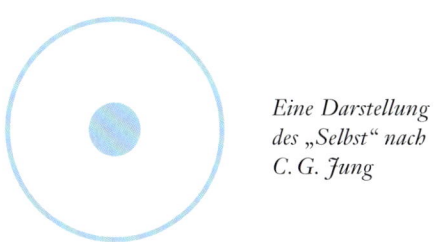

*Eine Darstellung
des „Selbst" nach
C. G. Jung*

Weil Adler glaubte, dass die Beziehung
zwischen einem Kind und seiner Familie
(und der Gesellschaft) ein Gefühl von

Kraft oder Ohnmacht schafft, befürwortete er einen Erziehungsstil auf halbem Weg
zwischen Verwöhnen und Vernachlässi-
gen, um dem Kind zu helfen, ein gesundes
Selbstbewusstsein zu entwickeln.

Er beschäftigte sich deshalb nicht
nur mit den Minderwertigkeitsgefühlen
von Erwachsenen. Er ermutigte auch
Eltern, Lehrer und Sozialarbeiter, Kinder
demokratisch zu behandeln und so ihren
Schützlinge zu ermöglichen, Kraft durch
Entscheidungsfindungen zu entwickeln
und gleichzeitig kooperatives Verhalten
zu lernen.

Dadurch konnten seiner Meinung nach
die mit dem Minderwertigkeitskomplex
verbundenen kompensatorischen Verhaltensweisen vermieden werden, die im späteren Leben Probleme und Leiden verur-
sachen.

Adler vertrat als Erster die Ansicht,
dass Therapeut und Patient gleichwer-
tige Partner sind und sah auch die Not-
wendigkeit weiblicher Therapeuten, weil
die Geschlechterrollen seiner Zeit Frauen
benachteiligten.

Auch mit dem Einfluss der Geschwis-
terfolge auf die Persönlichkeit beschäftigte sich Adler: Dem ersten Kind schrieb er
ein Gefühl der „Entthronung" zu, wenn
jüngere Geschwister die zentrale Stellung
des älteren Kindes in Frage stellen; das
jüngste Kind hielt er für verhätschelt.
Am gesündesten entwickelte sich seiner
Meinung nach das mittlere Kind.

Adlers Sicht war aber nicht vollständig
deterministisch. Obwohl er glaubte, dass
die Erfahrungen in der Kindheit das spätere Leben prägen, betonte er doch auch,
dass wir frei sind, aus unseren Erfahrungen
zu lernen, auch wenn das eine bewusste

Anstrengung erfordert. Selbst schlechte Erfahrungen können vom „kreativen Selbst" positiv genutzt werden. Wir erschaffen unsere eigenen Überzeugungen und leben, als wären sie wahr. So schaffen wir unsere eigene Identität, unser Leben, selbst im Angesicht von Widrigkeiten.

## Überall um dich herum

Was aber ist diese „Umwelt", die einen solchen Einfluss auf die Bildung des Charakters hat? Es ist alles um uns herum, für ein Kind in erster Linie die Familie. Die Behavioristen erkannten nichts anderes als die Umwelt an, die unser Verhalten prägt. John B. Watson meinte, dass uns unsere Schwächen, Reserviertheiten, Ängste, Zurückhaltungen und Minderwertigkeiten von den Eltern wie mit einem Vorschlaghammer eingeprägt wurden. Die

Entwicklungspsychologie versuchte Eltern zu helfen, ihren starken Einfluss verantwortungsvoll zum Wohl der Kinder einzusetzen.

### Weg mit der Individualität

Der amerikanische Psychologe Granville Stanley Hall (1844–1924) war ein Pionier der pädagogischen Psychologie, aber sein Ziel war nicht, das individuelle Potenzial von Kindern zu entwickeln, sondern sie zu nützlichen Mitgliedern der Gesellschaft zu formen. Die übermäßige

---

### LEBENSSTIL

Adler sah, wie sich die Prägung durch Macht und Ohnmacht bei Kindern später in dem „Lebensstil" der Erwachsenen auswirkte und sich darin bemerkbar machte, wie ein Mensch mit den „großen Themen" Freundschaft, Arbeit und Liebe umging. Die Herangehensweise des Einzelnen, durch frühe Erfahrungen und die eigene Gestaltung der Persönlichkeit geprägt, kann nur durch eine tiefgehende Psychoanalyse verändert werden.

Adler machte vier Lebensstile aus, die nicht nur das praktische Leben, sondern auch das Konzept des Selbst in Beziehung zu anderen beinhalten. Alle bis auf den letzten Typ zeigen gewisse Funktionsstörungen:

- **Beherrschender Typ:** aggressiver, dominanter Mensch, der wenig soziale Interessen oder kulturelle Wahrnehmung hat.
- **Nehmender Typ:** Mensch, der eher nimmt als gibt.
- **Vermeidender Typ:** Mensch, der vor den Problemen des Lebens flieht und sich wenig an sozialer Aktivität beteiligt.
- **Sozialer Typ:** Mensch, der Interesse an anderen hat und sich in sozialen Aktivitäten engagiert.

Kultivierung der Individualität hielt er für gefährlich und irregeleitet und fürchtete, sie würde Amerika zerstören. Für ihn war Kindererziehung eine Art Tierbändigung.

Hall war von Darwins Evolutionstheorie der natürlichen Selektion beeinflusst, ebenso wie von der biogenetischen Grundregel des deutschen Biologen und Philosophen Ernst Haeckel (1834–1919), der feststellte, dass ein Organismus als Embryo die Stufen der evolutionären Entwicklung durchläuft: Der menschliche Embryo ähnelt an einem Punkt seiner Entwicklung einem Fisch, woraus wir schließen können, dass der Mensch einen Fisch-Vorfahren besitzt.

Hall glaubte, dass wir auch bei der Entwicklung vom Säugling zum Erwachsenen die psychologische Evolution des Menschen, beginnend vom „Wilden", durchleben. Es überrascht nicht, dass Hall von Kindern keine gute Meinung hatte. Mit ihnen vernünftig zu reden hielt er für Zeitverschwendung, stattdessen wollte er sie dazu bringen, Gott zu fürchten, Autoritäten zu gehorchen und widerstandsfähige Körper zu entwickeln – alles mit Hilfe einer gehörigen Portion körperlicher Züchtigung.

> „Wenn es eine Ordnung gibt, in welcher die menschliche Rasse ihre verschiedenen Kenntnisse gemeistert hat, dann ist jedes Kind fähig, diese Kenntnisse in derselben Reihenfolge zu erwerben ... Erziehung ist die Wiederholung der Zivilisierung im Kleinen."
>
> Herbert Spencer, englischer Soziologe und Philosoph, 1861

Wenn ein Kind erwachsen wird, so glaubte Hall, keimt ein Funken Selbstlosigkeit in ihm auf und man kann ihm Patriotismus, militärischen Gehorsam, Liebe zu Autoritäten, Ehrfurcht vor der Natur und selbstlose Hingabe an Gott und die Nation einimpfen.

In Schulen, die intellektuelle Kenntnisse vermittelten, sah er keinen Sinn, denn das Letzte, was ihm für die amerikanische Jugend vorschwebte, war unabhängiges Denken oder ein Hinterfragen der Autoritäten.

Er bezog sich auf den „Sturm und Drang" der Heranwachsenden und riet zur getrennten Erziehung der Geschlechter gemäß ihrer natürlichen Rollen, um Ablenkung und Verwirrung zu vermeiden.

Er riet dringend davon ab, nur ein Kind zu bekommen, weil ein Einzelkind für ihn „eine Krankheit an sich" war. 1896 betreute er eine Studie über Einzelkinder, die ergab, dass sie größtenteils verhaltensgestörte Eigenbrötler waren.

Hall begründete nicht nur die Entwicklungspsychologie (er verfasste auch einen einflussreichen Text zur Psychologie des Alterns), sondern rief auch die funktionalistische Schule ins Leben, die den Darwinismus in die Psychologie einführte.

## Zucht und Ordnung

Halls Ansatz war zu seiner Zeit nicht ungewöhnlich. Im späten 19. und frühen 20. Jahrhundert war die allgemeine Haltung Kindern gegenüber, dass sie streng diszipliniert und nicht verwöhnt werden sollten, damit sie zu nützlichen Bürgern heranwuchsen.

Die Ansichten des Behavioristen John B. Watson waren so bezeichnend wie einflussreich. Sein Ratschlag zur Kindererziehung wurde bis in die 1950er-Jahren befolgt:

*„Umarme sie nicht, küsse sie nicht, lass sie nicht auf deinem Schoß sitzen. Wenn es sein muss, küsse sie auf die Stirn, um gute Nacht zu sagen. Gib ihnen morgens die Hand … wenn du versucht bist, dein Kind zu streicheln, denke daran, welch gefährliches Instrument die Mutterliebe ist, die eine nie heilende Wunde zufügt, eine Wunde, die die Kindheit unglücklich und die Jugend zum Alptraum macht, ein Instrument, das die berufliche Zukunft deiner erwachsenen Kinder und ihre Chancen auf Glück in der Ehe zerstört."*

Der Glaube der Behavioristen an den Einfluss der Umgebung auf unser Verhalten schrieb der Umwelt die alleinige Verantwortung zu. Nach ihrer Ansicht sind wir nichts als die Summe unseres Verhaltens. Demzufolge war Watson auch davon überzeugt, er könne alles aus Menschen machen, was er nur wollte – der Psychologe wurde zum „Sozialingenieur".

*„Der ganze Quatsch, Kindern von kleinen Feen zu erzählen, die mit ihren Eimerchen die Fenster putzen, muss aufhören. Wir brauchen weniger Sentimentalität und mehr Prügel."*

G. Stanley Hall

# Die Verteidigung der Elternliebe

Auf dem Hintergrund von Halls und Watsons Haltung zur Kindererziehung und der vorherrschenden Sicht, dass die Bindung zur Mutter von der Nahrung abhängt, studierten der britische Psychoanalytiker John Bowlby (1907–1990) und der amerikanische Psychiater Harry Harlow (*siehe* ▸▸ S. 154) die Mutter-Kind-Beziehung.

Bowlby hatte besonders Interesse daran, inwieweit familiäre Beziehungen zu gut oder schlecht angepassten Kindern und Erwachsenen führten. Er fand heraus, dass eine sichere Bindung, die sich in einem starken Band zwischen Mutter und Kind zeigt, zentral für das psychische Wohlbefinden eines Kindes ist. Dies war das genaue Gegenteil von Watsons Ansicht. Bowlby wurde durch Lorenz' Arbeiten über Prägung (*siehe* ▸▸ S. 118 [Kapitel 5: *Lorenz' Gänschen*] beeinflusst und studierte instinktives Verhalten von Säuglingen. Dabei erkannte er, dass das

Kind einen instinktiven Trieb hat, sich an eine (oder mehrere) Bezugsperson(en) zu binden.

Ein Kind zeigt angeborene Verhaltensweisen wie Weinen und Lächeln, die eine Pflegeperson veranlassen, bei dem Kind zu bleiben und sich mit ihm zu beschäftigen. Auch dieses Verhalten ist angeboren. Eine misslungene Bindung führt zu seelischen und körperlichen Problemen wie Aggression, fehlender Reife, verminderter Intelligenz, Depressionen – bis zur Unfähigkeit, Interesse oder Zuneigung für andere zu zeigen oder einer Tendenz, selbstsüchtig zu handeln, ohne die Konsequenzen für andere zu beachten.

Laborexperimente zeigten, dass ein Kind, das für kurze Zeit von der primären Bezugsperson getrennt wird (meistens die Mutter), verstört wird. Hält die Trennung an, wird das Kind anscheinend ruhiger, zieht sich zurück und verliert das Interesse an allem. Hält dieser Zustand noch länger an, beginnt es, mit anderen zu interagieren, weist aber die Pflegeperson zurück und wird ärgerlich, wenn sie zurückkommt.

Bowlby nannte die Stufen dieses Prozesses Protest, Verzweiflung und Depression. Sein Rat (1951) lautete, dass ein Kind in den ersten zwei Lebensjahren ununterbrochenen Kontakt zu seiner Bezugsperson haben und in den ersten 5 Lebensjahren nicht ohne Not von ihr getrennt werden sollte. Wenn ein Kind diese Bindung im ersten oder zweiten Lebensjahr nicht aufbauen kann, ist ein irreparabler psychologischer und emotionaler Schaden entstanden.

Der Gedanke einer kritischen Periode stimmt mit Lorenz' Erkenntnissen überein: Die optimale Zeit zur Prägung der Küken war 12–17 Stunden nach dem Schlüpfen. Geschah es nicht innerhalb von 32 Stunden, war die Gelegenheit dazu unwiderruflich verstrichen.

### EIN ZWEIJÄHRIGER IM KRANKENHAUS

1952 drehten Bowlby und sein Kollege, der schottische Psychoanalytiker James Robertson (1911–1988), den kurzen Film *„A two-year-old goes to hospital"*, der zeigte, welche Auswirkungen ein Krankenhausaufenthalt ohne Eltern auf ein kleines Kind hat. Der Film veränderte die Behandlung von Kindern im Krankenhaus, besonders bei den Besuchszeiten, um Eltern mehr Kontakt mit ihren Kindern zu ermöglichen. Seine Arbeit bei der WHO (Weltgesundheitsorganisation) bestimmte die Behandlung von Waisen nach dem Zweiten Weltkrieg.

Bowlbys Erkenntnisse hatten sicherlich weitreichende Auswirkungen, einschließlich der Überlegung, dass es einem Kind schaden könnte, wenn man es in eine Kindertagesstätte bringt, um zu arbeiten. Seine Erkenntnisse waren jedoch stetiger Kritik ausgesetzt, weil er zum Beispiel keinen Unterschied zwischen Kindern, die von Anfang an keine Bindung aufgebaut hatten und solchen, deren Bindung zerstört wurde (zum Beispiel durch Krankheit oder Tod der Eltern), machte und anderen Bindungen, wie der zu dem anderen Elternteil, Großeltern oder Geschwistern, keine große Bedeutung zuschrieb.

1981 unterschied der Kinderpsychiater Michael Rutter zwischen dem Scheitern, eine emotionale Bindung aufzubauen (Privation) und dem Zerbrechen einer bestehenden Bindung (Deprivation) und wertete die Erstere als schädlicher.

Auch wenn Bowlbys Arbeit nicht vom Lernen zu handeln scheint, fand er doch heraus, dass Bindung die Basis für den Prozess bildet, in dem das Kind sich zu einem Individuum entwickelt. Das Kind, so meinte er, lernt von der Pflegeperson, wie man mit anderen umgeht und konstruiert seine eigene Identität danach, wie die Pflegeperson darauf reagiert. Diese Theorie wurde durch spätere Forschungen größtenteils unterstützt.

Harry Harlows brutale Experimente über Deprivation bei jungen Affen (*siehe* ▸▸ Text weiter unten) und verschiedene Studien mit Kindern in Heimen stützten die Ansicht, dass ein Mangel an Bindung zu emotionaler Beeinträchtigung, körperlichen und seelischen Krankheiten und verzögerter Entwicklung führt.

Die Entwicklungspsychologinnen Jill Hodges und Barbara Tizard untersuchten 1989 eine Gruppe von Heimkindern und fanden heraus, dass diejenigen, die mit 4 Jahren adoptiert wurden, eine starke Bindung zu ihrer neuen Familie entwickelten und keine affektive Psychopathie zeigten. Diese Studie legt nahe, dass der Effekt nicht so zerstörerisch und unumkehrbar ist, wie Bowlby dachte, zumindest nicht, wenn ein Kind noch die Möglichkeit hat, eine stabile Bindung in frühen Jahren aufzubauen.

## — Deprivation und Depression —

Auch der amerikanische Psychologe Harry Harlow (1905–1981) erforschte den „Nutzen" der Bindung an die Mutter. 1958 zog er Affen als Versuchstiere auf und bemerkte, dass die isoliert aufgezogenen Affen sich anders verhielten als die, die mit ihren Müttern aufgewachsen waren. Um die Rolle der Mutter zu untersuchen, führte er eine Reihe (fraglos unethische) Experimente durch, indem er Affenbabys von ihren Müttern trennte und einige von ihnen bis 24 Monate lang isoliert aufzog.

## 44 DIEBE

Bowlby verglich eine Gruppe von 44 jungen Leuten, die straffällig geworden waren und nach ihrer Verurteilung in eine Klinik kamen, mit einer Kontrollgruppe, die sich wegen anderer, nicht-krimineller Probleme in der Klinik aufhielten.

Er entdeckte, dass die Straftäter als kleine Kinder häufiger Zeiten der Trennung von ihrer Mutter hatten ertragen müssen und Anzeichen von affektiver Psychopathie zeigten. Daraus schloss er, dass die Trennung von der Mutter zu Kriminalität und Psychopathie geführt hatte. Spätere Kommentatoren betonten, dass, obwohl diese Korrelation bestehen mag, man daraus trotzdem keine direkten Schlüsse ziehen könne. Andere Faktoren wie Ernährung, Armut oder häufiger Wechsel von Wohnung oder Schule hätten das Verhalten ebenso beeinflusst haben können.

Die isolierten Affen entwickelten eine extreme emotionale Verstörung und waren unfähig, selbst normal Kinder aufzuziehen.

Harlow fertigte Ersatzmütter aus Draht und Holz für die Affen an, und bespannte einige mit Stoff. In jeden Käfig mit einem Affenbaby kamen verschiedene Ersatzmütter, eine davon mit einer Saugflasche versehen. Alle Affenbabys bevorzugten die Stoffmütter, unabhängig davon, ob es die mit der Saugflasche war. Hatte die Drahtmutter das Fläschchen, ging das Äffchen zu ihr, um zu trinken, kehrte danach aber zur behaglichen Stoff-Mutter zurück. Jedes Äffchen hatte seine eigene Ersatzmutter, hing an ihr und konnte sie von anderen unterscheiden. Setzte man die Äffchen mit ihrer Ersatzmutter in eine neue Umgebung, erkundeten sie ihr Umfeld und kehrten immer wieder zu ihrer „Mutter" zurück.

Waren sie jedoch alleine, zeigten sie Anzeichen von extremem Stress, rollten sich zusammen und schrien. Aus diesem Experiment zog Harlow den Schluss, dass Ernährung nicht der wichtigste Aspekt der Mutter-Kind-Bindung ist – eine Erkenntnis, die revolutionäre Auswirkungen hatte.

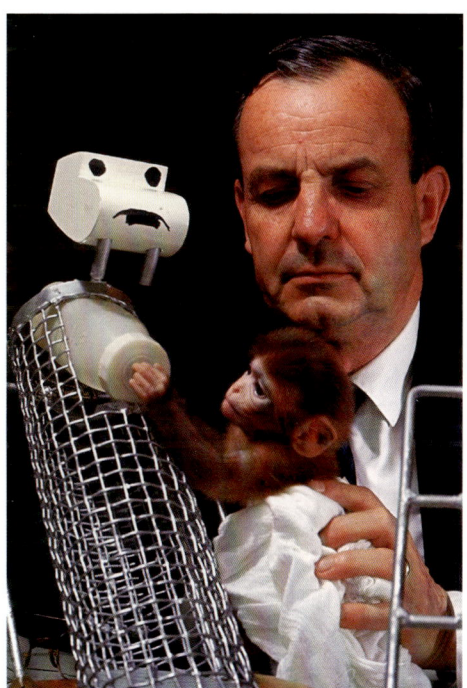

*Harlow zeigt einem Baby-Affen eine „Mutter" aus Drahtgeflecht.*

### DAS LOCH DER VERZWEIFLUNG

Harlow, der nach dem Tod seiner Frau 1970 selbst depressiv war, experimentierte mit Affen, die er allein in einem dunklen Tank hielt, den er provozierend „Loch der Verzweiflung" nannte. Die Affen wurden bald verhaltensgestört und depressiv. Er untersuchte sie und versuchte, sie zu heilen:

*„In unserer Erforschung der Psychopathologie begannen wir als Sadisten und erzeugten Abnormitäten. Heute sind wir Psychiater und versuchen, Normalität und Gelassenheit zu erzeugen."*

Für einige seiner Kollegen gingen diese Experimente zu weit – heute würden sie als höchst unethisch gelten – und führten wahrscheinlich zur Tierbefreiungsbewegung in den USA.

Seine Gegner behaupteten, dass er durch das Zulassen von Nachgiebigkeit eine Generation mit einer übertriebenen Anspruchshaltung und ohne Moral erzeugt habe.

## Rumänische Waisenhäuser

Unter der Herrschaft von Nicolae Ceaucescu lebten in Rumänien bis zu 170 000 Kinder in Waisenhäusern in erbärmlichem Elend. Sie waren Opfer von Missbrauch und Vernachlässigung, wurden häufig an ihre Betten gefesselt und lagen in ihren Exkrementen. Auch waren sie unter-

> *„Das Kind ist der Vater des Menschen."*
>
> William Wordsworth,
> Dichter, 1802

Im gleichen Zeitraum, als Bowlby und Harlow die Mutterliebe erforschten, veröffentlichte der amerikanische Kinderarzt Benjamin Spock (1903–1998) sein Buch *Säuglings- und Kinderpflege* (1946) und wies das von den Behavioristen propagierte Verhalten (Säuglinge schreien lassen, strenge Fütterungs- und Schlafenszeiten und Vorenthaltung von Zuneigung) zurück. Spock empfahl den Eltern stattdessen, ihren Instinkten zu folgen, Liebe zu zeigen und ihr Verhalten an das des Kindes anzupassen.

Sein Buch war höchst einflussreich. Spätere Kritiker der sozialen Entwicklung in der zweiten Hälfte des 20. Jahrhunderts (z. B. der sexuellen Befreiung) machten Spocks „permissiven" Ansatz in der Kindererziehung für diese Entwicklung verantwortlich.

ernährt und wurden nie gewaschen, hochgenommen oder liebkost.

1989 begannen einige Wohltätigkeitsorganisationen, sich um diese Kinder zu kümmern. Dabei erhielten Psychologen die Gelegenheit, die Kinder zu beobachten, während man versuchte, sie wieder in die Gesellschaft einzugliedern.

Viele der Kinder litten an bleibenden physischen und psychischen Schäden, zeigten eine verminderte Intelligenz und verkümmertes Wachstum (einige Jugendliche sahen aus wie 6-jährige Kinder). Einige, die als kleine Kinder gerettet wurden und in normale Familie kamen, erholten sich wieder, aber für andere, die schon lange in der Obhut der Waisenhäuser gewesen waren, war keine Hilfe mehr möglich.

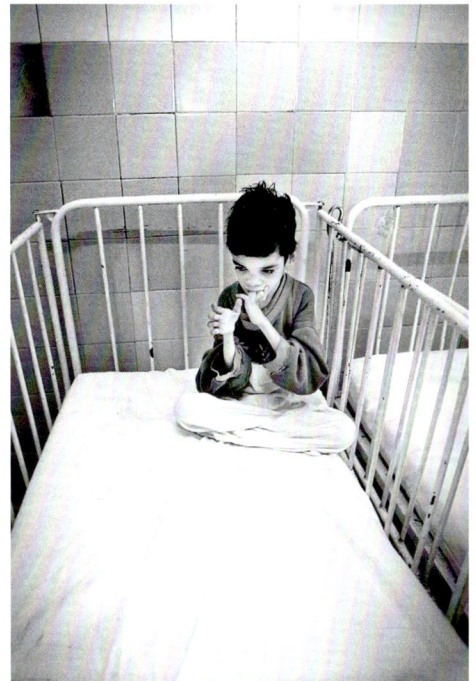

*Rumänisches Waisenkind, 1989*

## Werde du selbst

Gegen Ende des 20. Jahrhunderts konzentrierten sich die humanistischen Psychologen auf die Vervollkommnung des Selbst. Welche Erziehung wir auch immer hatten, wir haben unsere spätere Entwicklung selbst in der Hand. Diese Selbstverwirklichung ist das höchste Ziel des Menschen, genau wie es schon Aristoteles vor 2300 Jahren befürwortet hatte.

### Keine Macht der Vergangenheit

Die Kraft zur Gestaltung unseres Selbst, ungeachtet der Vergangenheit, war ein Thema, das auch den deutsch-amerikanischen Gestaltpsychologen Kurt Lewin (1890–1947) beschäftigte. Er befürwortete den Abbau des „Schubladendenkens" – der Erwartung an Kinder, dass sie verschiedene Entwicklungsstadien in einem bestimmten Alter durchlaufen, oder der Einordnung von Menschen als „introvertiert" oder „extrovertiert".

Er definierte den „Lebensraum" des Einzelnen, d. h. die von internen und externen Faktoren geschaffene Landschaft, die in jedem Augenblick und zu jeder Zeit das Verhalten beeinflussen. Für Lewin hatten Ereignisse in der Vergangenheit keine Bedeutung, es sei denn, man erinnerte sich an sie, genau wie Kindheitserfahrungen keine Nachwirkung haben, wenn sie nicht in die Erinnerung zurückgerufen werden. Stattdessen, so glaubte er, wird unser Verhalten von Kräften bestimmt, die uns entweder antreiben oder unsere Aktivitäten einschränken.

Lewin glaubte, dass Bedürfnisse Spannungen produzieren, die der Einzelne zu lösen versucht – zum Beispiel Essen zu finden, um den Hunger zu stillen. Ein Bedürfnis beherrscht das Leben mehr oder weniger so lange, bis es gestillt ist. Bedürfnisse können biologisch (z. B. Durst) oder psychologisch (z. B. der Wunsch nach einem besonderen Auto) sein. Man nennt dieses Phänomen den „Zeigarnik-Effekt", benannt nach der litauischen Psychologen Bluma Zeigarnik (1901–1988). Lewin beschrieb verschiedene Arten von Konflikten in Individuen, die er folgendermaßen klassifizierte:

- **Aufsuchen-Aufsuchen-Konflikt:** jede von beiden Möglichkeiten haben wollen und wählen müssen (z. B. zwischen zwei Urlaubszielen)
- **Meiden-Meiden-Konflikt:** keine der beiden Möglichkeiten wollen, aber

wählen müssen (z. B. zwischen einer unangenehmen Operation und einer schmerzhaften Krankheit)

- **Aufsuchen-Meiden-Konflikt:** einen Aspekt eines einzelnen Ziels zugleich wollen und zurückweisen (z. B. eine Qualifikation anstreben, aber Zeit und Aufwand dafür nicht investieren wollen)

Für Lewin war Verhalten eine Funktion der Person in ihrer Umgebung, die er in wissenschaftlicher Notation wiedergab:

$$V = f\,(P,\,U)$$

Wobei $V$ das Verhalten ist,
$P$ die Person,
und $U$ die Umgebung.

Dies ist weniger eine mathematische Formel als eine methodische Anleitung zur Definition einer Beziehung.

## Ja oder nein?

Der amerikanische Psychologe Leon Festinger (1919–1989) wurde von Lewin beeinflusst, er prägte den Begriff der „kognitiven Dissonanz". Sie tritt auf, wenn wir zwei sich widersprechende Ansichten vertreten oder wenn unser Handeln und Glauben nicht übereinstimmen. Wir erleben kognitive Dissonanz, wenn wir sportlich sein wollen, aber das ganze Wochenende auf dem Sofa verbringen oder wenn wir glauben, dass alle Menschen gleich sind, und trotzdem Personen mit einer bestimmten Gruppenzugehörigkeit nicht vorurteilsfrei begegnen.

Festinger und sein Kollege James Merrill Carlsmith (1936–1984) ließen Studenten eine stumpfsinnige Arbeit ausführen. Sie bekamen \$1 oder \$20, um der nächsten Gruppe zu berichten, wie interessant ihre Tätigkeit war. Wurden sie später dazu befragt, fanden die, die \$20 bekommen hatten, sie langweilig, aber die, die \$1 bekommen hatten, beschrieben die Tätigkeit als interessanter. Die Forscher erklärten das mit der kognitiven Dissonanz. Diejenigen, die \$20 bekamen, fühlten sich für das Lügen gut genug bezahlt und mussten nicht mehr vorgeben, die Aufgabe sei interessant gewesen. Die anderen mussten jedoch zugeben, dass sie entweder für wenig Geld gelogen hatten oder ihre Beurteilung der Tätigkeit ändern. Es war einfacher zuzugeben, dass ihre Beurteilung der Tätigkeit falsch war, als dass sie für wenig Geld gelogen hatten.

Carlsmith führte 1963 eine andere Studie über kognitive Dissonanz mit seiner Kollegin, der Psychologin Elliott Aronson, durch, diesmal mit kleinen Kindern. In dem Test wurde ein Kind mit viel Spielzeug in einem Raum zurückgelassen. Es konnte mit allen Spielzeugen spielen, außer mit einem, von dem ihm gesagt wurde, dass es ganz besonders sei.

*„Wenn jemand etwas tun oder sagen soll, das seiner Meinung widerspricht, wird er dazu neigen, seine Meinung zu ändern, um sie in Übereinstimmung mit dem, was er gesagt oder getan hat, zu bringen."*

Leon Festinger und
J. Merrill Carlsmith

Der Hälfte der Kinder wurde erzählt, sie würden hart bestraft werden, wenn sie damit spielten, den anderen drohte nur eine leichte Strafe. Keines der Kinder war ungehorsam. Als ihnen später erlaubt wurde, mit jedem Spielzeug zu spielen, spielten die Kinder mit der milden Strafe weniger häufig mit dem besonderen Spielzeug als die anderen. Carlsmith und Aronson vermuteten, dass die Kinder ihre Reaktion der Selbstkontrolle rationalisierten, indem sie sich sagten, das verbotene Spielzeug sei nicht interessant, sodass sie auch nicht mehr damit spielen wollten, als es erlaubt wurde.

Hier erinnern wir uns an Piagets Theorie, wie Kinder ihre Schemata ausrichten, um sich an neue Erfahrungen oder Informationen anzupassen, und dabei von einem Zustand des Gleichgewichts zum Ungleichgewicht wechseln und zurück. Bei einer kognitiven Dissonanz ist das Schema der Person von sich selbst durch die Diskrepanz zwischen Handeln und Glauben bedroht und das Schema wird dem Verhalten angepasst.

### — Du bist, wie du handelst —

1972 schlug der amerikanische Sozialpsychologe Daryl J. Bem eine Alternative zur kognitiven Dissonanz vor, die er „Selbstwahrnehmungstheorie" nannte. Er glaubte, dass wir den Charakter anderer beurteilen, indem wir ihr Verhalten beobachten – und er schlug vor, dass wir dasselbe bei uns selbst tun könnten.

Das erscheint nicht schlüssig, denn ist es nicht logischer, dass unser Verhalten durch unseren Charakter geprägt wird und nicht umgekehrt? (Obwohl Behavioristen leugnen würden, dass wir „wie" irgendetwas sind.)

Bem überarbeitete Festingers Experiment bezüglich der langweiligen Tätigkeit, indem er zwei Gruppen ein Band vorspielte, auf der ein Mann sagte, die Tätigkeit sei interessant. Bem erzählte der einen Gruppe, der Mann habe $20 für seine Aussage bekommen, der anderen Gruppe, dass er $1 bekommen habe. Diejenigen, die glaubten, er habe nur $1 bekommen, schlossen daraus, dass er die Aufgabe wirklich interessant gefunden habe. Für Bem deutete dies darauf hin, dass sie glaubten, er hätte für nur $1 kein positives Urteil abgegeben, wenn er es nicht wirklich so meinte, genauso wie in Festingers Studie. Mit anderen Worten: Wir deuten unsere Persönlichkeit aus unseren Handlungen. Unsere Persönlichkeit können wir ändern, indem wir unser Verhalten ändern – wir sind frei, uns selbst neu zu erschaffen (wir erinnern uns an William James' Gedanken, *siehe* ▸▸ S. 61 [Kapitel 3: *Die Geburt der amerikanischen Psychologie*]).

*Der „selbstverwirklichte" Lincoln*

## ── Werde, was du sein willst ──

Mehr als 2000 Jahre zuvor lag für Aristoteles der Sinn des Lebens und der Ursprung des Glücks darin, ein ganzer Mensch zu werden und nach den eigenen moralischen Werten zu leben. Selbst im Gefängnis oder unter Verfolgung ist für ihn Glück möglich, solange die eigene Integrität unangetastet ist. Dies ist eine Sicht, die bei den Philosophen eigentlich nie lange aus der Mode kam, aber erst in der Psychologie des 20. Jahrhunderts im Werk von Jung und den humanistischen Psychologen Abraham Maslow und Carl Rogers (1902 – 1987) gründlich untersucht wurde.

Jung betrachtete, wie wir gesehen haben, die Vertiefung und das Annehmen des „Selbst" und das Werden des „ganzen Menschen" als Ziel der zweiten Lebenshälfte. Das mittlere Lebensalter war für ihn der Zeitpunkt, um den Zustand der Zufriedenheit zu erlangen.

Maslow stellte Konsolidierung und Akzeptanz an die Spitze seiner Bedürfnispyramide (*siehe* ▶▶ S. 179). Sie zeigt alle Bedürfnisse, die den Menschen antreiben. An der Spitze der Pyramide, wenn alle anderen Bedürfnisse erfüllt sind, steht das Bedürfnis nach Selbstverwirklichung. Dies ist der Prozess, zu der Person zu werden, die man sein will, sein Potenzial auszuschöpfen und sich in seiner Haut wohlzufühlen, was naturgemäß für jeden anders aussieht. Er wollte die Art der Selbstverwirklichung eines Menschen nicht beurteilen, sondern sie als höchstes Ziel des menschlichen Lebens fördern. Für den einen mag es darum gehen, ein zuverlässiges und liebevolles Familienmitglied zu sein, ein anderer strebt den Nobelpreis oder eine gute Stellung in der Gesellschaft an.

Maslow erforschte die Selbstverwirklichung, indem er die Biographien berühmter Menschen studierte, die er für selbstverwirklicht hielt, wie Albert Einstein, Eleanor Roosevelt und Abraham Lincoln. Er hielt die Selbstverwirklichung

> *„Ein Organismus hat eine elementare Tendenz: ein Streben, den empfindenden Organismus zu verwirklichen, zu erhalten und zu verbessern."*
>
> Carl Rogers, 1951

gegenüber der Befriedigung grundlegender menschlicher Bedürfnisse für untergeordnet, musste dann jedoch feststellen, dass viele Künstler und spirituellen Führer Selbstverwirklichung erlangten, ohne zuvor ihre Bedürfnisse nach Nahrung, Schutz und Gesundheit befriedigt zu haben. Carl Rogers erachtete Kindheitserinnerungen als maßgeblich dafür, ob jemand sich schließlich selbst verwirklicht, was tatsächlich viele Menschen nicht tun. Maslow glaubte aber, dass es letztlich unsere eigene Entscheidung ist: Wir sind frei, so zu handeln, dass wir die Selbstverwirklichung erlangen, denn wir sind die Autoren unseres eigenen Charakters.

## Das Ende des Selbst?

Einige Sozial- und Kognitionspsychologen des späten 20. und frühen 21. Jahrhunderts haben das Konzept des Selbst als „Ding" im Zentrum der Kognition (wie eine Spinne im Netz) in Frage gestellt. Sie sehen das Selbst eher als etwas, das sich aus überlappenden kognitiven Prozessen ergibt. Die Theorie der Selbstkategorisierung, die der britische Psychologe John Turner (1947–2011) entwickelte, sagt aus, dass wir uns selbst in Begriffen der Zugehörigkeit zu Gruppen definieren, von der Familie bis zur Menschheit als Ganzes. Die Zugehörigkeit zu einer Gruppe zeigt uns, wem wir ähnlich sind und von wem wir uns unterscheiden. Nach Turner entpersönlichen wir uns dadurch ein Stück weit: Wenn ein Mann sich zum Beispiel als Teil der Armee versteht, wird er die Ähnlichkeit zu anderen Soldaten betonen. Dies wird äußerlich dadurch ausgedrückt,

> ### HEBBS VIERECK
> Die Frage, ob „Natur oder Kultur" bei der Bildung der Persönlichkeit größere Bedeutung hat, erklärte der kanadische Psychobiologe Donald Hebb (1904–1985) folgendermaßen: Beide greifen so ineinander, dass sie unmöglich voneinander zu trennen sind. Er verglich es mit Länge und Breite, aus denen man die Fläche eines Rechtecks berechnet – ohne die beiden Maße gibt es überhaupt kein Rechteck, aber mit ihnen sind viele verschiedene Variationen möglich.

dass er sich nach den Erfordernissen und Erwartungen der Gruppe verhält – eine Uniform trägt, Befehlen gehorcht und so weiter. Die Selbstkategorisierung betrachtet das Selbst als ein „fließendes" Ding, das sich mit der Zeit und den Umständen wandelt.

Unsere Mitgliedschaft in Gruppen ist im weitesten Sinne die Zugehörigkeit zur Menschheit. Einige psychologische Merkmale und Prozesse kennzeichnen uns als Individuen, viele teilen wir mit unseren Mitmenschen – und nicht alle sind erfreulich oder angenehm.

# KAPITEL 7

# Was macht dich zu **EINEM VON UNS**?

## Das Selbst und die Gesellschaft

*„[Das] spirituelle Erbe der Menschheit [wird] in der Gehirnstruktur jedes Einzelnen neu geboren."*

C. G. Jung (1875 – 1961)

Unsere persönlichen Erfahrungen formen unsere Individualität, aber es gibt eine ganze Menge von Dingen und Eigenschaften, die wir mit anderen gemeinsam haben. Das Dasein als Mensch verbindet uns. Psychologie beschäftigt sich mit dem, was uns eint, genauso wie mit dem, was uns trennt.

*Wir halten uns für einzigartig, aber die meisten von uns folgen gerne der Menge.*

## Kultur unterdrückt Natur

Zwei Philosophen, die beide der Meinung waren, dass unser Leben als Teil einer Gesellschaft unsere grundlegenden Bedürfnisse unterdrückt, hatten ganz unterschiedliche Ansichten über unseren „natürlichen" menschlichen Zustand. Der englische Philosoph Thomas Hobbes (1588–1679) glaubte, dass Menschen in ihrem natürlichen, „unzivilisierten" Zustand selbstsüchtig und gewalttätig sind. Hundert Jahre danach hingegen dachte Jean Jacques Rousseau, dass dem natürlichen Menschen eine innere Würde und Vornehmheit innewohnte. Keiner von ihnen hatte jedoch empirische Beweise, wer der „natürliche" Mensch wirklich ist. Experimentelle Forschung über die „wahre"

Natur des Menschen, die sich zeigt, wenn er ohne Vorschriften handeln kann, kam erst im 20. Jahrhundert auf.

## Der psychische Werkzeugkasten

Darwin beeinflusste die Entwicklung von Funktionalismus und Behaviorismus durch die Theorie, dass ein erfolgreicher Organismus überlebt und sich fortpflanzt. Menschliches Verhalten kann wie das von Tieren in Begriffen von Verhalten, das dem Überleben und der Fortpflanzung dient, untersucht und beschrieben werden.

Wenn das Gehirn sich entwickelt hat, um letztlich dem Überleben – des Einzelnen und der Menschheit – zu dienen,

### LAMARCKSCHE VERERBUNG UND SCHLECHTER GERUCH

Lamarcks Theorie der Vererbung von erworbenen Merkmalen (*siehe* ▶ S. 105) wurde von Darwins Theorie der Evolution durch natürliche Selektion ersetzt und in den letzten 150 Jahren ignoriert und sogar verspottet. Aber vielleicht lacht Lamarck als letzter, denn Forschungen in der Epigenetik legen nahe, dass einige Umweltanpassungen in der Tat an die nächste Generation weiter gegeben werden. Man vermutet, dass dies durch Veränderungen im Epigenom geschieht, dem Kontrollmechanismus, der die Aktivität der Gene steuert.

2013 fanden die amerikanischen Behavioristen Brian Dias und Kerry Ressler heraus, dass die Nachkommen von Mäusen, die konditioniert wurden, einen Geruch zu fürchten, auf diesen Geruch empfindlich und negativ reagieren. Sie konnten diese Furcht nicht von den Eltern gelernt haben, da sie keinen Kontakt zu ihnen hatten und im Reagenzglas gezeugt wurden.

sollte auch das jedem Kind mitgegebene „Startpaket" aus nützlichen Instinkten, mentalen Strukturen, Prozessen und Verhaltensweisen bestehen, die diesen Zweck unterstützen.

## Gemeinsame Strukturen

Sowohl Strukturalisten als auch Funktionalisten gingen von der Annahme aus, dass es Aspekte des Geistes gibt, die alle Menschen gemeinsam haben und die unser Denken und unsere Wahrnehmung formen, um einen bestimmten Grad an Gleichheit herzustellen. Die darwinsche Evolution gab dem Funktionalismus Auftrieb, weil die Funktionen des Geistes dementsprechend dem Überleben und der Fortpflanzung des Einzelnen dienen müssen.

Moderne Forschungen über Ekel und Furcht legen nahe, dass es eine starke und offensichtlich angeborene Ekelreaktion gegenüber Krankheit, Erbrechen, Exkrementen, Ratten und Kakerlaken sowie Tieren, die an Schleim oder Eiter erinnern (Schnecken und Blutegel, *siehe* ▸▸ Bild unten rechts), gibt. Man weiß nicht, ob dies ein Ergebnis gemeinsamer mentaler Strukturen ist oder Teil eines kollektiven „genetischen Gedächtnisses" (wie Jungs kollektives Unbewusstes). Zeitgenössische Psychologen erkennen ein genetisches Gedächtnis im Allgemeinen allerdings nicht an.

Allgemeine mögliche Merkmale des Gehirns oder des Geistes, die uns allen eigen sind, könnten Jungs Archetypen und das kollektive Unbewusste sein, die Neigung zu Schemata sowie die besondere Struktur des menschlichen Geistes, mit deren Hilfe wir Sprachen erlernen können.

## Eine gemeinsame Kindheit

Obwohl sich Freuds Psychoanalyse größtenteils mit individuellen Fallbeispielen und ihren Folgen beschäftigt, schloss er doch aus Einzelschicksalen auf die Menschheit als Ganzes, unter anderem mit der Beschreibung von Ich, Über-Ich und Es (*siehe* ▸▸ S. 28 [Kapitel 1: *Die Rückkehr des dreigeteilten Geistes*]). Auch seine Darstellung der oralen, analen und genitalen Stufen, die ödipale Phase der Kinder (*siehe* ▸▸ S. 191 [Kapitel 8: *Freuds Probleme mit Sex*]) und die Zurückführung verschiedener Arten von Neurosen auf (reale oder eingebildete) sexuelle Ausbeutung oder Erlebnisse überschreiten das rein Persönliche.

Wir erinnern uns, dass Freuds Aussagen über die menschliche Natur sich aus eigenen Kindheitserinnerungen speiste sowie aus denen seiner Patienten, die er durch Hypnose, freie Assoziation und ausführliche Gespräche aufdeckte. Trotz allem bleibt es gewagt, aus den Erfahrungen der Mittelklasse im Wien des 19. Jahrhunderts auf alle Menschen in verschiedensten Lebensumständen, Zeiten und an unterschiedlichen Orten zu schließen.

# Sind wir gut oder böse?

Für Hobbes' waren Menschen Egoisten, die einander in einer Orgie der Gewalt bekämpften. Rousseau hingegen hielt die Menschheit von Natur aus für edel und großmütig. Wer aber hat recht?

### — Das Erbe der Nazis —

Der Holocaust war eines der schrecklichsten Verbrechen des 20. Jahrhunderts und der gesamten menschlichen Geschichte. Nach dem Krieg fragte man sich, was ein menschliches Wesen dazu bringt, andere so zu behandeln, wie es die SS in den Konzentrationslagern mit ihren Opfern tat. Was war mit den Deutschen passiert, dass sie zu solchen Gräueltaten fähig waren?

Diese Frage beschäftigte besonders die Sozialpsychologen und in den Nachkriegsjahren versuchte man, den Geisteszustand zu erforschen, der zu solchen Grausamkeiten führte. Es ging dabei nicht nur um eine Gruppe von einigen geistesgestörten Individuen, sondern um eine unglaubliche Anzahl von Tätern und ihren zuvor guten Charakter, ihre Rollen als normale Arbeiter, Väter, Ehemänner und Freunde.

### — Frei, um böse zu sein —

1971 führte der amerikanische Psychologe Philip Zimbardo an der Stanford-Universität ein Experiment durch, um die

*Massen säumen die Straße einer tschechischen Stadt während einer Parade der Nazis, ca. 1939.*

*Einer der „Wärter" aus Zimbardos Experiment*

Interaktion zwischen Gefängnisangestellten und Gefangenen zu untersuchen. Er nahm dazu gesunde männliche Freiwillige, die Rollen als Gefangene oder Wärter zugeteilt bekamen. Das Experiment sollte so realistisch wie möglich sein, beginnend mit Verhaftungen zu nächtlicher Stunde und vor den Augen der Nachbarn. Die Gefangenen mussten Uniformen tragen und wurden mit Nummern angesprochen. Die Wärter bekamen ebenfalls Uniformen und trugen Sonnenbrillen. Ihnen war erlaubt, jede Methode ihrer Wahl anzuwenden, um die Gefangenen zu kontrollieren. Das „Gefängnis" war ein Korridor der psychologischen Fakultät von Stanford. Die Türen waren vergittert, der „Übungsplatz" war ein Flur und es gab einen umgebauten Schrank, der als Einzelzelle diente. Die Gefangenen schliefen zu dritt in einer engen „Zelle".

Als die Wärter sich ihrer Macht bewusst wurden, weckten sie die Gefangenen häufig in der Nacht, um sie zu zählen. Sie konnten die Gefangenen bestrafen und zwangen sie häufig, Liegestütze zu machen. Wärter in Konzentrationslagern der Nazis hatten dasselbe getan, genau wie

später US-Soldaten im Militärgefängnis Abu Ghraib im Irak. Einer von Zimbardos Wächtern stellte sich während der Liegestütze auf die Rücken der Gefangenen oder ließ es andere Gefangene tun.

Am zweiten Tag rebellierten die Gefangenen. Die Wärter trieben sie mit Feuerlöschern zurück, zogen die Gefangenen nackt aus und sperrten den Anführer in Einzelhaft. Bald wandten sie psychologische Tricks an: Sie isolierten einige Gefangenen zur besonderen Behandlung und begünstigten einige von ihnen nach ihrer Willkür, um Verwirrung und Misstrauen unter den Gefangenen zu erzeugen. Nach anderthalb Tagen erlitt der erste Gefangene einen Nervenzusammenbruch, aber die Experimentatoren waren schon so tief in der Gefängnismentalität versunken, dass sie ihn der Vortäuschung beschuldigten. Er wurde erst einige Tage später aus dem Experiment genommen.

Als die Experimentatoren von einer geplanten Flucht hörten, konzentrierten sie sich darauf, den Ausbruch zu verhindern, anstatt das Verhalten der Probanden zu beobachten. Die Wärter zwangen die Gefangenen, die Toiletten mit ihren

Zahnbürsten zu reinigen, um sie zu bestrafen.

Die Studie war für 14 Tage geplant, doch Zimbardo brach sie bereits nach sechs Tagen ab, nachdem die Sozialpsychologin Christina Maslach das Experiment besuchte und von der Behandlung der Gefangenen schockiert war. Sie war die einzige von 50 Besuchern, die Bedenken äußerte (Zimbardo heiratete sie ein Jahr später). Vier der neun Gefangenen waren bereits zusammengebrochen.

Zimbardo entdeckte drei Typen von Wärtern: Einer war grob, behandelte die Gefangenen aber angemessen, solange sie gehorchten. Der zweite war wohlwollend, behandelte die Gefangenen gut und bestrafte sie nie. Der dritte Typ schien seine Macht zu genießen und fand immer neue Wege, die Gefangenen zu misshandeln, wenn er sich unbeobachtet glaubte (aber von versteckten Kameras gefilmt wurde).

Nichts in den mentalen Profilen der Wärter hatte vor Beginn des Experiments auf ihr späteres Verhalten hingedeutet.

## Eine Vorahnung von Abu Ghraib

Zimbardo bemerkte die Ähnlichkeiten zwischen seinem Experiment und den Misshandlungen, die Gefangenen im Militärgefängnis Abu Ghraib zugefügt wurden. Auch dort wurden Gefangene entkleidet, mussten mit verhülltem Kopf da stehen und erniedrigende sexuelle Handlungen imitieren.

Die Misshandlungen in Abu Ghraib wurden einigen „faulen Äpfeln" in die Schuhe geschoben, aber Zimbardo meinte, nicht die Äpfel seien faul, sondern das Feld. Die Situation, in die Menschen kom-

men, bringt sie dazu – oder erlaubt es ihnen – Böses zu tun.

Zimbardos Experiment scheint eine dunkle Seite der menschlichen Natur zu enthüllen, eine Bereitwilligkeit oder sogar ein Verlangen danach, andere grundlos zu verletzen, einfach, weil es möglich ist. Anonymität half der Grausamkeit, sich zu entfalten und die Macht, mit der die Wärter ausgestattet wurden, machte sie erst möglich. Zimbardo bemerkte auch, dass die Probanden schnell in ihre Rollen schlüpften, sodass man nicht sagen

> „Wenn nur böse Menschen heimtückisch schlechte Taten begehen würden, wäre es nur notwendig, sie von uns anderen zu trennen und sie zu zerstören. Aber die Trennlinie zwischen Gut und Böse verläuft im Herzen eines jeden Menschen."
>
> Alexander Solschenizyn (1918–2008),
> *Der Archipel Gulag*, 1973

konnte, ob sie aus innerem Antrieb Böses taten oder ob sie, zumindest teilweise, so handelten, sie es ihrer Meinung nach von ihnen erwartet wurde.

Anders als den Nazi-Wärtern musste ihnen niemand sagen, dass sie grausam sein sollten. Was war passiert? Zimbardo meinte, dass in solchen Situationen weder Vergangenheit noch Zukunft zählt, nur die Befriedigung im Augenblick: Die Menschen handeln, ohne an Ursachen oder Konsequenzen zu denken. Und niemand kann von sich behaupten, er hätte anders gehandelt – das macht es so beängstigend.

## Bessere Menschen?

Paul Bloom ist Kognitionspsychologe in Yale. Seine Experimente mit drei Monate alten Säuglingen deuten darauf hin, dass wir einen angeborenen moralischen Sinn

*„Jede Tat, die ein Mensch jemals begangen hat, wie schrecklich auch immer, ist möglich für jeden von uns – unter den entsprechenden Umständen. Dieses Wissen entschuldigt das Böse nicht, es demokratisiert es, teilt die Schuld unter gewöhnlichen Handelnden und beschränkt sie nicht auf Abartige und Tyrannen.*

*Die erste Lektion des Stanford-Prison-Experiments ist, dass Situationen uns dazu bringen, uns so zu verhalten, wie wir es niemals voraussehen können."*

Philip Zimbardo

besitzen, der uns altruistisches Verhalten bevorzugen und egoistisches Verhalten zurückweisen lässt.

### HERR DER FLIEGEN

Die Erzählung *Herr der Fliegen* (1954) von William Golding zeigt, wie Menschen sich verhalten, wenn sie frei von den Zwängen und der Beobachtung der Gesellschaft sind. Eine Gruppe von Jungen strandet auf einer einsamen Insel und versinkt in Anarchie und Grausamkeit. Golding übernahm Hobbes' Sicht der „bestialischen" Natur des Menschen, die auch Zimbardos Experiment zu bestätigen scheint.

*Es wird unangenehm auf der Insel – in Peter Brooks Filmversion des* Herrn der Fliegen *von 1963.*

Bei der Arbeit mit sehr jungen Kindern zeigten Richtung und Länge des Blicks Interesse oder Vorlieben. Bloom zeigte den Säuglingen eine Animation über einen Ball, der auf einen Hügel hinauf wollte, dann ein hilfreiches Viereck und ein Dreieck, das sich in den Weg stellte. Die Kinder bevorzugten das hilfsbereite Viereck. Dann veränderte Bloom Farbe und Form der hilfreichen/nicht hilfreichen

Gestalten. Hatten die Formen Gesichter, war der Effekt noch stärker. Selbst die jüngsten Kinder bevorzugten die hilfsbereiten Formen und Bloom schloss daraus, dass sich hier ein angeborener rudimentärer moralischer Sinn zeigte.

1961 führte der kanadische Sozialpsychologe Albert Bandura eine Studie mit Kindern durch, denen der Unterschied zwischen gutem und schlechtem Verhalten bereits bewusst war. Er wollte herausfinden, ob sie einem (guten oder schlechten) Vorbild folgen würden, wenn ihnen keine Bestrafung drohte.

Bandura und seine Kollegen aus Stanford wählten 72 Kinder aus, die erwachsenen Forscher übernahmen die Rolle der Vorbilder. Im Mittelpunkt der Abläufe stand eine große, aufblasbare Wiederaufstehpuppe namens Bobo.

Die Kinder wurden in Gruppen aufgeteilt. Einige schauten einem Erwachsenen dabei zu, wie er Bobo aggressiv behandelte, andere wurden mit einem nicht-aggressiven Vorbild konfrontiert, bei dem ein Erwachsener mit der Puppe spielte, die letzte Gruppe erhielt kein Rollenvorbild. Später konnten die Kinder selbst frei mit der Puppe spielen.

Es zeigte sich, dass die Kinder, die das aggressive Vorbild erlebten, selbst ähnlich brutal mit der Puppe umgingen. Die am wenigsten aggressiven Kinder waren die mit dem nicht-aggressiven Rollenvorbild, das einen guten Einfluss ausübte. Ihr Verhalten war besser als das der Kinder aus der Gruppe ohne Vorbild.

Ein männliches aggressives Vorbild machte besonders die Jungen aggressiver, bei Mädchen machte das Geschlecht des Vorbilds keinen Unterschied, außer, dass

### DARWINS BABY

Darwin führte über die Entwicklung seines Sohnes William genau Buch. Er zeigte mit zwei Jahren und acht Monaten Zeichen von Schuld und Scham, als er einige Flecken auf seiner Kleidung zu verbergen versuchte, die verrieten, dass er genascht hatte. Darwin berichtet, dass der Junge nie bestraft wurde. Furcht konnte also nicht sein Motiv gewesen sein.

*Darwin und William, ca. 1842*

sie bei einem männlichen aggressiven Vorbild körperlich und bei einem weiblichen eher verbal aggressiv waren.

Dieses Experiment wurde kritisch hinterfragt: Würde der Effekt auch länger anhalten als ein paar Minuten? Wollten die Kinder den Erwachsenen durch ihr Verhalten gefallen?

1963 führte Bandura ein ähnliches Experiment mit Kindern zwischen zweieinhalb und sechs Jahren durch. Er zeigte den Kindern Filme, in denen ein Erwachsener eine Bobo-Puppe aggressiv behandelte und anschrie und daraufhin entweder mit Süßigkeiten belohnt oder bestraft wurde.

Dann durften die Kinder mit einer Bobo-Puppe spielen. Hatten die Kinder gesehen, wie Aggressivität belohnt wurde, waren sie selbst aggressiver, und ähnliche Experimente kamen zu demselben Ergebnis. Heute durchführbare Gehirnscans fügen dem Experiment noch eine physische Erkenntnis hinzu: 2006 wurden an der Indiana-Universität an 44 Jugendlichen Gehirnscans durchgeführt, nachdem sie zuvor jeweils ein brutales oder gewaltfreies Videospiel

gespielt hatten. Diejenigen, die gewalttätige Spiele gespielt hatten, zeigten eine besondere Aktivität in der Amygdala, einem paarigen Kerngebiet des Gehirns, das Emotionen stimuliert. Die anderen zeigten keine Veränderung der normalen Gehirnaktivität. Studien wie diese, die eine ähnliche Veränderung im Verhalten und der Gehirnaktivität bei vielen Personen zeigen, legen nahe, dass ein Mechanismus im Gehirn aktiv ist, der das Verhalten vorherbestimmen und allen Menschen gemeinsam sein könnte.

## Folge der Masse

Die meisten von uns wollen sich mehr oder weniger in die Gesellschaft einfügen. Selbst wenn wir bewusst nicht mit allem konform gehen, lernen wir bald, dass es einfacher ist, wenn man einige soziale Normen beachtet. Eine Reihe

*„Setz dich, du machst nur Ärger!", wird Stubby Kayes, eine Figur aus* Guys and Dolls *(1955), zurechtgewiesen. Die meisten von uns, so scheint es, sind glücklich, sich an soziale Normen anzupassen.*

von Experimenten um die Mitte des 20. Jahrhunderts erforschte den Grad an Konformität, Gehorsam und Anpassung, den Menschen anstreben und es scheint, dass wir folgsamer und ängstlicher sind als wir meinen.

## Tu was man dir sagt

Sich anzupassen kann gut ein, aber auch zu bösem Verhalten führen, wie die Gräueltaten der Nazis gezeigt haben. Ein weiteres Experiment der Nachkriegszeit testete die Bereitwilligkeit der Probanden, Befehle zu befolgen, selbst wenn diese Unzumutbares forderten. Die Ergebnisse waren schockierend.

## Das Milgram-Experiment

1961 wählte der amerikanische Sozialpsychologe Stanley Milgram (1933 – 1984) 40 freiwillige Männer im Alter zwischen 20 und 50 Jahren aus, vom Alter her also vergleichbar mit den Wärtern der Konzentrationslager in Deutschland.

Er sagte ihnen, sie würden zufällig als Schüler oder Lehrer bestimmt, doch in Wirklichkeit bekamen sie alle die Rolle von

*„Betrachtet man die lange und finstere Geschichte der Menschheit, sieht man, dass mehr abscheuliche Verbrechen im Namen des Gehorsams begangen wurden als im Namen eines Aufstandes."*

B. F. Skinner, 1974

Lehrern, der „Schüler" und der Versuchsleiter waren Schauspieler.

Die Aufgabe des „Lehrers" war es, dem „Schüler" Fragen zu stellen. Dieser war in einem anderen Raum scheinbar an einem Stuhl festgebunden, der mit zwei Elektroden ausgestattet war. Wenn der Schüler die Frage falsch beantwortete, sollte der Lehrer ihm

einen elektrischen Schlag versetzen, der zunächst nur schwach war (15 Volt) und dann immer stärker wurde, bis zu einem Maximum von 450 Volt, wenn die „Schüler" hauptsächlich falsche Antworten gaben.

Die Lehrer bekamen ein Handbuch, das sie befolgen sollten, und den strengen Befehl, für falsche oder keine Antworten Elektroschocks zu verteilen. Der „Schüler" hatte folgende Regieanweisung: Mit zunehmender Spannung sollte er schreien, um Gnade betteln und sich auf seinem Stuhl winden. Bei 300 Volt sollte der „Schüler" gegen die Wand schlagen und betteln, freigelassen zu werden, bei zunehmender Schockstärke sollte er still werden.

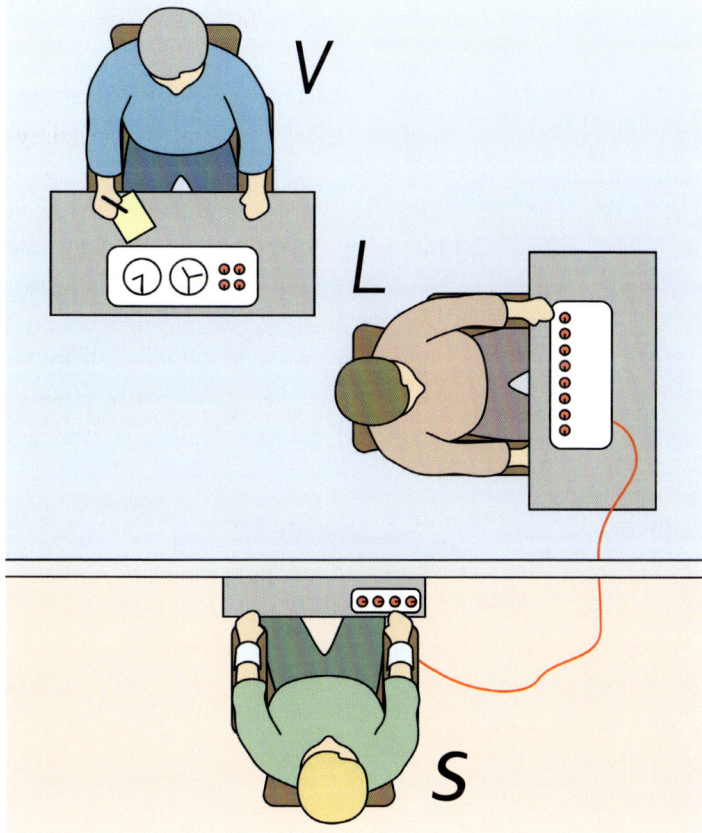

*Eine schematische Darstellung des Milgram-Experiments: Der Versuchsleiter („V") weist den Lehrer („L") an, dem Schüler („S"), der ein Schauspieler ist, eine Reihe von Elektroschocks zu verabreichen.*

„Ich führte ein einfaches Experiment an der Yale-Universität durch, um herauszufinden, wie viel Schmerz ein normaler Bürger einer anderen Person zufügen würde, nur weil ein Wissenschaftler es ihm befahl. Bloße Autorität wurde gegen den stärksten moralischen Imperativ – niemanden zu verletzen – ausgespielt und trotz der Schreie des Opfers im Ohr des Probanden siegte meistens die Autorität. Die hohe Bereitschaft Erwachsener, auf den Befehl einer Autorität hin alles Erdenkliche zu tun, ist die Haupterkenntnis dieser Studie und eine Tatsache, die dringend einer Erklärung bedarf."

Stanley Milgram, 1974

Der Versuchsleiter saß in einem Raum mit dem Lehrer und ermutigte ihn, weiterzumachen. Der Lehrer konnte hören, aber nicht sehen, was in dem anderen Raum geschah. Der Versuchsleiter drängte den Lehrer, weiterzumachen, drohte ihm aber in keiner Weise.

Etwa zwei Drittel der Versuchspersonen (65 %) erhöhten die Stromspannung bis zur höchsten Stufe (450 Volt) und alle konnten überredet werden, eine Spannung von 300 Volt einzusetzen. Milgram schloss daraus, dass wir einen überwältigenden Drang haben, einer Autoritätsperson zu gehorchen.

Später befragte Milgram seine Probanden und teilte sie in drei unterschiedliche Gruppen ein:

■ Einige gehorchten, rechtfertigten aber ihre Handlung. Sie machten den Versuchsleiter oder den Schüler (wegen seiner Dummheit) verantwortlich.

■ Einige gehorchten und beschuldigten sich selbst. Sie fühlten sich schlecht wegen ihrer Handlungen.

■ Einige rebellierten und stellten das Wohlergehen des Schülers über die Anforderungen des Experiments.

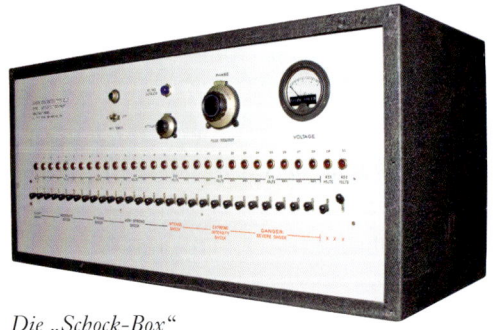

*Die „Schock-Box"
aus Milgrams Experiment.*

Durch Abwandlungen des Experiments fand Milgram heraus, dass die Bereitschaft zum Gehorsam höher war, wenn das Experiment in einem Universitätslabor stattfand, der Versuchsleiter einen Laborkittel trug und sich im gleichen Raum aufhielt wie der Lehrer.

Die Bereitschaft zum Gehorsam nahm ab, wenn das Experiment in einem heruntergekommenen Büro in der Stadt durchgeführt wurde, der Versuchsleiter normale Kleidung trug und sich in einem anderen Raum aufhielt. Die Probanden waren außerdem gehorsamer, wenn sie den Schalter nicht selbst drücken mussten, sondern die Auslösung des Elektroschocks an einen Assistenten delegieren konnten.

Milgram folgerte daraus, dass sich Menschen in zwei möglichen Zuständen befinden können: im autonomen oder im „Agens-Zustand". Im autonomen Zustand treffen wir unsere eigenen Entscheidungen und übernehmen Verantwortung für unsere Handlungen, die im Einklang mit unseren Werten stehen. Im Agens-Zustand aber führen wir nur Befehle aus, ohne persönliche Verantwortlichkeit. Wenn wir mit einer Autoritätsfigur konfrontiert werden, so Milgram, wechseln die meisten in den Agens-Zustand, und dies erklärt auch die Gräueltaten, die im Namen des Gehorsams begangen wurden.

Die Gültigkeit von Milgrams Ergebnissen wurde oft hinterfragt und die Psychologin Gina Perry, Autorin von *Behind the Shock Machine* (2013), bezeichnete sowohl seine Methode als auch seine Aufzeichnungen als problematisch.

Trotzdem scheint es, als würden viele Menschen Gehorsam so weit treiben, dass sie andere ernsthaft verletzen. Es ist

> *„Normale Menschen, die nur ihre Arbeit tun, ohne besondere Feindseligkeit, können Handelnde in einem schrecklichen zerstörerischen Prozess werden. Selbst wenn die zerstörerischen Auswirkungen ihrer Arbeit offenbar werden und sie Dinge tun sollen, die fundamentalen moralischen Grundsätzen widersprechen, haben relativ wenige die Kraft, um der Autorität zu widerstehen."*
> Stanley Milgram, 1974

vielleicht nicht „der Nazi in uns", aber eine beunruhigende Tendenz im Menschen, das zu tun, was man ihm sagt, auch wenn er Moral oder Sinn des Befehls bezweifelt.

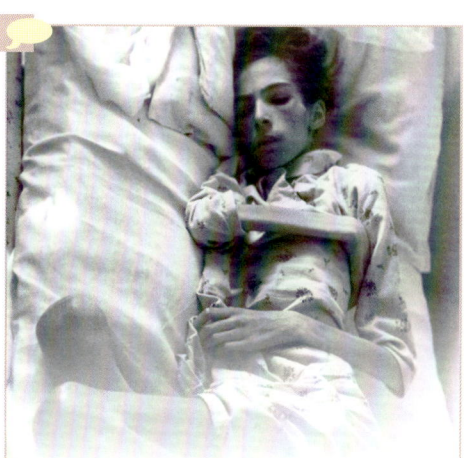

> *„Wenn ich zurückschaue, sehe ich, dass ein Leben, das dem Gehorsam gewidmet ist, äußerst angenehm ist, denn es reduziert die Notwendigkeit, sich seine eigenen Gedanken zu machen, auf ein Minimum."*
> Adolf Eichmann, Kriegsverbrecher, 1960

## — Nichts tun, nichts sagen ——————

Die Neigung, Erwartungen (auch ohne direkten Befehl) entsprechen zu wollen, wurde auch in anderen Experimenten deutlich. In Zimbardos „Gefängnis" stellten die Gefangenen einen Antrag auf Haftentlassung, obwohl sie einfach hätten gehen können. Eltern, die ihre Kinder besuchten, spielten ihre Rolle, auch wenn sie gar nicht am Experiment teilnahmen.

1951 untersuchte der polnische Sozialpsychologe Solomon Asch (1907–1996), wie weit Menschen gehen, um sich anzupassen. Er brachte einen Probanden mit sieben, von Asch instruierten Leuten zusammen in eine Gruppe und gab ihnen zwei Karten. Bei jedem Kartenpaar zeigte eine Karte eine einzelne Linie und die andere drei verschiedene Linien, von denen eine der auf der ersten Karte glich. Die Probanden mussten sagen, welche der drei Linien (A, B oder C) in ihrer Länge der einzelnen Linie entsprach. Dies wurde mehrmals wiederholt.

Bei den ersten Befragungen antworteten Aschs Verbündete immer richtig. Danach gaben sie alle die falsche Antwort.

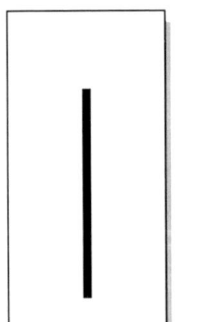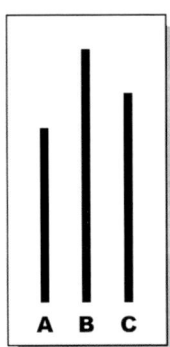

*Die Probanden in Aschs Experiment mussten spontan entscheiden, welche Linie auf der rechten Karte der Linie auf der linken Karte entspricht.*

und der Proband musste im Anschluss daran antworten. Asch wollte herausfinden, ob die Probanden sich von den anderen beeinflussen ließen.

In einem Kontrollexperiment beantworteten die Probanden die Fragen allein und erzielten dabei einen Fehlerquotienten von weniger als 1 % – die Aufgabe war also einfach. Als jedoch die anderen Teilnehmer übereinstimmend falsch antworteten, gaben auch die Probanden in 75 % der Fälle diese falsche Antwort. Nach einer späteren Befragung konnten die Probanden, die sich durch Aschs Verbündete hatten verunsichern lassen, in drei Gruppen unterteilt werden:

- Einige glaubten, dass die falsche Antwort richtig war.
- Einige dachten, falsch zu liegen, weil alle anderen sich einig waren (nach Asch eine „Verzerrung des Urteils").
- Einige wussten, dass sie recht hatten, wollten aber mit ihrer Meinung nicht alleine da stehen (nach Asch eine „Verzerrung der Handlung").

Von denen, die ihre eigene Meinung vertraten, waren einige selbstbewusst, einige zurückhaltend und einige zweifelten, blieben aber bei ihrer Antwort.

Eine Abwandlung des Versuchs zeigte, dass sich weniger Probanden zu einer falschen Antwort hinreißen ließen, wenn eine weitere Person die richtige Antwort gab oder die Antwort aufgeschrieben werden konnte, anstatt sie laut auszusprechen.

## — Rauch und Unfälle ——————

Bei Asch ging es nicht um eine ernsthafte oder gefährliche Situation, doch andere Forscher fanden eine große Bereitschaft

*Mordopfer Kitty Genovese*

zur Konformität und Widerstand gegen unabhängiges Handeln selbst in gefährlichen Situationen.

1964 wurde eine Frau, Kitty Genovese, in New York angegriffen und ermordet. 38 Menschen waren direkte oder indirekte Zeugen dieses Verbrechens, doch niemand eilte dem Opfer zu Hilfe. Dieser Vorfall war der Auslöser für eine bedeutende psychologische Studie über den „Zuschauereffekt" (nach dem Mordopfer auch „Genovese-Syndrom" genannt).

1968 führten die amerikanischen Sozialpsychologen John Darley und Bibb Latané einen Versuch durch, um herauszufinden, ob Menschen einem Fremden in Not helfen würden. Die Probanden erhielten die Information, an einer Studie über persönliche Probleme teilzunehmen, weshalb die Gespräche ohne Sichtkontakt und über eine Sprechanlage stattfänden. Während der Gespräche täuschte einer der Probanden (ein Schauspieler) einen lebensbedrohlichen Anfall vor und sagte, er glaubte, zu sterben. Für die anderen Probanden war dies hörbar.

Darley und Latané sahen, dass die Hilfsbereitschaft der Probanden abnahm, je mehr Teilnehmer in die Gespräche involviert waren. Obwohl die anderen Teilnehmer nicht sichtbar waren, war den Probanden bewusst, dass sie anwesend waren. Scheinbar fühlten sich die Einzelnen in geringerem Maße für den Fremden in Not verantwortlich, wenn noch weitere Menschen anwesend und somit gleichermaßen verantwortlich waren.

Darley und Latané führten einen weiteren Versuch durch, bei dem sie die Teilnehmer scheinbar in Gefahr brachten. Dabei saßen mehrere Studenten in einem Raum, um Fragebögen auszufüllen. Nach einer Weile drang Rauch in den Raum ein, der immer dichter wurde, bis man nichts mehr sehen konnte. Waren die Studenten allein im Raum, berichteten 75 % über das Problem. Waren sie aber mit 2 anderen im Raum, die den Rauch ignorierten, schlugen nur 10 % Alarm. Offensichtlich sind wir Menschen der Auffassung, dass andere mehr wissen als wir selbst. Reagieren andere nicht auf eine Krise, halten wir selbst eine Reaktion ebenso für unnötig. Psychologen bezeichnen dieses Phänomen als „pluralistische Ignoranz" – wir würden lieber den Tod riskieren als uns durch falschen Alarm lächerlich zu machen.

## — Komm zu uns! —

Offensichtlich gibt es beim Menschen den Wunsch nach Konformität und das Bedürfnis, Teil einer Gruppe zu sein. Diesen Sachverhalt untersuchte der amerikanische Geschichtslehrer Ron Jones 1967 im kalifornischen Palo Alto. Da er seinen Schülern nicht begreiflich machen konnte, wie die Ideologie der Nazis in Deutschland so

*„Stärke durch Disziplin, Stärke durch Gemeinschaft, Stärke durch Taten, Stärke durch Stolz."*
Motto von Jones' *„Third Wave Group"*

schnell Fuß fassen konnte, gründete er eine Bewegung mit dem Ziel, die Demokratie zu Fall zu bringen und nannte sie *„The Third Wave"*.

Er entwarf ein System, das einen höheren Leistungsstandard vorsah und eine höhere Entlohnung für den Einzelnen versprach. Das Problem der Demokratie, behauptete er, sei, dass sie sich auf den Einzelnen konzentriere und die Stärke der Gruppe vermindere.

Jones wollte die Dauer des Experiments auf einen Tag beschränken, doch es war so erfolgreich, dass er es fortsetzte. Er erfand autoritäre Zeichen wie einen Salut und formale Grüße, durch die Nichtmitglieder ausgeschlossen wurden. Nach drei Tagen waren der Bewegung 200 Schüler beigetreten und ihre schulischen Leistungen verbesserten sich. Einige Mitglieder begannen, andere zu denunzieren, die geltende Regeln gebrochen hatten. Am vierten Tag merkte Jones, dass der Versuch außer Kontrolle geriet und er berief unter dem Vorwand, eine nationale Bewegung zu gründen, eine Versammlung ein. Dort offenbarte er, dass alles nur ein Experiment gewesen war und zeigte den Schülern einen Film über das Dritte Reich.

Wie bei Turners Theorie der Selbstkategorisierung waren Jones' Schüler begierig darauf, sich als Teil der Gruppe zu fühlen und deren Werte zu ihrer persönlichen Identität hinzuzufügen. Jones hatte deutlich gemacht, dass wir alle liebend gerne zu *„einem der vielen Pferde, die die Kutsche ziehen"* (Adolf Eichmann) werden wollen – sogar dann, wenn die Kutsche geradewegs zur Hölle fährt.

# Unser innerer Antrieb

Die humanistischen Psychologen beschäftigten sich eher mit der Selbstverwirklichung des Einzelnen als mit Gruppenidentität oder dem, was wir alle gemeinsam haben. Aber auch auf dem Weg der Selbstverwirklichung müssen wir laut Abraham Maslow erst noch andere Bedürfnisse befriedigen.

## — Die Bedürfnispyramide —

1954 veröffentlichte Maslow seine Theorie der menschlichen Motivation. Die „Bedürfnispyramide" zeigt die Hierarchie der Bedürfnisse, denen man auf dem Weg zur Selbstverwirklichung begegnet. Diese Bedürfnisse, behauptete er, sind das, was uns Menschen antreibt. Maslow betrachtete seine Pyramide als eine Art Straßenkarte der menschlichen Entwicklung,

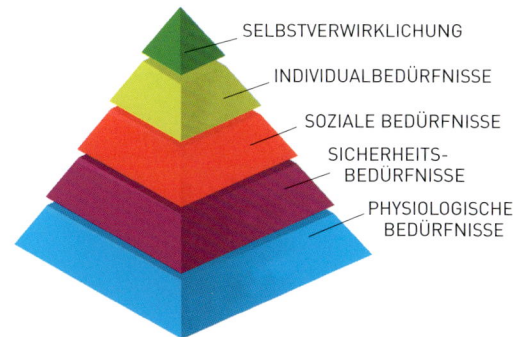

SELBSTVERWIRKLICHUNG
INDIVIDUALBEDÜRFNISSE
SOZIALE BEDÜRFNISSE
SICHERHEITS-
BEDÜRFNISSE
PHYSIOLOGISCHE
BEDÜRFNISSE

sie ist aber auch ein Bild des allgemeinen menschlichen Zustandes.

Der Antrieb, diese Bedürfnisse zu befriedigen, macht uns zu einem Mitglied der Menschheit, und die Selbstverwirklichung, die am Ende dieses Prozesses steht, macht uns zu Individuen.

Am Grund der Pyramide stehen die körperlichen Bedürfnisse nach Nahrung, Wasser, Schlaf, Luft und grundlegende körperliche Funktionen. Sind diese erfüllt, kommt unser Bedürfnis nach Sicherheit zum Tragen: körperliche Sicherheit ebenso wie die, die aus einem sicheren Job, einem Haus und so fort resultiert.

Darauf folgt das Bedürfnis nach Liebe und Zugehörigkeit: Familie, Freunde und sexuelle Intimität. Daran schließt sich das Bedürfnis nach Anerkennung und Respekt an, einschließlich Selbstbewusstsein und Selbstvertrauen. Ist dies erfüllt, gelangt man an die Spitze der Pyramide, wo die Selbstverwirklichung angesiedelt ist (*siehe* ▶▶ S. 160–161).

Von Platon und anderen Philosophen unterschied sich Maslow, weil er die grundlegenden Bedürfnisse anerkannte und empfahl, sie zu befriedigen, wohingegen viele seiner Vorgänger der Meinung waren, diese müssten um des höheren Strebens willen unterdrückt, verleugnet oder ignoriert werden. Diese Bedürfnisse waren für Maslow jedoch der Antrieb für alles menschliche Streben und Teil der menschlichen Natur – ein guter, produktiver Teil, weil sie uns zur Leistung anspornen.

## Drinnen oder draußen?

Wir alle wollen individuell sein und doch dazugehören, nicht ausgeschlossen, sondern Teil der Gruppe sein. Wenn wir uns selbst verwirklichen können, fühlen wir uns vielleicht wohl, auch wenn wir anders sind, doch Anderssein kann auch Gefahren in sich bergen. Man kann zum Beispiel für verrückt erklärt werden. Viele, die anders sein wollten – oder nicht versuchten, wie alle anderen zu sein –, wurden an den Rand gedrängt, verteufelt oder in eine Irrenanstalt eingewiesen. Die Kehrseite der Suche nach menschlichen Gemeinsamkeiten ist die Erkenntnis, dass manche Menschen einfach anders sind.

*Der griechische Philosoph Diogenes lehnte Eigentum ab, lebte nahezu nackt in einer herrenlosen Tonne auf dem Marktplatz und aß die Reste, die andere ihm gaben. Doch das war seine Form der Selbstverwirklichung, so wollte er leben. Alexander der Große soll gesagt haben, wenn er nicht Alexander wäre, wolle er wie Diogenes sein.*

# Aus dem **RAHMEN** fallen: Psycho- pathologie

„Ich habe seit einiger Zeit, warum weiß ich selbst nicht, alle meine Munterkeit verloren, alle meine gewohnten Übungen aufgegeben; und in der Tat ist es mit meiner Schwermut so weit gekommen, dass diese anmutige Erde [...] mir nicht anders vorkommt, als wie ein stin- kender Sammelplatz pestilenzischer Ausdünstungen [...] Der Mensch gefällt mir nicht und das Weib ebenso wenig.“

William Shakespeare,
*Hamlet* (2. Aufzug, 6. Szene)

Der in Ungarn geborene Psychiater Thomas Szasz (1920 – 2012) meinte, dass manche Menschen Probleme im Leben haben, weil sie nicht versuchen, so zu leben wie die Mehrheit. Sie sind diejenigen, die als verrückt, verwirrt oder geisteskrank abgestempelt werden.

Verrücktheit liegt im Auge des Betrachters – die „Verrückten“ sind nicht wie wir und deshalb hal- ten wir sie für verrückt. Heute gibt es verschiedene Definitionen von Psychopathologie, die berücksichti- gen, ob ein Mensch in der Gesellschaft angemessen funktionieren kann, ob er leidet und wie weit er von der „normalen“ psychischen Gesundheit entfernt ist.

Der Schrei *von Edvard Munch (1893)*

# Was stimmt mit dir nicht?

Wie bei einer körperlichen Krankheit können Menschen auch seelisch an akuten Anfällen oder einer lang andauernden chronischen psychischen Krankheit leiden. Einige werden mit psychischen Voraussetzungen geboren, die nicht der Norm entsprechen, mentale Probleme können sich aber auch später entwickeln. Für solche Erkrankungen gab es drei mögliche Erklärungen: eine übernatürliche (Dämonen oder Geister), eine biologische (körperliche Ursachen) und eine psychologische (mentale Ereignisse oder Bedingungen).

> „Wenn man mit Gott spricht, betet man; wenn Gott zu einem spricht, ist man schizophren. Reden die Toten mit einem, ist man Spiritist, redet man mit den Toten, ist man schizophren."
> Thomas Szasz, 1973

*Glaubt man heute, sich einmal im Monat in ein Tier zu verwandeln, wird man psychiatrisch behandelt. Zu anderen Zeiten wäre man als Schamane verehrt worden.*

# Das Falsche rein (und raus) lassen

Krankheiten des Geistes sind oft auf Götter, Geister oder Dämonen zurückgeführt worden. Selbst die auf anderen Gebieten so aufgeklärten Griechen und Römer hielten psychische Krankheiten für die Tat der Götter. Nach dem Untergang des römischen Reiches um 400 n. Chr. gerieten physiologische und psychologische Ansätze in Vergessenheit, die Menschen fielen in Aberglauben zurück. Im frühen Mittelalter waren die arabische und persische Welt intellektuelle Zentren, wo klassische Werke übersetzt und überarbeitet wurden. Die Ärzte im Nahen Osten folgten dem griechischen Arztes Galen und führten mentale Störungen auf ein Ungleichgewicht der Säfte (*siehe* ▸▸ S. 186 – 1887) zurück. Ibn Sina zum Beispiel hielt verbrannte gelbe oder schwarze Galle, die das Gehirn erreicht, für den Grund „tierischen Wahnsinns".

Die ungebildete arabische Bevölkerung aber glaubte weiterhin daran, dass Wahnsinn übernatürliche Ursachen hatte – wie Dschinns (böse Geister). Schon das arabische Wort für Wahnsinn, *„junun"*, bedeutet „von einem Dschinn besessen". Auch der böse Blick oder unerlaubt beobachtete Rituale sowie gebrochene Tabus oder Gott selbst konnten der Grund dafür sein, aber auch natürliche Ursachen wie ein Trauma oder Vererbung.

In Europa waren übernatürliche Erklärungen (begünstigt durch die christliche Kirche mit ihrem Spektrum von Dämonen und bösen Geistern) bis zur Aufklärung weit verbreitet. Psychisch

*Den Begriff der „Geisteskrankheit" finden wir in gedruckter Form erstmals 1847 in Emily Brontës* Sturmhöhe, *von „seelischer Gesundheit" spricht man seit 1900.*

### VERRÜCKT?

Der Begriff ‚verrückt" zur Bezeichnung eines psychisch Kranken ist unüblich. Meistens wird der Begriff ‚psychische Störung" verwendet, um so das Stigma der Krankheit zu vermeiden. Früher war man diesbezüglich alles andere als rücksichtsvoll: Nach der Zahlung einer Gebühr von einem Groschen konnte man „Irre" betrachten, nicht etwa ‚psychisch gestörte Personen". Noch zu Beginn des 20. Jahrhunderts wurde ein IQ unter 70 als „Schwachsinn" diagnostiziert.

Kranke wurden oft unmenschlich behandelt, denn die Misshandlungen sollten die bösen Geister, von denen der Mensch besessen war, austreiben. Auch zur Zeit der Hexenverfolgung in Europa und Amerika (zwischen dem 15. und dem 18. Jahrhundert) wurden viele psychisch Kranke gequält und umgebracht. Seltsame, aber harmlose Verhaltensweisen wie nuschelndes Sprechen, Wutanfälle oder monotone Bewegungen konnten ausreichen, um als Hexe angeklagt und verbrannt zu werden.

### EPILEPSIE – DIE GÖTTLICHE KRANKHEIT

Heute wird Epilepsie als neurologische Störung betrachtet, aber jahrtausendelang galten ihre Symptome (Anfälle, Bewusstlosigkeit, Sabbern) als Zeichen von Wahnsinn.

Vor 4000 Jahren wurde der erste Fall von Epilepsie in Mesopotamien aufgezeichnet. Man erklärte das Phänomen mit der Besessenheit des Patienten durch den Mondgott und exorzierte ihn. Der babylonische Kodex Hammurabi (ca. 1790 v. Chr.) dokumentiert das damals gültige Rückgaberecht von Sklaven, die unter Epilepsie litten.

Man glaubte, der epileptische Zustand werde von bösen Geistern hervorgerufen und behandelte ihn mit übernatürlichen Mitteln. Bei den alten Griechen war Epilepsie mit guten Geistern assoziiert, man nannte sie die „heilige Krankheit".

Hippokrates dachte anders darüber, für ihn war es bereits eine körperliche Krankheit, die vererbt werden konnte – aber noch wurde seine Stimme nicht gehört. Bis zum 17. Jahrhundert gehörten Epilepsie und Geister in Europa zusammen, in Ländern wie Tansania ist das zum Teil heute noch so.

*Illustration von 1555, die zeigt, wie Hexen hingerichtet werden. Hexerei war in Europa bis ins 18. Jahrhundert strafbar.*

Wenn es böse Geister gibt, dann kann es auch gute Geister geben. Den Griechen galt die Epilepsie als heilige Krankheit und manche offensichtlichen Geisteskrankheiten wurden als Inspiration oder Auswirkung des Heiligen Geistes angesehen. Im 16. Jahrhundert berichtete der maurische Historiker Joannes Leo

*Darstellung eines Exorzismus aus dem 9. Jahrhundert*

Africanus (1494–1554) von geistesabwesenden Personen in Nordafrika, die barfuß gehen und Steine mit sich tragen und vom gemeinen Volk als heilige Männer verehrt würden.

## Biologie und Gehirn

Hippokrates lehnte übernatürliche Erklärungen für Krankheiten ab und lehrte, dass körperliche Ursachen, meistens ein Ungleichgewicht der vier Säfte, unsere Gesundheit beeinflussen. Für die Hysterie machte er eine Ausnahme (*siehe* ▸▸ Kasten S. 185).

### MONDSÜCHTIG

Der englische Begriff „*lunatic*" (= verrückt) geht auf den römischen Glauben zurück, dass Wahnsinn durch den Einfluss des Mondes oder der Mondgöttin Luna ausgelöst wird.

## MARGERY KEMPE (CA. 1373–1440)

Die englische Mystikerin Margery Kempe schrieb die erste Autobiographie in englischer Sprache. Nach der Geburt ihres ersten Kindes scheint sie an einer psychischen Krankheit gelitten zu haben, vielleicht Wochenbett-Depression oder Manie, denn sie berichtet, dass sie sich von Dämonen umzingelt fühlte und sich selbst verletzte. Nachdem sie später eine religiöse Vision erlebt hatte, hatte sie in der Kirche häufig Anfälle, was sie dem Heiligen Geist zuschrieb. Auch die Kirche schien dieser Meinung gewesen zu sein, denn ihr wurde erlaubt, auf Pilgerreise zu gehen und in der Kirche ihren „Erscheinungen" zu begegnen. Es kam nie zu einer Anklage wegen Hexerei.

## GESCHICHTE DER HYSTERIE

Heutzutage wird Hysterie als histrionische Persönlichkeitsstörung (HPS) bezeichnet. Typisch ist eine übermäßige Darstellung von Gefühlen, die Suche nach Aufmerksamkeit, unangemessenes sexuelles, manipulatives, egozentrisches, emotional oberflächliches und wechselhaftes Verhalten. In den USA sind 2 – 3 % der Bevölkerung davon betroffen, davon mehr Frauen als Männer.

Als Erste erwähnten die alten Ägypter die Hysterie. Im Papyrus Ebers (1900 v. Chr.) wird sie mit der Gebärmutter in Verbindung gebracht. Auch die Griechen teilten diese Meinung. Hippokrates, der den Begriff „Hysterie" prägte, schreibt, dass sie durch unberechenbare Bewegungen der Gebärmutter *(hysteron)*, die auf zu wenig sexuelle Aktivität zurückgehen, ausgelöst wird. Erst der englische Arzt Thomas Willis (1621–1675) behauptete, dass Gehirn und Nervensystem bei der Entstehung der Hysterie eine Rolle spielten und auch Männer daran leiden könnten.

Der deutsche Arzt Franz Mesmer (1734–1815) behandelte hysterische Patienten mit einer von ihm entwickelten Technik, dem Mesmerismus, einer Art Suggestion. Jean-Martin Charcot wandte im 19. Jahrhundert die Hypnose an und beeinflusste dadurch Freud, der behauptete, Hysterie sei auf eine in ihrer Entfaltung gehemmte Libido zurückzuführen. Heute wird HPS eher als kulturelle denn als psychologische Störung angesehen, deren Diagnose auf die Unvereinbarkeit von Verhaltensnormen und nicht etwa auf einen geistigen Zustand zurückzuführen ist.

## ── Ein unausgeglichener Geist ──

Der griechische Arzt Asklepiades von Bithynien (ca. 127 – 40 v. Chr.) verwarf die
Theorie der Säfte als Grund für psychologische Störungen und gab emotionalen
Problemen die Schuld. Ebenso dachte
der Schweizer Arzt und Alchemist Paracelsus (1493 – 1541), der lehrte, dass ein
chemisches Ungleichgewicht dafür die
Ursache sei und seine Patienten durch
Zubereitungen von Kräutern zu heilen
versuchte. Den Körper betrachtete er als
chemisches System, das mit sich selbst
(dem „Mikrokosmos") und der Umwelt
(dem „Makrokosmos") im Einklang sein
musste.

Mentale Probleme teilte Paracelsus in
fünf Klassen ein:

- Epilepsie
- Manie
- *Chorea lasciva* (lüsternes Verhalten)
- *Suffocatio intellectus* (Ersticken des
  Geistes)
- Wahre Geisteskrankheit (ständi-
  ge Krankheit ohne Perioden von
  Klarheit oder Verbesserung)

Epilepsie erklärte er durch das Aufwallen
und Aufsteigen des Lebensgeistes (*spiritus
vitae*) ins Gehirn und empfahl bei leich-
teren Fällen ein pflanzliches Heilmittel;
manche Fälle von Epilepsie hielt er aber
auch (wie Hippokrates) für angeboren.

Manien schrieb er einem Saft zu, der
im Körper aufsteigt und sich im Kopf
sammelt, wo er kondensiert und teilweise
als Dampf verbleibt.

Weder *Chorea lasciva* noch *Suffocatio
intellectus*, von der er drei Typen erwähnt,
werden näher beschrieben. Eine *Suffocatio*
werde von Würmern im Darm verursacht,
eine andere von einer Fehlfunktion der
Gebärmutter (vielleicht Hysterie) und eine durch Schlafstörungen.

Er zitiert auch verschiedene Fälle von
*Chorea lasciva*, einschließlich Hemmungs-
losigkeit und ein lasterhaftes Leben (beispielsweise das Leben einer Hure oder der
Genuss von Gitarrenmusik):

*„So ist der Grund der Krankheit* Chorea lasciva *eine bloße Meinung, eine eingebildete Vorstellung, jene befallend, die
daran glauben. Diese Vorstellung ist der
Ursprung der Krankheit bei Kindern und
Erwachsenen. Bei Kindern ist es auch Ein-
bildung, nicht auf das Denken, aber auf die
Wahrnehmung basierend, weil sie etwas
gehört oder gesehen haben. Der Grund
ist folgender: Ihr Sehen und Hören ist so
stark, dass sie unbewusst Phantasien haben von dem, was sie gesehen oder gehört
haben."*

Paracelsus, veröffentlicht posthum 1567

Paracelsus erstellte eine Klassifizierung
psychischer Krankheiten, die die „fünf
Leiden" beinhaltete: Melancholie (Depression), durch den Mond verursachter
Wahnsinn, ständige Krankheit, verursacht durch Essen oder Trinken (von etwas Giftigem?), bereits krank geboren
werden (durch Vererbung oder fehler-
haften „Samen") oder Besessenheit durch
Dämonen, die er nur hier erwähnt, aber
nicht weiter ausführt.

## ── Mit den Säften arbeiten ──

Paracelsus war ein Außenseiter, denn
die meisten vertraten die Theorie der
Säfte als Ursache für Krankheiten noch
im 19. Jahrhundert und kategorisier-
ten so psychische Störungen nach ihren

Ursachen oder Auslösern. Depression resultierte aus einem Übermaß von schwarzer Galle und die Behandlung zielte darauf ab, das Vorherrschen der schwarzen Galle zu verringern, gewöhnlich durch Abführen und Aderlass.

Bei der Diagnose orientierte man sich an den Erzählungen des Patienten über sein tägliches Leben und seine Probleme und untersuchte Blut und Urin, um die Art der Unausgeglichenheit der Säfte zu bestimmen.

*Paracelsus*

### DIE ANATOMIE DER MELANCHOLIE

Das erste ausführliche Lehrbuch über Depression, *Die Anatomie der Melancholie*, wurde 1621 von dem englischen Gelehrten Richard Burton (1577–1640) veröffentlicht. Es umfasst in der ersten Auflage 900 Seiten und wurde von Burton immer wieder erweitert. Geheimnisvoll und ausschweifend geschrieben, strotzt es von klassischen Zitaten und Verweisen und behandelt unzählige Themen, die nur entfernt mit Depression zu tun haben. Burton unterscheidet zwischen alltäglichem Elend (heute „reaktive Depression") und fest eingewurzelter Melancholie (heute „klinische Depression"). Ersteres beschreibt er recht weitschweifig:

*„.... vorübergehende Melancholie, die geht und kommt bei jeder kleinen Anwandlung von Trauer, Entbehrung, Krankheit, Ärger, Furcht, Gram, Leidenschaft oder Verwirrung des Geistes, jeder Art von Sorge, Unzufriedenheit oder Gedanken; die Pein, Stumpfheit, Schwere und*
*Verdruss des Geistes verursacht; allem, was Vergnügen, Fröhlichkeit, Freude, Entzücken entgegensteht; die Eigensinn hervorruft oder einen Widerwillen..."*

Die „Melancholie durch Gewohnheit" (klinische Depression) ist das Hauptthema seines Buches:

*„Diese Melancholie, die wir hier behandeln, ist eine Gewohnheit, ein ernsthaftes Gebrechen, ein beständiger Zustand, wie Aurelius und andere sie nennen, nicht umherstreifend, sondern fest: und weil es lange gewachsen ist, kann es schwerlich entfernt werden."*

> „Der melancholische Mensch … fürch-
> tet alles … er will weglaufen und kann
> nicht gehen … er wird zu einer wil-
> den Kreatur, die an schattigen Orten
> spukt, misstrauisch, einsam, ein Feind
> der Sonne, den nichts erfreut, nur
> Unzufriedenheit, die tausend falsche
> und nutzlose Einbildungen erzeugt."
> Andreas Laurentius, Anatom
> (1558 – 1609)

## — Blick ins Gehirn

Schließlich tauchte eine Verbindung zwischen dem körperlichen Zustand des Gehirns und einigen Formen geistiger Verwirrung auf, wie die außergewöhnliche
Fallstudie des Eisenbahnarbeiters Phineas
Gage zeigte.

1848 erlitte Gage einen schrecklichen
Unfall, als er als Vorarbeiter der Eisenbahn
in Vermont, USA, arbeitete. Eine lange,
spitze Metallstange durchbohrte seinen
Schädel an der Wange, trat oben am Kopf
wieder aus und zerstörte einen Teil des
linken Frontallappens des Gehirns.

Auf dem Weg in die Stadt saß Gage un-
erschütterlich in einem Ochsenkarren und
unterhielt sich mit dem Arzt. Man glaubte
nicht, dass er überleben würde, und doch
erholte er sich wunderbarerweise. Es wird
jedoch von Persönlichkeitsveränderungen
berichtet, die ihn aggressiv und grob machten, möglicherweise aber nur eine Zeit
lang anhielten.

Zeitgenössische Psychologen bezogen
sich auf Gage als Beispiel, obwohl sein
Fall nicht viel offenbart, außer, dass der
Verlust des Frontallappens nicht tödlich
sein muss.

Den Phrenologen diente er als will-
kommenes Beispiel zur Rechtfertigung
ihrer Theorie, dass das Fehlen des Organs
der Ehrfurcht und/oder des Organs der
Güte zu grobem Verhalten führt. (Warum
dieses Verhalten später nicht mehr auftrat,
wurde nicht erklärt.)

Der Fall wurde auch zitiert, um zu
zeigen, dass es keine lokalisierbaren Gehirnfunktionen gab, denn Gage war später
wieder fähig, alles zu tun, was er bereits
vorher tun konnte – auch ohne Frontallappen. Diese Schlussfolgerungen schließen sich allerdings gegenseitig aus.

Die Theorie der Lokalisierung von
Gehirnfunktionen wurde 1861 durch
den französischen Chirurgen Paul Pierre
Broca (1824 – 1880) untermauert, der im
Gehirn einen Bereich entdeckte, der für
die Sprache zuständig ist – heute bekannt

*Phineas Gage hält die Eisenstange, die ihn*
*verletzte. Nach seinem Unfall lebte er noch*
*weitere 12 Jahre und arbeitete einige Zeit als*
*Postkutschenfahrer in Chile.*

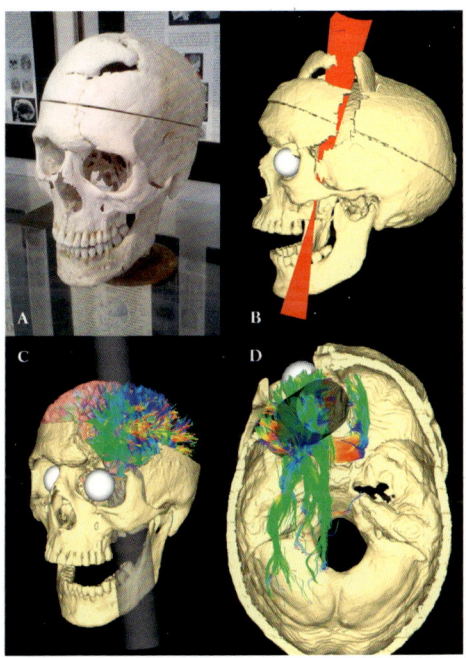

*Gages Schädel (A) und Computermodelle, die zeigen, welchen Weg die Eisenstange durch Gages Schädel nahm (B, C, und D).*

als Broca-Areal. Broca entdeckte dies, als er eine Obduktion an einem Patienten ausführte, der die Sprachfähigkeit verloren hatte und nur noch das Wort „tan" („hellbraun") sagen konnte. In seinem Gehirn fand Broca eine durch Syphilis hervorgerufene Verletzung im Frontallappen. Ein zweiter Patient konnte nur fünf Worte sagen und sein Gehirn wies die gleiche Beschädigung auf.

Von da an wurden viele Gehirnbereiche entdeckt, die für bestimmte Funktionen verantwortlich sind. Moderne bildgebende Verfahren wie PET- und MRT-Scans zeigen, welche Bereiche aktiv sind, wenn das Gehirn bestimmte Aufgaben ausführt (*siehe* ▸▸ S. 85 [Kapitel 3: *Meister der Strecken*]). Eine ungewöhnliche Aktivität in einem Bereich des Gehirns kann auf eine

bestimmte psychische Störung hinweisen. Darüber hinaus hat auch die Erforschung der DNS einen Zusammenhang zwischen bestimmten Gen-Veränderungen und der Psychopathologie aufgezeigt.

## Alles nur Phantasie?

Das erste präzise Konzept psychologischer Ursachen stammt von Sigmund Freud und dem österreichischen Arzt Joseph Breuer (1842–1925). Nach Freud haben alle Störungen des erwachsenen Geistes ihre Ursache in der Kindheit: Sie sind das Ergebnis vergangener Traumata, die vergessen oder unterdrückt wurden. Durch ausführliche Gespräche mit einem Therapeuten, der den Patienten „analysiert", können diese an die Oberfläche gebracht und entschärft werden (*siehe* ▸▸ S. 202 [Kapitel 8: *Reden ist alles*]).

### —Was Sex bedeutet —

Nach Freud entstehen alle Neurosen aus Ereignissen in der Kindheit, die mit sexuellem Missbrauch in Zusammenhang stehen („Verführung", meistens durch einen Erwachsenen). Anfangs behauptete er, solche sexuellen Episoden bei allen seiner Patienten aufgedeckt zu haben. Später änderte er seine Haltung und gab zu, der sexuelle Missbrauch müsse nicht tatsächlich geschehen sein, sondern sei als Erinnerung oder Fantasie bei jedem Patienten vorhanden, mit dem gleichen Effekt. Tatsächlich war sich keiner seiner Patienten eines solchen Vorfalles vor der Behandlung bewusst.

Freud betrachtete jeden Aspekt des menschlichen Verhaltens als von der Libido

## DER MÖRDER IN UNS?

2006 machte der amerikanische Neurowissenschaftler James Fallon eine
besonders ungewöhnliche Entdeckung.
Für verschiedene Studien untersuchte
er die Gehirne von Psychopathen und
von Alzheimerpatienten und verwendete
seinen eigenen Gehirnscan zur Kontrolle. Dabei bemerkte er, dass sein eigenes
Gehirn dem der Psychopathen ähnelte
und eine niedrigere Aktivität im Empa-
thiezentrum zeigte. Auch seine genetische Disposition wies auf eine Psychopathie hin.

Fallon untersuchte daraufhin seinen
Familienstammbaum und entdeckte,
dass er mit verschiedenen Mördern ver-
wandt war, unter anderem mit der berüchtigten Lizzie Borden, die beschul-
digt wurde, 1892 ihre Eltern mit einer
Axt ermordet zu haben (aber freige-
sprochen wurde). Er schloss daraus,
dass er ein pro-sozialer Psychopath
war, ehrgeizig und leistungsstark, aber
nicht gefährlich. Eine andere Erziehung

*Lizzie Borden*

oder abweichende, schwierige Lebensumstände hätten aus ihm vielleicht
einen Serienmörder gemacht.

gesteuert, die er in erster Linie für einen
sexuellen Trieb hielt.

Viele seiner einflussreichen Anhänger
konnten ihm nicht dabei folgen, dass er
die Sexualität ins Zentrum seiner Arbeit
stellte. Sie glaubten, dass auch andere
Triebe und Ereignisse unser Verhalten
und unsere geistige Gesundheit beeinflussen. Die berühmtesten Abtrünnigen waren
C. G. Jung und Alfred Adler, seine Tochter
Anna Freud hielt jedoch weiterhin zu ihm.

## — Andere Ansichten —

Der deutsch-amerikanische Psychologe
Hugo Münsterberg (1863 – 1916) untersuchte zahlreiche Menschen mit Geisteskrankheiten, um die Ursachen für ab-
weichendes Verhalten zu verstehen. Für
Freuds Psychoanalyse fehlte ihm die Geduld und anstatt die vergangenen oder unbewussten Motivationen seiner Patienten
zu erforschen, ermutigte er sie, an eine
Verbesserung ihres Zustandes zu glauben,

worauf seiner Meinung nach die Verbesserung auch wirklich folgen würde. Echte Psychosen hielt er für unheilbar. Er betrachtete sie als durch Beschädigung des Nervensystems verursacht und somit als körperliches und nicht psychologisches Problem.

Auch für den Behavioristen John B. Watson war Geisteskrankheit ein Ergebnis früher Erfahrungen, die jedoch anders als bei Freud keinen Prozess der Internalisierung durchliefen. Watson behauptete, viele der sogenannten Symptome der sogenannten Geisteskrankheit seien kontraproduktiv konditionierte Reflexe. Einige psychoanalytische Werkzeuge fand er nützlich, wie zum Beispiel die Tests zur Wortassoziation, die es möglich machen, Ursache und Natur der sich als Geisteskrankheit zeigenden pervertierten Gewohnheiten herauszufinden.

## Weiter geht's

Auch wenn viele Teile von Freuds Werk revidiert wurden, hinterließ er hinsichtlich der Prägung der menschlichen Psyche seine Spuren. Nach wie vor werden frühen Erlebnissen ein starker Einfluss auf die spätere psychische Verfassung zugeschrieben.

Adler, Freuds ehemaliger Kollege, entwickelte seine eigene Theorie des Minderwertigkeitskomplexes (*siehe* ▸ S. 145

### FREUDS PROBLEME MIT SEX

Freud glaubte, dass alle Kinder in ihrer frühen Entwicklung verschiedene Stufen durchleben, in denen sie sexuelle Lust aus verschiedenen Körperteilen (erogene Zonen) gewinnen. Im ersten Jahr – der oralen Phase – ist dies der Mund. Der Säugling empfindet Lust, wenn er saugt oder Objekte mit seinem Mund erforscht. Im zweiten Jahr ist der Anus die erogene Zone, wenn das Kind die Kontrolle über die Verdauung erlangt. Im Alter zwischen 2 und 5 sind die Genitalien die erogene Zone. Freud nannte dies bei Jungen und Mädchen die phallische Phase, weil er die Klitoris als kleinen Penis betrachtete.

Eine gehemmte Entwicklung in einer dieser Phasen war für Freud der Grund für bestimmte Charaktereigenschaften oder Störungen. Drei Aspekte hielt er für besonders bedeutsam:

**Ödipuskomplex:** Alle Kinder entwickeln in der phallischen Phase eine sexuelle Hinwendung zur Mutter. Die Jungen treten dabei in Konkurrenz zum Vater und entwickeln die (zumindest latente) Phantasie, den Vater zu töten und seinen Platz einzunehmen. Die Bezeichnung stammt aus der griechischen Legende von Ödipus.

**Kastrationsangst:** Der Junge betrachtet seinen Vater als mächtiger und weil der Penis die Quelle seiner Gefühle für die Mutter ist, hat er Angst, dass seine Machtlosigkeit sich körperlich manifestiert.

**Penisneid:** Das Mädchen bemerkt, dass der Vater etwas Wertvolles – einen Penis – besitzt, der ihr fehlt. Sie beneidet ihn, aber weil sie ihn nicht haben kann, „wird" sie zu ihrer Mutter und teilt ihn mit ihr.

[Kapitel 6: *Das „Du" aufbauen]*). Heute gründet eine ganze psychotherapeutische „Industrie" darauf, dass Erfahrungen, die man in der Kindheit und später macht, einen bleibenden und manchmal schädlichen Einfluss auf die Psyche haben.

## Krank ist nicht gleich krank

Im 2. Jahrhundert v. Chr. unterschied Asklepiades von Bithynien zwischen akuten und chronischen psychischen Störungen und zwischen Halluzinationen und Wahnvorstellungen. Eine akute Episode konnte nach einem Trauerfall oder einem anderen Verlust auftreten und war vorübergehend, ein chronischer Zustand konnte eine Krankheit oder eine unaufhörliche Störung der Gemütslage sein.

*In Shakespeares* Macbeth *zeigen die Halluzinationen der Lady Macbeth ihren Wahnsinn.*

*Illustration einer Ausgabe von Celsus'* De Medicina *(„Über Medizin")*

Der römische Autor Aulus Cornelius Celsus (ca. 25 v. Chr. – ca. 50 n. Chr.) nutzte zum ersten Mal den Begriff „Geisteskrankheit" (lat. *insania*, engl. *insanity*) in *De Medicina* (ca. 30 n. Chr.). Er unterschied nach dem Verhalten des Patienten verschiedene Typen:

*„Es gibt verschiedene Arten von Geisteskrankheit; manche Kranken sind traurig, manche heiter; manche sind ohne weiteres zu zähmen und rasen nur mit Worten, andere sind rebellisch und gewalttätig, und von diesen sind manche impulsiv, andere listig und zeigen die vollständigste Erscheinung der Geisteskrankheit, wenn sie die Gelegenheit zum Unfug ergreifen und sich durch die Ergebnisse ihrer Taten verraten."*

Er gab Beispiele von Menschen, die glaubten, Götter, Berühmtheiten, unbelebte Dinge oder Tiere zu sein, von Epilepsie und Paranoia und unterschied zwischen Halluzinationen, die von Fieber oder echten Wahnvorstellungen hervorgerufen werden.

Der römische Medizinphilosoph Aretäus (50 – 130) beschrieb die Kennzeichen der bipolaren Störung: depressive Perioden wechseln mit manischen ab, unterbrochen

„[Im Falle der Melancholie] sind Vorstellungskraft und Urteilsvermögen so verdreht, dass die Opfer grundlos traurig und ängstlich werden. Sie können keinen Grund für Traurigkeit oder Furcht anführen, außer einem trivialen oder einer falschen Meinung aufgrund verwirrten Verstandes… Diese schreckliche Melancholie, die Männer zur Verzweiflung bringt, ist die gewöhnliche Form der Melancholie. Bei der Heilung wurde ich sehr oft behindert. Sie haben mir oft unter Tränen und Seufzen und größter Angst gestanden, am ganzen Körper zitternd, dass sie, wenn sie davon ergriffen werden, Gott lästern und üble Taten begehen wollen, sich selbst etwas antun, ihre Ehemänner oder -frauen, ihre Kinder, Nachbarn oder Herrscher töten wollen, nicht aus Eifersucht oder Neid, denn sie lieben sie sehr, sondern in einem ungewollten Zwang. Sie sagen, solche Gedanken kriechen gegen ihren Willen in ihnen hoch und sie rufen Gott beständig und eindringlich an, ihnen gnädig zu sein und sie von solchen gottlosen Gedanken zu befreien."

Felix Platter (1602)

von Zeiten der Klarheit. Er setzte sich für eine würdige Behandlung psychisch Kranker ein und erkannte, dass psychische Störungen nicht mit einer geringen Intelligenz einhergehen müssen.

Im 10. Jahrhundert beschrieb der arabische Arzt Najab ud-din Muhammad 30 verschiedene psychische Krankheiten, unter anderem agitierte Depression, Neurose, Impotenz, Psychose, Schizophrenie, Manie, Priapismus, Zwangsstörungen, wahnhafte Störungen und degenerative Krankheiten.

Der Schweizer Arzt Felix Platter (1536–1614) listete ebenfalls verschiedene Arten psychischer Störungen auf, wie Manie, Delirium, Halluzinationen, Narrheit und obsessive unwillkommene Gedanken (Zwangsstörungen).

## Von Symptomen zu Syndromen

Die erste präzise Klassifizierung wurde im 19. Jahrhundert von dem deutschen Psychiater Emil Kraepelin (1856–1926)

erstellt, der mit Wundt studierte und die psychischen Störungen so genau kategorisieren wollte, wie Wundt es mit den Wahrnehmungen getan hatte. Dazu bestimmte er jahrelang bei seinen Patienten Verlauf, Wirkung und Prognose ihrer psychischen Störungen.

Wie bei körperlicher Krankheit können auch hier gleiche Symptome verschiedene Ursachen haben. Nicht jeder, der niest, hat die gleiche Krankheit, und nicht jeder, der halluziniert, leidet an der gleichen psychischen Störung.

Vor Kraepelin hatten Mediziner die Symptome hunderter Arten von Geisteskrankheit aufgezeichnet, aber er verfolgte einen anderen Ansatz, den er „klinisch" nannte. Anstatt Fälle, die gleiche Hauptsymptome zeigten, zu gruppieren, nutzte er Symptomkomplexe – oder Syndrome – als Grundlage seiner Klassifikation.

Einer seiner wichtigsten Beiträge war, psychische Krankheiten in zwei Kategorien einzuteilen: Die Erste, die er „manisch-depressive Störung" nannte (heute: bipolare Störung), kehrt in regelmäßigen Abständen zurück. Die zweite nannte er „*Dementia praecox*" (vorzeitige Demenz), weil sie gewöhnlich im frühen Erwachsenenalter auftritt, nie wieder verschwindet und degenerativ ist. Sie wurde zuerst von dem französischen Arzt Philippe Pinel (1745–1826) im späten 18. Jahrhundert beschrieben. 1908 nannte man die Krankheit „Schizophrenie" nach dem Schweizer Psychiater Paul Eugen Bleuer (1857–1939), als er feststellte, dass die Demenz ein sekundäres Symptom war und der Verfall nicht immer einsetzte.

Kraepelin war ebenso ein Pionier der Psychopharmakologie (dem Studium der Wirkungen von Drogen auf das Nervensystem), er erforschte die Auswirkungen von Substanzen wie Morphium, Kaffee und Alkohol.

Er ging davon aus, dass psychische Störungen genetische Ursachen hatten (obwohl diese damals noch unbekannt waren) und wurde unglücklicherweise zu einem Unterstützer der Eugenik, weil er dachte, die Welt sei ein besserer Ort, wenn diese „Probleme" daran gehindert würden, sich fortzupflanzen.

Kraepelins Kategorisierung der psychischen Störungen gab den Anstoß für den *Diagnostischen und statistischen Leitfaden psychischer Störungen* (engl. *Diagnostic and Statistical Manual (DSM)*), der heute von vielen Psychiatern benutzt wird, um bei ihren Patienten eine Diagnose zu stellen. Je größer das Verständnis von Struktur, Chemie und biologischen Prozessen des Gehirns ist, desto genauer können einige psychische Probleme zwar erklärt, aber nicht zwangsläufig auch geheilt werden.

# Pflege, Heilung und Eindämmung

Psychische Störungen reichen von Neurosen, die das tägliche Leben behindern, bis zu schweren Psychosen, die ein normales Leben unmöglich machen. Sie benötigen unterschiedliche Heilverfahren und ihre Behandlung ist und bleibt auch heute noch schwierig und häufig erfolglos. Schön wäre es, wenn die Ärzte eine Heilung anbieten könnten, doch meistens ist Pflege oder – im schlimmsten Fall – Eindämmung die einzige Möglichkeit für Menschen mit psychischen Störungen. Viele von ihnen bleiben unbehandelt, versorgt von ihren Familien oder sie wandern ziellos umher, schutzlos und abhängig vom guten Willen anderer. Ohne Zweifel finden viele ein vorzeitiges, trauriges Ende.

### — Dämonen behandeln —

Als besten Weg, mit etwas umzugehen, das übernatürliche Ursachen hat, betrachtete man früher die Nutzung übernatürlicher Hilfsmittel: Beschwörungen, Talismane und

## NEUROSE UND PSYCHOSE

Eine Psychose beinhaltet einen Verlust der Realität. Einige psychische Krankheiten sind von psychotischen Perioden und Zeiten von Klarheit geprägt, manchmal wird der Realitätsverlust zum Dauerzustand.

Eine Neurose ist eine übertriebene Reaktion oder Sorge wegen bestimmter Aspekte des Lebens, die Angst, Verzweiflung oder Besessenheit auslöst.

Ein Grieche des 4. vorchristlichen Jahrhunderts, der an körperlichen Problemen litt, suchte vielleicht einen Tempel des Gottes Asklepios auf. Zuerst betete und opferte er, dann schlief er in einem Schlafsaal (eine Praxis, die als „Inkubation" bekannt ist) und hoffte, dass seine Träume den Priester-Ärzten eine passende Behandlung offenbaren würden.

Ungiftige Schlangen krochen im Schlafsaal frei herum und wurden auch in Heilungsritualen verwendet – daher stammt auch die Schlange des Äskulap (des griechischen Gottes der Heilung), die sich

Gebete. Manchmal schien es der Person besser zu gehen (ob durch Zufall oder Suggestion) und der Glaube an übernatürliche Ursachen und Heilung wurde bestärkt. Zuweilen war aber die Behandlung nicht so harmlos wie eine Beschwörung, sondern konnte durchaus grausam sein.

Die älteste bekannte Behandlungsweise ist die Trepanation. Der „Chirurg" bohrt oder schneidet mit einem Messer oder Bohrer aus Tierknochen, Muschel, Stein oder Metall ein Loch in den Schädel. So hoffte man, Kopfschmerz oder Anfälle zu kurieren oder Geister zu befreien. Die ältesten trepanierten Schädel stammen aus der Neusteinzeit und sind 10 000 Jahre alt, zwei Drittel von ihnen zeigen Zeichen von Knochenwachstum, der Patient hat also noch eine beträchtliche Zeit weitergelebt.

Trepanation war auch im Mittelalter üblich: Der französische Arzt Arnaldus de Villanova (1235 – 1313) benutzte sie, um das Hirn von Dämonen und schlechten Säften zu befreien. In Teilen von Afrika, Südamerika und Melanesien wird diese Praxis auch heute noch ausgeübt.

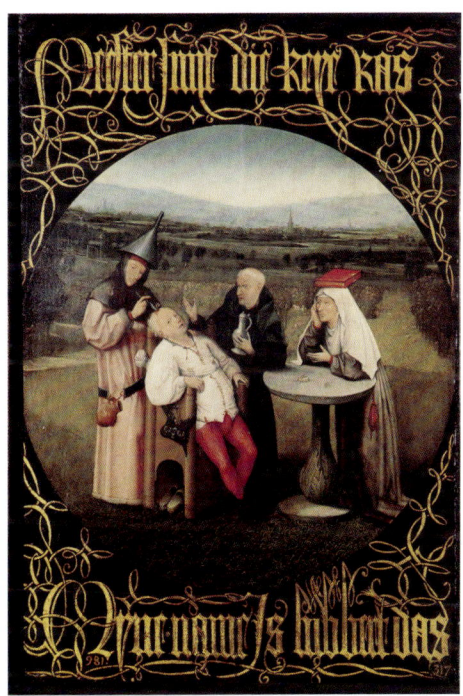

Die Entfernung des Wahnsinnssteines *von Hieronymus Bosch (ca. 1494)*

um seinen Stab windet und ein Symbol für die Medizin ist. Der Arzt musste dann den Traum des Patienten deuten, die folgende Behandlung schloss zuweilen die

Einnahme von Kräutern, eine spezielle Ernährung, Bäder, Massagen oder andere physikalische Behandlungen mit ein.

In der mittelalterlichen arabischen Welt erfolgte die Behandlung oft auf der Grundlage von naturwissenschaftlichen Erkenntnissen (*siehe* ▶ S. 197), konnte aber auch Exorzismus und Kauterisation (Verbrennungen) einschließen. Im Anatolien des 13. Jahrhunderts wurden Exorzismen von Derwischen durchgeführt. Auch in Europa versuchte man, durch Exorzieren eine von Dämonen besessene Person zu retten – falls man sie nicht als Hexe einstufte und schnell loswurde.

Nicht überall gehören heute abergläubische Behandlungen der Vergangenheit an: Dr. Egip Bolsane, Psychiater im Tschad, versucht täglich, seinen Patienten den Glauben an Hexerei auszureden.

## Es wird körperlich

Physikalische Behandlungen psychischer Störungen berufen sich auf eine Verbindung zwischen dem „Geist" und der „Maschine". Auch das in der europäischen Geschichte vorherrschende Modell war der Versuch, die Säfte ins Gleichgewicht zu bringen.

### — Die Säfte bei Laune halten —

Bei den alten Griechen führte die Theorie der Säfte zu verschiedenen physikalischen Therapien. Viele von Hippokrates empfohlenen Behandlungen sind wohltuend: eine gesunde Ernährung, viel Schlaf, ausreichend körperliche Betätigung, angenehme Bäder und andere sanfte Methoden. Andere waren weder angenehm noch hilfreich und

mit Aderlass und Abführen wurde zweitausend Jahre lang viel Schaden angerichtet.

Asklepiades von Bithynien sprach sich im 2. Jahrhundert vor Chr. für eine mitfühlende Behandlung der psychisch Kranken aus. Er lehnte den Aderlass ab, ebenso wie das Wegschließen verwirrter Personen. Stattdessen empfahl er Massagen, Diät und Musiktherapie mit verschiedenen Musikstilen für Patienten mit unterschiedlichen psychischen Beschwerden. Er befürwortete auch eine Hängematte, um verstörte Patienten in den Schlaf zu wiegen.

*„Wenn es der Geist ist, der den Verrückten täuscht, wird er am besten durch verschiedene Qualen behandelt. Wenn er etwas Falsches sagt oder tut, wird er durch Hunger, Fesseln und Prügel gezwungen. Denn er muss gezwungen werden, aufmerksam zu sein, zu lernen und sich daran zu erinnern, denn so kann er durch Furcht dazu gebracht werden, zu überlegen, was er tut. Plötzlich in Panik zu geraten und völlig verängstigt zu sein, ist bei dieser Krankheit förderlich."*

Celsus, 2. Jh. n. Chr.

Die ersten arabischen Krankenhäuser praktizierten eine Mischung aus angenehmen und unangenehmen Behandlungen. Es gab Brechmittel, Aderlass, Blutegel und Bäder. So wollte man das Übermaß von Galle im Gehirn vermindern, entweder durch Ausleitung (Aderlass, Brechmittel) oder durch Verwässerung (Zuführung von Flüssigkeit).

Obwohl Paracelsus der Säftelehre nicht folgte, waren manche seiner Behandlungen ziemlich unangenehm. Eine Behandlung gegen Manie bestand darin, Finger und Zehen zu häuten (chemisch oder chirurgisch), damit die „Dämpfe" entweichen konnten. Die Alternative waren Arzneimittel und man kann sich vorstellen, was bei den Patienten beliebter war. Bei *Chorea lasciva*, die für ihn durch lüsternes Verhalten gekennzeichnet war, wurde der Patient mit wenig Nahrung und Wasser in einem dunklen Raum eingesperrt. Half

das nicht, kam eine Tracht Prügel und danach warf man uneinsichtige Patienten in kaltes Wasser.

Viele der brutalen Behandlungsformen, die Patienten zwischen dem 17. und 19. Jahrhundert in Irrenhäusern und Anstalten ertragen mussten, wollten das Gleichgewicht der Kräfte durch Aderlass, Abführen, Hungerkuren und erzwungene kalte Bäder wiederherstellen.

Durch das Aufkommen von Einrichtungen, die die psychisch Kranken beherbergten, wurde es möglich, diese Behandlungen systematisch einer großen Anzahl an Menschen aufzuzwingen. Man weiß nicht, wie viele Pfleger ihnen das aus guter Absicht zufügten und wie viele aus als Therapie verkleidetem Sadismus. Einige Methoden – Hungerkuren und Kälte – sparten praktischerweise auch noch Geld, von warmen Bädern und süßen Düften wie in arabischen Krankenhäusern wird nichts berichtet.

## Häuser für die psychisch Kranken

Eine der größten Errungenschaften des mittelalterlichen Islam war die Gründung von Krankenhäusern, die Frauen und Männern gleichermaßen offenstanden. Niemand wurde abgewiesen, weil er kein Geld hatte. Die früheste Erwähnung eines Krankenhauses, das auch psychisch Kranke versorgte, wurde von Ahmad ibn Tulun, dem abbasidischen Gouverneur von Ägypten (872), in Kairo gegründet. Viele andere folgten und in arabischen Krankenhäusern wurde die Behandlung psychisch Kranker zum Standard. 1183 beschrieb der Reisende Ibn Jubayr das Nasiri-Krankenhaus in Kairo:

„Szene in Bedlam", *aus William Hogarths* Der Werdegang eines Wüstlings, *1732–1733*

„Ein drittes [Gebäude] ... ist groß und besitzt Räume mit eisernen Fenstern; es dient dazu, die Kranken einzusperren. Es gibt auch Personen, die täglich deren Befinden untersuchen und ihnen geben, was für sie geeignet ist."

*Ein Arzt beim Patientenbesuch, aus einem persischen Manuskript (14. Jh.)*

„Einige Räume sind gemäß der Natur der Kranken im Winter geheizt ... Diejenigen, die von der Polizei gebracht wurden, sind mit vergoldeten und silbernen Ketten um den Hals gefesselt. Sie brüllen und schlafen wie ein Löwe in seinem Versteck. Einige starren auf den Teich und den Brunnen und wiederholen Worte wie ein bettelnder Derwisch. Und einige dösen im Rosengarten und den Obstplantagen ... und singen mit den schrägen Tönen der Wahnsinnigen."

Evliya Çelebi

Es gab ruhigstellende Arzneien wie Opium und beruhigende Musik und Massage. Das Ziel war hier Pflege und Heilung, obwohl er später von einem Krankenhaus in Damaskus berichtete, das „eine Methode zur Behandlung von Wahnsinnigen hat und sie in Ketten legt", offenbar, um Angestellte und Patienten zu schützen. Auch Gesprächstherapie wurde zuweilen praktiziert.

Der persische Arzt Abu Bakr Muhammad ibn Zakarīyā ar-Rāzī (865 – 925) schlug vor, den Patienten zu helfen, Dinge, von denen sie besessen waren, aus ihrem Geist zu vertreiben und vernünftige Gedanken aufzubauen. Auch Musik, Schauspiel oder Lesungen und Gebet waren den Patienten zugänglich. Die menschenwürdige Behandlung in islamischen Nervenheilanstalten blieb viele Jahrhunderte bestehen. Der türkische Reiseschriftsteller Evliya Çelebi (1611– 1682) berichtet von einer Anstalt in der Nähe der Bayezid-Moschee in Edirne (Türkei) und beschreibt eine Art Geruchstherapie mit Blumen und eine Gruppe von Sängern und Musikern, die dreimal pro Woche für die Patienten spielte.

## Aus den Augen, aus dem Sinn

Im Gegensatz zu den arabischen Ländern mussten psychisch Kranke in Europa, die keine Familie hatten, als Bettler umherwandern. Am Ende des Mittelalters begannen einige christliche Einrichtungen, sich um psychisch und körperlich Kranke und Arme zu kümmern – oder sie wenigstens zu beherbergen. Menschen, die sich nicht um Angehörige kümmern konnten,

*König Lears Raserei bei Wind und Wetter in der Natur war nicht typisch für das Schicksal eines psychisch Kranken.*

baten die Gemeinde um Hilfe, die eine Krankenschwester schickte oder den Kranken in einer speziellen Pension unterbrachte. So entstanden später erste private Irrenanstalten.

## Bedlam

Das Priorat der heiligen Maria von Bethlehem, gegründet 1247, ist heute besser als Bedlam bekannt. In diesem Armenhospital wurden auch psychisch Kranke aufgenommen und 1403 wurden sechs Patienten als geisteskrank eingestuft. Es gab vier Paar Fesseln, elf Ketten, sechs Sperren und zwei Paar Stöcke, wahrscheinlich um die Patienten zu bändigen. 1460 war Bedlam eine rein psychiatrische Anstalt.

Jahrhundertelang wurde es von „Wärtern" ohne medizinische Kenntnisse betrieben, die ihre Stellung nutzen, um daraus Profit zu schlagen. Die Patienten waren in kläglicher Verfassung, hungerten oft und hatten wenig oder keine Kleidung. 1598 befand eine Regierungsinspektion, es

sei „so abscheulich schmutzig geführt, dass es für niemanden angemessen ist, der in das besagte Haus kommt". Zu dieser Zeit gab es 21 Insassen, keiner war weniger als ein Jahr dort, einer schon seit 25 Jahren.

## Ein Bombengeschäft

Im 17. Jahrhundert wuchs die Anzahl der privaten Nervenheilanstalten sprunghaft. Viele waren öffentlich zugänglich und wurden zu Touristenattraktionen. Bei einem Eintritt von einem Penny brachte das ein ansehnliches Einkommen. Ein gutes Geschäft war es auch, jeden aufzunehmen, krank oder nicht, den jemand loswerden wollte.

Die Lage der Insassen war erschreckend. Viele waren ständig gefesselt, an die Wände gekettet und lagen auf Stroh in ihren Exkrementen, hungernd und frierend, oft ohne Kleidung und Bettwäsche. Die medizinische Behandlung bestand aus Aderlass, Schlägen und Eintauchen in kaltes Wasser.

Der im 18. Jahrhundert erfundene „englische Schwungapparat" wirbelte Patienten mit bis zu 100 Umdrehungen in der Minute herum und konnte auch im Dunkeln verwendet werden. Die Vorstellung war,

*Der Wahnsinnige von Thomas Rowlandson (1787)*

*James Norris verbrachte 12 Jahre in Einzelhaft in Bedlam, mit gefesselten Armen an eine Metallstange angekettet. Es gab keine Aufzeichnungen für den Grund seiner Einweisung. Sechs Parlamentsmitglieder, die ihn besuchten, fanden ihn bei klarem Bewusstsein und zu Gesprächen fähig. Sein Fall löste eine Reform aus.*

Blut und Körperstoffe zu schütteln, um das Gleichgewicht wiederherzustellen, aber in Wirklichkeit hatte es Bewusstlosigkeit und manchmal Blutungen aus Ohren, Nase und Mund zur Folge.

1815 brachte der Fall James Norris die Bedingungen in Bedlam und anderen Nervenheilanstalten an die Öffentlichkeit und eine Untersuchung führte schließlich zur Reform der Irrenhäuser.

## Vom Irrenhaus zur psychiatrischen Anstalt

Im 18. und 19. Jahrhundert wollten Reformbewegungen den schlimmsten Zuständen in den Irrenhäusern ein Ende machen. Der italienische Arzt Vincenzo Chiarugi (1759–1820), der englische Arzt William Tuke (1732–1822) und der Franzose Philippe Pinel setzten sich für eine menschenwürdige Behandlung ein: Die Patienten wurden nicht angekettet oder geschlagen und mussten nicht arbeiten. Wenn eine Einschränkung nötig war, benutzte man Zwangsjacken oder mit Metall verstärkte Stoffbänder.

Dies waren keine Irrenhäuser, sondern Anstalten zur Pflege und, wenn möglich,

Heilung. Die Aktivistin Dorothea Dix (1802–1887) engagierte sich erfolgreich für ähnliche Reformen in Amerika.

Philippe Pinel realisierte 1793 am Bicêtre-Hospital in Paris zusammen mit dem ehemaligen Patienten Jean-Baptiste Pussin auf der Grundlage der Anwendung der ‚medizinischen Theorie über psychische Krankheiten mit allen Einsichten der empirischen Methode' grundlegende Veränderungen. Sie ersetzten die brutalen Methoden durch persönlichen Kontakt und

> *„Es ist eine Pflicht höchster Moral und medizinischer Verpflichtung, den Kranken als Person zu respektieren."*
>
> Vincenzo Chiarugi,
> *Über den Wahnsinn (1793–1794)*

sorgfältige Beobachtung. Pinels Patienten waren nicht gefesselt und er unterhielt sich ausführlich mit ihnen. Seine Methode war eindeutig psychiatrisch: Er erstellte genaue Fallgeschichten, die ihm halfen, psychische Krankheiten zu kategorisieren.

## Das Zeitalter der Anstalten

Was Chiarugi, Tuke und Pinel begonnen hatten, führte zu einer grundlegenden Veränderung im Umgang mit psychisch Kranken. Im 19. Jahrhundert veränderte sich die Welt durch soziale Umwälzungen, wachsende Städte und neue Lebensbedingungen. Imposante psychiatrische Anstalten entstanden und nahmen Kranke auf, die nicht von ihren Familien versorgt werden konnten:

*„Man stelle sich ein großzügiges Gebäude vor... luftig, erhaben und elegant,*

*umgeben von weitläufigen Parkanlagen und Gärten. Innen ist es mit Galerien, Werkstätten und Musikräumen ausgestattet ... alles ist sauber, ruhig und ansprechend ..."*

Man wollte Menschen ihre Gesundheit mit sanften Mitteln zurückgeben, aber die Realität blieb weit dahinter zurück. Der psychisch Kranke wurde vollständig von seiner Familie getrennt, weil man glaubte, die besten Heilungschancen bestünden darin, ihn *„von all seinem gewöhnlichen Zeitvertreib, seinem Wohnort und seiner Familie zu entfernen ... und ihn mit Fremden zu umgeben, sein ganzes Leben zu ändern"* (Jean-Etienne Esquirol, 1772–1842, französischer Psychiater).

Drastische „Behandlungen" wurden fortgeführt oder tauchten wieder auf: Aderlass, Abführen sowie kalte Bäder und Duschen.

*Gesellschaftlicher Anlass in der Colney-Hatch-Anstalt, Middlesex.*

Im Laufe des 19. Jahrhunderts verzehnfachten sich die Zahlen der Patienten und 1890 herrschten in den Anstalten wieder erbärmliche Zustände: Sie waren überfüllt und zu Zwangsjacken, Einzelhaft und Sedativa wie Bromid, um störende oder kampflustige Patienten zu kontrollieren, zurückgekehrt. Die meisten, die in eine Anstalt eingewiesen wurden, blieben dort bis zu ihrem Tod.

Wieder begannen Reformer, sich gegen diese Entwicklung auszusprechen, aber die Zustände in den Anstalten wurden immer schlechter, bis in der 2. Hälfte des 20. Jahrhunderts viele geschlossen wurden und die Verantwortung in die Hände der Gesellschaft gelegt wurde.

## Schöne neue Behandlungen

Die psychiatrischen Anstalten füllten sich weiter und in der ersten Hälfte des 20. Jahrhunderts entstanden neue radikale Behandlungsmethoden. Die Patienten wurden invasiven und oft experimentellen Verfahren ausgesetzt, wie massiven Insulingaben, Elektroschocktherapie (später Elektrokrampftherapie, EKT, genannt), präfrontale Lobotomie, Erhöhung der Körpertemperatur auf 41°C oder drogeninduzierter Schlaf von Tagen oder Wochen.

Die EKT wurde 1938 von den italienischen Neuropsychiatern Ugo Cerletti (1877–1963) und Lucio Bini (1908–1964) eingeführt. Dabei wurde elektrischer Strom durch das Gehirn geleitet und löste Krämpfe aus. Die Symptome ließen nach etwa 10–20 Behandlungen, die gewöhnlich zwei- bis dreimal in der Woche stattfanden, nach. Zuvor wurden medikamentös Krämpfe erzeugt, eine Methode, die bereits seit dem 16. Jahrhundert zur Linderung der Symptome von schwer depressiven und schizophrenen Patienten bekannt ist.

Anfangs konnte sich der Patient während einer EKT durch die heftigen Bewegungen

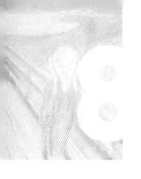

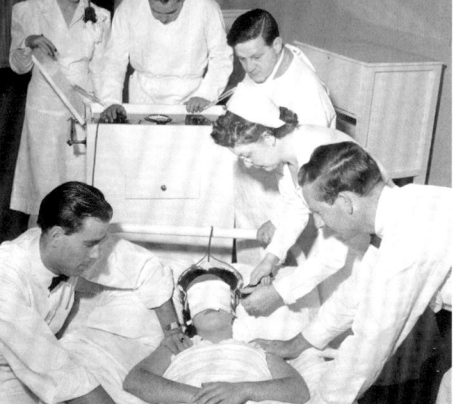

*Elektroschocktherapie, ca. 1942*

Arme und Beine brechen, deshalb wurden später Muskelrelaxantien und Betäubungsmittel eingesetzt. EKT verschwand, als bessere medikamentöse Behandlungen in den 1950er-Jahren möglich wurden, und nicht zuletzt aufgrund des negativen Images durch das 1962 erschienene Buch *Einer flog über das Kuckucksnest*, das 1975 verfilmt worden war. EKT wird als letzte Möglichkeit noch immer eingesetzt, sofern die Patienten der Behandlung zustimmen.

**DU SIEHST ES – ABER WAS IST ES?**

Bei der Callosotomie wird das *Corpus callosum*, das die beiden Gehirnhälften verbindet, durchtrennt. Sie wird verwendet, um schwere Epilepsie zu behandeln. In Versuchen mit sogenannten „Split-Brain"-Patienten entdeckte Roger Sperry, dass sie einen Gegenstand, den sie mit dem linken Auge sahen, nicht benennen konnten. Die Information des linken Auges gelangt in die rechte Gehirnhälfte und wenn die Verbindung zwischen den beiden Hälften durchtrennt ist, kann die linke Seite (die für Sprache zuständig ist) nicht wissen, was die rechte Seite gesehen hat – und es nicht benennen.

EKT ist aber nicht so radikal wie die Lobotomie, eine weitere experimentelle Methode, die vielen ahnungslosen Patienten möglicherweise ohne ihre Zustimmung auferlegt wurde. Dabei werden Nervenbahnen zwischen verschiedenen Bereichen des Gehirns durchtrennt. Diese Technik wurde zunächst eingesetzt, um Schimpansen gefügig zu machen, doch nur drei Monate nach der Veröffentlichung der Ergebnisse begann der portugiesische Neurologe António Egas Moniz (1874–1955) sie am Menschen experimentell durchzuführen. Für diese umstrittene Operation wurde ihm 1949 sogar der Nobelpreis verliehen.

## Reden ist alles

Das genaue Gegenteil solcher einschneidenden Methoden ist die „Gesprächstherapie", die erstmals von Sigmund Freud angewandt wurde.

Diagnose und Therapie entwickeln sich gleichzeitig: Mit dem Therapeuten ausführlich zu sprechen deckt das Problem auf und verringert gleichzeitig – durch die Macht des Patienten, es auszusprechen und zu betrachten – seinen unheilvollen Einfluss und ermöglicht eine Heilung.

### — Freuds Beitrag —

Freud entwickelte die „Redekur" zur voll entfalteten Psychoanalyse, förderte sie und ist mit ihr untrennbar verbunden. Sie ist Teil des therapeutischen Standardrepertoires und beeinflusst auch heutige Analysetechniken.

Freud studierte 1885–1886 in Paris bei dem bekannten Hypnotiseur Jean-Martin

Charcot, der glaubte, dass Hysterie zum Teil psychologische Ursachen hatte. Nach seiner Rückkehr begann Freud, in Wien privat zu praktizieren und spezialisierte sich auf Hysterie und Hypnose. Einige Patienten konnte er jedoch nicht hypnotisieren, andere wiesen die Vorstellung von unter Hypnose enthüllten „wiederhergestellten Erinnerungen" zurück. Schließlich versuchte er etwas anderes: Die Patienten mussten sich auf eine Couch legen, ihre Augen schließen und von ihren Erfahrungen des Symptoms erzählen. Das Reden reichte normalerweise aus, um ihren

*Freud verglich die Psychoanalyse mit einer archäologischen Grabung. Ein Archäologe rekonstruiert aus einigen Fundstücken eine antike Stadt, der Analytiker erstellt aus Erinnerungen eine psychologische Landkarte eines Patienten.*

Widerstand zu überwinden. So entstand die Methode der „freien Assoziation" und – mehr zufällig – das bleibende Symbol der Psychoanalyse: die Couch.

## DER FALL ANNA O.

Die Psychoanalyse entstand durch die Behandlung der „Anna O." (eigentlich Bertha Pappenheim). Die 21-jährige Anna litt an einer Reihe von körperlichen Symptomen, einschließlich teilweiser Lähmung, Essstörungen, Sprachstörungen, Desorientierung und Gedächtnisverlust während und nach der langen Pflege ihres todkranken Vaters. Ihre Diagnose lautete „Hysterie" und sie wurde, anfangs von Joseph Breuer (1842–1925) mittels Hypnose behandelt.

Jedes Mal, wenn sie sich an das erste Auftreten eines Symptoms erinnern sollte, verschwand es (zumindest zeitweise). Breuer vermutete, dass einige Erinnerungen zu schmerzhaft waren, um bewusst betrachtet zu werden und sich stattdessen in körperlichen Symptomen zeigten. Wurde die unterdrückte Energie durch Erinnerung und Gespräch

aufgelöst, verschwand auch das zugehörige körperliche Symptom.

Breuer sah Anna O. über 1000 Stunden innerhalb von 18 Monaten. Er hielt sie für geheilt, aber sie musste eine beträchtliche Zeit in einer psychiatrischen Einrichtung verbringen und große Dosen Morphium gegen ihre andauernden Schmerzen nehmen. Sie arbeitete später als Sozialarbeiterin und wehrte sich dagegen, dass ihre Pflegebefohlenen analysiert wurden.

Spätere Forschungen legen nahe, dass die Probleme von Anna O. in Wirklichkeit neurologisch waren und durch Psychoanalyse nicht geheilt werden konnten. Es war Anna O., die den Begriff „Redekur" prägte.

# FAZIT:
# Die Grenzen des Geistes

Die Geschichte der Psychologie wird noch weitergeschrieben – sie hat erst vor Kurzem begonnen – und niemand weiß, wie sie enden wird.

Das von Descartes formulierte Leib-Seele-Problem steht nach wie vor ungelöst im Zentrum der Psychologie. Heute könnten wir sogar von einem Seele-Gehirn-Leib-Problem sprechen oder von einem Denken-Seele-Gehirn-Leib-Problem. Genau wie der Inhalt eines Buches nicht das Gleiche ist wie das physische Buch, werden auch der Geist und seine Inhalte und Funktionen auseinandergerissen.

Kognitionswissenschaftler sehen die Funktionsweise des Gehirns als algorithmisch und mit dem Computer vergleichbar; Neurologen betrachten seine mechanischen und chemischen Abläufe und trennen mentale Aktivitäten vom Geist selbst.

Unser Konzept von „Geist" bezieht (nach Freud) unbewusste und bewusste mentale Aktivität mit ein. Untersuchen wir das Gehirn mit elektronischen Hilfsmitteln, erhalten wir verblüffende Ergebnisse – zum Beispiel, dass wir Entscheidungen treffen, bevor es uns bewusst ist – was die Frage des freien Willens aufwirft.

## GESUND AN KRANKEN ORTEN

1973 führte der amerikanische Psychologe David Rosenhan (1929 – 2012) ein Experiment mit erschreckenden Ergebnissen durch. Er schickte 80 gesunde Menschen (sich selbst eingeschlossen), die akustische Halluzinationen vortäuschten, in psychiatrische Kliniken in den USA. Alle wurden als Patienten aufgenommen. Danach benahmen sie sich wieder normal und stritten die Halluzinationen ab. Durchschnittlich verbrachten sie 19 Tage in der Klinik, alle mussten zugeben, dass sie an psychischen Störungen litten und antipsychotische Medikamente einnehmen, bevor sie entlassen wurden. Bis auf einen wurde bei allen Schizophrenie in Remission diagnostiziert. Nach einem Aufschrei der Psychiater nahm Rosenhan die Herausforderung eines Krankenhauses an, alle Betrüger, die er innerhalb eines Jahres schickte, zu erkennen. Im folgenden Jahr wurden von 193 neuen Patienten 41 als potenzielle Betrüger identifiziert, aber es war kein einziger geschickt worden. Daraus schloss er: *„Es ist klar, dass wir in psychiatrischen Kliniken die Kranken nicht von den Gesunden unterscheiden können."*

## In Zukunft

Psychiatrie ist heute eine Kombination aus medikamentöser Behandlung, Gesprächstherapie und bisweilen Psychochirurgie. Nicht allen Patienten kann geholfen werden und noch immer sind Definition und Abgrenzung der Psychopathologie unklar.

## Einheit und Vielfalt

Jede psychologische Schule hat ihre eigene Sicht auf die Frage, wer wir sind und warum wir so handeln, wie wir es tun. Die Psychologie ist in unzählige Ansätze zersplittert, die manchmal miteinander in Konflikt geraten und manchmal nur nebeneinander existieren.

Einige Psychologen wie Gregg Henriques von der Vermont-Universität suchen nach einer Theorie, die alles zusammenbringt. Das Standardmodell des Atoms, die allgemeine Relativitätstheorie und die Quantenmechanik bilden den Rahmen, innerhalb dessen die Physik arbeitet. Die Biologie hat Evolution und Genetik, um zu beschreiben, wie Organismen funktionieren und sich entwickeln. Die Psychologie aber hat keinen allgemein akzeptierten Referenzrahmen, in dem Entwicklungen und Ideen beurteilt und geprüft werden können. Manche Psychologen sagen, eine solche verbindende Theorie sei nicht möglich. Die fundamentale Trennung zwischen Behavioristen und Mentalisten zeigt, dass es nicht einmal eine Übereinstimmung bei der Frage gibt, ob der Geist überhaupt existiert, geschweige denn, wie wir ihn angemessen erforschen und messen können.

Wahrscheinlich wird die Zukunft zeigen, wie psychische Zustände und Handlungen mit Neurowissenschaft und Neurochemie verbunden sind und so neue Wege

### FREIER WILLE – EINE ILLUSION?

Itzhak Fried führte 2011 in Kalifornien und Tel Aviv Experimente durch, bei denen er mithilfe von mit dem Gehirn verbundenen Elektroden den Moment der Entscheidung sichtbar machen konnte, einen bestimmten Knopf zu drücken. Dabei stellte sich heraus, dass dieser Augenblick bereits 1,5 Sekunden vor der eigentlichen Handlung erfolgte. Fried konnte in 80 % der Fälle vorhersagen, wie sich die Person entscheidet. Das geschieht offensichtlich im Unbewussten und wird erst danach dem Bewusstsein als Handlung des freien Willens vorgestellt.

eröffnen, psychische Leiden besser zu verstehen.

Wahrscheinlich bleibt das Psychische zum Teil unerklärbar – wie es sich anfühlt, verliebt zu sein, Musik zu hören oder kreativ zu sein. Vielleicht werden wir nie wissen, warum jemand eine politische Theorie einer anderen vorzieht, an Gott glaubt oder Sport verabscheut.

Noam Chomsky glaubt, dass sich einige Probleme dem Verständnis durch das menschliche Gehirn entziehen – und die Natur unseres eigenen Geistes mag dazugehören.

*„Ich ahne, ... dass die Antwort auf das Rätsel des freien Willens im Bereich der pozentiellen Wissenschaft liegt, die der menschliche Geist niemals bewältigen kann...“*

Noam Chomsky, 1983

# REGISTER